「障害とは何か」という問いを問い直す

「事実」から「有用性」に基づいた障害定義の戦略的・実践的使用へ

牧田俊樹

「障害とは何か」という問いを問い直す

「事実」から「有用性」に基づいた障害定義の戦略的・実践的使用へ

目　次

第4章 知的障害をどう語り、どう定義づけるべきか 185

序　章　問題意識と目的、および方法、ならびに意義

「〜とは何か」という問いがある。この問いは一体どういう問いなのか。ここで問いを具体化する。本書は障害に関する論考である。それを踏まえ、この「〜とは何か」という問いを「障害とは何か」という問いへと具体化する。「障害とは何か」。障害とは何であろう。身体の欠損か、社会的な構築物か、言説による産物か、身体の欠損と社会的なものとの相互作用からなるものか、さまざまな答えが予想される。どの答えが正しいのであろうか。そもそもどれか一つの答えが正しいのか。それともすべての答えが正しいのか。今一つわからない。どうやって確かめればよいのか。何を根拠に正しい答えを導き出すのか。これらの疑問に答えるには、まず、「障害とは何か」という問いそのものが問い直される必要がある。「障害とは何か」という問いの性質がわかっていないと、それに続く問いに答えられそうにない。それでは、「障害とは何か」という問いは、一体どういった問いなのであろうか。國分は以下のように述べる。「概念が創造されるのは新しい問いが発見される時であり、新しい問いを発見するとは既存の問いを批判すること」（國分 2013: 40）に他ならない。新しい概念を創造するときだけではなく、明確に答えを出せそうにない問いを前にしたとき、「既存の問い」の批判・問い直しが必要となるであろう。

「障害とは何か」という問いはどのような問いなのか。さしあたりこう考えてみる。「障害とは何か」という問いは、障害の「本質」を問うているのではないか。障害とはこれであるというような、すべての人が納得する「普遍的」なものを求めて、問いが投げかけられているのではないか。もちろんこの「何か？」という問いは、そのように明け透けに問われるとは限らない。「〜とは何か」という形で、ある概念をそもそもから問う問いは、「普遍的なもの」を求めた問いであることを隠していることもあるだろう。それは一見謙虚に、あるいは巧みにおこなわれる。ときには、問いを発したもの自身が問いの性質に気づかないこともあるであろう。しかし、その根底には、どこかに存在する唯一の答えを「発見」しようとする探究心が潜んでいるのではないか。千葉雅也は、ドゥルーズを素材とした論考『動きすぎてはいけない――ジル・ドゥルーズと生成変化の哲学』において、ドゥルーズは、「何？ Qu'est-ce que」という形で「本質」を問うことを、糾弾していると述べる。そして以下のように続ける。ドゥルーズ曰く、「何？」という問いは、事物を問い始めるときの予備教育的一歩である。しかしながら、切実な問題＝理念は、「どうしたらいいか」というアクションの悩みを惹起する。にもかかわらず、初発の『何？』に固着し続けるならば、どうなってしまうのか（千葉 2013: 239）。

どうなってしまうのか。「『何？』という問いは、いわゆる困難な対話しか、すなわち、その問いの形式そのものによって矛盾のなかに投げ込まれニヒリズムに陥ってしまう対話しか活気づけない」(Deleuze=1992: 286) のである。本書は、以下でわかるように、「矛盾」を避けるべきものとしてとらえてはいない。むしろ、ときにそれは肯定的にとらえられるべきものである。しかし、「ニヒリズム」に陥るような「矛盾」は望むところではない。したがって、「何？」という問いが「ニヒリズムに陥ってしまう対話しか活気づけない」のならば、「何？」という問いは問いに付されなければならない。それというのも、本書は「対話」にもまた重きを置くものだからである。また、障害学、社会福祉学が実践をベースとする以上、現在生じている「切実な問題」に関わることは、必要不可欠であり、「何？」という問いに「固着し続ける」ことが、「ニヒリズムに陥ってしまう対話しか活気づけ」ず、それが「切実な問題」へ関与することにつながらないのならば、このような問いの立て方は避けなければならない。

ではどのような問いの立て方をすればよいのか。「どうしたらいいか」「どのように」というような、より具体的な問いの立て方がなされればよいのである。「思考を起動するはずのイロニー（相手の思い込みに揺さぶりをかける話法）」が、「くそまじめ」な「何？」の問い詰めから抜け出せなくなり、硬直化してしまい、「生活」を実際どうにもならなくする前に、発端の「何？」よりも具体的な、すなわち「どのくらい」、「どのように」、「どのような場合に」——そして「誰？」——というような問いがなされればよいのである (Deleuze=1992: 287; 千葉 2013: 240)。「障害とは何か」という問いが、「硬直」し、「生活」に関わる問題が「どうにもならなくなる」前に、その問いが、どういう性質の問いかを明らかにしたうえで、より具体的な、特に本書では、「どのように」、「どのような場合に」「どのような理論・信念によって」という形の問いが発せられる必要がある。言い換えると、「障害とは何か」という問いから、「障害（という言葉）を、どのような場合に、どのような理論・信念によって、どのように使うべきか」という、より具体的な問いへ変換する必要があるのである。「本質」や「真理」に照らして、「障害とは何か」と問うのではなく、「有用性」に鑑みて、障害という言葉をどのように「使用」すべきか（障害をどう定義し、それをどのように用いるべきか）を問う。ただし、ここで言う「有用性」とは、生産性に寄与するかどうかという意味での「有用性」や、「効率性」等と関連する「有用性」ではない。後述するが、それは、障害者が置かれている多様な状況において達成すべき目的に役立つという意味での「有用性」である。それと同時に、本書における考察は、プラグマティズムとの関連で論じられることがあるクワインやローティを土台としている。したがって、本書での「有用性」や「有用」という語は、プラグマティズムを念頭に置いている。しかしプラグマティズムが一枚岩ではないことは承知しているので、主に、上記の意味で用いることとする。

このように、「本質」や「真理」から「障害」を問うのではなく、「有用性」によって、「障害」をどのように「使用」すべきかを問うことで、障害に関わる多くの具体的で困難な事例へのアプローチが可能となるのではないか。このことに関しては、以下の檜垣の記述が示唆的である。

一般的には、問題とは解かれるべきものであろう。そうした発想は、問題の設定が、真偽という枠組みに深くかかわっていることを示している。しかしドゥルーズは、問題が真偽という枠組みにかかわるのは、社会的・教育的な偏見にすぎないという。問題を与える教師がいて、つまりは真偽とは何かが明確にされうる場面があって、そこで問題が与えられているという構図が、この発想では前提とされている。だが、こうした構図は、この世界のリアルさを考えるならば、ほとんど戯画的なものではないか。世界を問題と設定するならば、そこで問題の真偽を握っている特権的な人物は、実際に誰もいない。だから論じられるべきは、真偽の枠にとらわれて、正解を見いだすことが要求されるような問題についてではない。むしろ逆に、問題を提起することが、つまり、真偽がそれに従属するような問題を生み出すことが、ここで考えられるべき事柄なのである。ドゥルーズは、この意味で歴史とは、問題を構成することの歴史であると論じていく。歴史とは正解を見いだしていく行為ではない。そうではなくて、その都度さまざまな状況に立ち向かい、そこで適切な問題を設定することが歴史における行為である。歴史が進展するならば、何らかの回答が与えられるだろう。しかしそのさい、ひとつの正解が設定されることはありえない。解かれ方は、実際にさまざまであるはずだ。実にさまざまであるという状況を踏まえながら模索しつづけること、これが歴史を生きることであるはずだ（檜垣 2019: 67, 傍点筆者）。

本書は「真偽」の観点から、「障害とは何か」という問いに答えるものではない。唯一正しい解を発見するための論考ではないのである。障害者が置かれている多様な状況のいくつかに焦点を当て、「真偽」にではなく、その状況において達成すべき目的に役立つという意味での「有用性」に照らして、「障害とは何か」という問いに対する解を、複数の解から戦略的・実践的に「使用」するのである（この「戦略的」という言葉の使用は、障害学において中核をなしてきた社会モデル、および、その基礎となったUnion of the Physically Impaired Against Segregation（以下ＵＰＩＡＳ）の戦略性を障害定義の選択において継承することを意図したためである）。

ただし、「～とは何か」という問いのすべてに意味がないのというではない。その問いは、使用すべき解を選択する際の素材となるという意味で問われる必要がある。問題は、その問いから、唯一の解に至ろうとすることである。状況が変われば解は変わる。唯一普遍的な解を見出すことは困難である。そうであるならば、「～とは何か」という問いから導き出された複数の解を、状況に合わせて「有用」に使用した方がよいと考えるのである。

以上のような問題意識を背景に、本書は、「障害とは何か」という問いの性質を明るみに出し、そこから問いの変換を行う。変換後の問いは、先ほど述べたように、「『障害』をどのように使用すべきか」という問いである。しかしここで留意しておきたいのは、「『障害』をどのように使用すべきか」という問いが、正確には「障害という語をどのように使用すべきか」という問いに他ならないということである。それは同時に「障害をどのように定義し、それをどのように使用すべきか」という問いでもある。「障害」とは、「障害という語」に他ならない。言語以前の「障害」について語ることはできない（いや、むしろ「障害」は語ることしかできない）、語りはじめたが最後「障害」は、言語から逃れることはできない。そして本書は「障害」を語る。それどころか「障害」についてのあらゆる論考は「障害」を語る。したがって「障害」とは「障害という語」であることを免れない。そうすると、「障害とは何か」という問いは、「障害という語は何を意味するか」という問いであり、「障害をどのように使用すべきか」という問いは、「障害という語をどのように使用すべきか」という問いとなる、そしてそれは障害定義に関する問いに他ならないのである。

したがって、本書は、さまざまな理論や信念から導きだされた「障害とは何か」（障害という語は何を意味するのか）という問いに対する複数の解（複数の障害定義）を「どのように使用すべきか」について、多様な状況を想定しつつ、「真偽」からではなく、「有用性」から、検討するものである。言い換えると、本書の目的は、「障害とは何か」という問いの性質を明らかにし、「障害という語をどのように使うべきか」という問いに変換したうえで、その使用法を具体的に提示することである。そして提示したものの「有用性」を議論の俎上に載せることである（各章の具体的な目的は、それぞれの章の冒頭で述べる)。

それでは、どのような方法を用いて、障害定義の問題を論じるのか。それは、目的同様、端的なものである。さまざまな分野の理論を、部分的に抜き取り、接合し、組み合わせるのである。コラージュやパッチワークのように、断片を集め、それらをつなぎ合わせる。過度の一貫性や整合性に拘泥せず、ある意味で「ちぐはぐ」に、そして「不器用」に断片を縫い合わせるのである。なぜそのような方法を取るのか。それは、一つには、障害学、社会福祉学が学際的な研究を謳っているからである。学際性に重きを置くならば、さまざまな理論を接合することは当然のことである。だが、それだけでは、「ちぐはぐ」に断片を縫い合わせる理由にはならない。それらを器用につなぎ合わせ、一貫した滑らかな理論を形成することもできるはずである。それでは、なぜあえて「不器用」に、「ちぐはぐ」に複数の理論の断片をつなぎ合わせるのか。それは以下の考察からもわかるように、それ一つですべての問題を解決できるような「きれい」な障害理論(障害の語り)などおよそあり得ないと考えるからである。「障害とは何か」という問いに対して唯一普遍的な解がないのと同様に、すべての状況を解決できるような普遍的で、「きれい」な障害理論などないのではないか。例えば社会モデルにしろ、ポスト構造主義者による障害理論にしろ、また、さまざまな理論を「きれい」につなぎ合わせた新たな理論にしろ、それだけではすべての障害に関わる問題を解決するような語りを提供できない。断片化されないままの、そして、整合性に囚われ過ぎた理論やモデルでは語り（物語）として大きすぎる。一貫した大きな物語では、そこから「逸脱」した事例には対応できない。例えば社会モデルだけでは、障害の「実在面」に対応することはできない。そうかといって障害を「実在」として語るモデルから、障害の社会構築性を説明することはできない。障害者問題は複雑多岐を極める。ならば、それに応答できるようにさまざまな理論、さまざまな語り、さまざまな定義が必要である。それらの理論は矛盾し、対立していてもよい。結果的にそれらを「ちぐはぐ」な形でつなぎ合わせた、「いびつ」で「役に立つ」語りが必要なのである。実在論による定義、構築主義者よるモデルの欠片、現象学的記述の一部、言語に関する哲学的語りの断片等、さまざまな断片、矛盾や対立する断片がつなぎ合わされた物語がその都度求められるのである。しかし、別に断片のままでもよいのではないか。それらをつなぎ合わせる必要はあるのか。そのような疑問も生じるかもしれない。これに対しては、解決すべき問題とその語りは、必ずしも単純な一対一対応で考えられるものばかりではないと答えることができる。もちろん断片のままでよいこともある。しかし多くの複雑に入り組んだ問題に対しては、複数の障害定義の組み合わせが必要となる。つまり断片を組み合わせることが必要となるのである。その場合、「ちぐはぐ」であっても、やはり接合することが求められる。複雑に入り組んだ問題に、さまざまな理論の接合から生じる、「いびつ」な語りが応答する。それによって、理路整然とした一つの「きれいな」物語では解決できない問題にもアプローチが可能となるのである。宇野は以下のように述べている。

> ところが、再現することも、転写することも、あるいは正確さということさえも、重要であるどころか、むしろ避けるべきことだとドゥルーズは考えている。むしろ、どんな断片でもいいから、それを手にとって、使ってみること、たたいたり、裏返したり、匂いを嗅いだりしてみて、いっしょに時間をすごし、別の脈絡に移動させ、それぞれに使いみちを見つけること…（略）…そんなイメージを、ドゥルーズは思想を「理解する」のではなく、「使用する」こととして提唱しているのだ（宇野 2020: 29）。

障害者の問題を考えるには、正確さを重視することも、全体としての一貫性を保つこともそれほど重要ではない。むしろ重要なのは、障害者にとっての「有用性」である。複数の理論の断片の組み合わせが、障害定義の組み合わせが、例え真偽の観点から矛盾したとしても、「有用」であればよいのである。事例ごとにさまざまな理論の断片を「使って」みて、それが「役に立つ」かどうかが優先されるべきである。一つの「きれいな」理論、または、整合性のみを重視した複数の理論の組み合わせでは、理論や学問領域にそって生きているわけではない障害者が抱える入り組んだ問題には応答できない。だからこそ、障害学も社会福祉学も学際性を謳っているのではないだろうか。ドゥルーズは、ことあるごとに、「理解すること」は重要ではなく、むしろ「使用すること」の方が大切だと述べていたようである。それというのも、理解することはどうしても一度考えられ、書かれたことを正確にたどり、みずからの思考の中に転写し、再現することを伴うからである（宇野2020: 29）。だからといって、本書は、この記述を曲解し、さまざまな理論を「でたらめ」に使用するわけではない。多様な理論を「理解」し、トレースしようと試みたうえで、なお生じる「ずれ」、「間違い」、「伝達ミス」こそを重視するのである。そのような「逸脱」にこそ、障害者問題を解決するための新たな思考が埋もれているのではないか。障害者に関する問題は、多くの偶然とそれと区別できない多くの人たちの意志や意図が働いた結果生じている。それに対して、すべて意図的に作られた理路整然とした大きな物語（そのようなことが可能であれば、の話であるが）で対応することは困難である。さまざまな状況に合わせて、さまざまな理論が抜き取られ、つなぎ合わされ、偶然的に、そして多少なりとも意図的に複数の物語からなる変化に富んだ小さな物語が生み出される必要がある。その物語は「いびつ」で、コラージュ的で、不器用に接合された断片からなっているが、障害者の個別の状況に応答することには長けている。一貫性のある「美しい」物語は必要ないのである。問題を解決するのに「役立つ」物語が必要なのである。それは、多数の理論から断片として取り出された障害定義が「ちぐはぐに」組み合わされた物語であり、多数の理論をトレースしようとした結果、多分に偶然性を帯びた物語であり、しかしながら、それによって、障害者問題に新たな展開をもたらすポテンシャルを秘めた物語である。本書はそのような物語を目指して書かれたものである。

本書の意義である。障害研究において、障害定義の問題は、理論面からだけでなく、実践面からもその重要性が指摘されている。田中は以下のように述べる。障害者たちにとって、障害や障害者問題がどのように定義づけられるかということは、単なる観念的な言葉の遊戯ではなく、自分たちが社会的にどのように取り扱われることになるのか、ということに直接的に関わる極めて切実な問題である（田中 2017: 318）。また、社会モデルの理論を展開したことで有名なオリバーも、定義の重要性を訴え、「特定の社会的問題が解決、少なくとも改善されるには、多かれ少なかれ問題に対する根本的な再定義が必要である」（Oliver 1990: 3）としている。これらの記述から、障害学、および、社会福祉学において、障害定義の問題は常に問われ続けなければならない重要な問題であることがわかる。障害定義の議論は、田中が言うように、単なる観念的・理論的な議論ではない。第Ⅱ部での検討がそれを示すように、それは、多分に実践的な面を有している。いや、そういった二分法自体が好ましくない。障害定義の議論は、理論と実践の複雑に絡み合った議論であり、双方で生じている障害者に関する問題の解決の糸口となり得るのである。本書の「障害」をいかに使用すべきかの議論も、例外ではなく、はじめからすでに理論と実践の双方を内包している。いくらかの「現実的」な問題状況がまず想定され、それを解決しようと、さまざまな理論から取り出された複数の障害定義の選択・使用がなされる。すなわち、障害に関する問題状況があってこそ、障害定義の選択がなされるという意味で、それは、はじめから実践的であり、多様な障害定義は、さまざまな理論から導き出されるという意味で、それはまた理論的でもある。障害定義を論じることは、このように、単なる言葉の問題と片づけられるようなものではない。わたしたちが言語の世界で生きていることを前提とするならば、それは実践性を有するものである。言語を用い生きているわたしたちが、言語の世界の中で障害という言語について考え、そこから、障害という言語に何らかの形で働きかけることは、言葉の世界の中で生じている障害に関する問題状況に直接働きかけることを意味する。そしてその働きかけが、複雑多岐にわたる障害に関する問題状況をいくらかでも改善し、障害者を取り巻く世界を多少なりとも障害者にとって「有用」なものに変化させる可能性を有しているのならば、障害定義の考察は実践的でありかつ理論的であり、そして意義のあることであろう（より具体的な意義は各章の冒頭で述べる）。

本書の構成であるが、まず、第Ⅰ部第1章、第2章で、「障害とは何か」という問いの性質を主に理論面から明らかにし、障害者にとっての「有用性」という観点からの、複数の障害定義の戦略的・実践的使用という新しい概念の提起を行う。そして第Ⅱ部において、具体的事例を通して、障害定義の戦略的・実践的な使用の「有用性」を検討する。つまり、第Ⅰ部を理論的考察として位置付け、第Ⅱ部を実践的な考察と位置付ける。しかし、先ほども述べたように、理論と実践に明確な線引きはできない。したがって、第Ⅰ部を理論編、第Ⅱ部を実践編とするのは便宜上である。この構成をより具体化すると、まず、第Ⅰ部第1章で、クワインの「全体論」、ローティの「真理」に関する考察を用い、これまでなされてきた障害定義をめぐる争いが、「真理」の観点からなされているならば、それは無益であることを示唆する。その際、特に焦点を当てるのは、ポスト構造主義者と相互作用論者の論争である。障害とは何かという問いの性質は、主にこの章で明らかとなる。第2章では、第1章から導き出された唯一真なる障害定義はなく、障害定義は一つに定まらないという結論から、理論やモデルごとに異なる複数の障害定義を戦略的・実践的に使用するという考えを、予想される批判に答える形で展開し、議論の俎上に載せる。第Ⅱ部第3章は、障害者の痛みについての考察となる。痛みと一口に言っても、障害者の痛みは多様である。したがって、それぞれの痛みには、それぞれに「有用」な障害の語り、障害定義が必要となるはずである。よってこの章では、障害者の多様な痛みに応じて、障害定義をいかに使い分けるべきかを主に検討する。その際、モリスと熊谷の論考が参考となるであろう。第4章では、知的障害に焦点を当てる。障害学、社会福祉学領域において、知的障害、知的障害者について語る言葉は、いまだ多くはない。どのような場面で、どのように知的障害、知的障害者、また知的障害者の痛みや、知的障害者の「わからなさ」について語ることが知的障害者にとって「有用」であるのか。知的障害に関するさまざまな状況とそれに適する知的障害定義、また知的障害の語りの検討をここでは行う。現象学による言葉がこの章では、重要な役割を果たすであろう。第5章では、障害者運動に焦点を当てる。アイデンティティポリティクス、アイデンティティやカテゴリーを拡散させるような運動、さらには運動から逸脱してしまった人たち、どれもが異なった障害定義、障害の語り方を必要としていると考える。障害に関するさまざまな運動、そこから逸脱した、またそれに関与できなかった人たちの事例をみながら、どのように障害定義や障害の語りが使い分けられるべきかが議論の俎上に載せられる。この章では主に、「青い芝の会」、UPIASという障害者運動の具体的事例、および、バトラーやドゥルーズの理論を使用する。そして、最後に終章で、総合考察を行う。

実践編の三つの章で、「障害者の痛み」、「知的障害」、「障害者運動」というテーマを取り上げたのは、それらが障害学・社会福祉学において、三つの大きな難問として議論されているからである。障害者の痛みは、障害が「実在」であるか、社会的に構築されたものであるかの議論において必ずと言っていいほど取り上げられるテーマである。また、知的障害については、障害学が長い間、その存在を無視、もしくは軽視してきた歴史がある。それと同時に、障害者の痛みと同様、知的障害が「実在」か社会的構築かの議論が行われている。その議論には、知的障害者の痛みをどのようにとらえるべきかという問題も関係してくる。さらに、障害者運動については、障害を本質化するアイデンティティポリティクスの弊害が語られるようになり、それを乗り越えた運動が模索されている。そこでは、障害者運動を「同一性」によって行うか否か、また「同一性」によって行う場合の弊害が議論されている。このように、実践編で選択した三つのテーマは、今現在も解決できない難問として措定されているのである。そして本書の理論は、これらの問題の解決に何らかの示唆を与えることができるのではないかと考えている。

さらに総合考察でも述べるが、第Ⅰ部の理論編も、第Ⅱ部の実践編も、そのどれもが、自らの論の「正しさ」を主張するようなものではない。当然のことと思われるかもしれないが、本書にとっては非常に重要なことであるのであえて断っておく。本書は、障害当事者を中心とした「対話」の結果、それが「有用」であるかどうか判断され使用されるものである。つまり本書はあくまで複数の語りを縫い合わせた一つの語りなのである。そしてその語りは、さまざまな観点から検討され改訂されるべきものである。真偽の観点から考察を行っていない以上、そのように変化を被るべきものでなくてはならないことを、ここで明言しておく。

なお、本書におけるカッコであるが、引用個所はもちろんのこと、実在に関連すること、語の説明、および、強調したい箇所において用いるものとする。

第1章　障害定義をめぐる対立

1-1 問題意識と目的

障害とは何かという問いがある。多くの社会モデル批判がなされ、インペアメントとディスアビリティの二元論が疑問に付される今、双方を区別することなく扱える「障害」という言葉をここでは用いるが、この問いは一体何を問うているのであろうか。障害とは何かと問われたとき、わたしたちは何と答えればよいのであろう。多くの障害領域の研究者が、障害とは何かという問いに関わってきた。そして、この問いをめぐって対立も生じている。その中に、ポスト構造主義者と相互作用論者の対立がある（Shakespeare 2014; Goodley 2017）。

「ポスト構造主義」は、多様な理解がなされているが、本書では障害学におけるポスト構造主義という意味で、グッドレイの、ポスト構造主義とは「真なる概念に見切りを付け（give up to）、それを言説という概念に置き換える」（Goodley 2017: 127）立場という簡潔な定義を用いる。同様に「言説」という概念も多様な理解がなされている。これも、グッドレイの「言説とは言明・概念・実践の規制されたシステム」（Goodley 2017: 126）という簡潔な定義を用いる。つまり本書では、ポスト構造主義を、「真理」などは存在せず、「真理」と思われているものも、言説によって構築されているに過ぎないとする立場、と定義する。それではポスト構造主義者は、障害とは何かという問いに対して何と答えるであろうか。おそらく、障害が社会的に構築されたという理論にのっとって、「障害とは、歴史的・社会的・文化的文脈によって左右されるので、一義的に答えを出すことはできないものである」、と答えるのではないだろうか。さまざまな言説によって障害が構築される様を描写し、言説に依拠しない障害なるものはないというような仕方で、障害とは何かという問いに答えるであろう。

一方、相互作用論とは、障害を「実在」と社会的構築の相互作用とし、「実在」擁護を前面に押し出す立場のこととする。シェイクスピアを代表とするロイ・バスカーの「批判的実在論」を用いた「批判的実在アプローチ」（Shakespeare 2014）が有名である。しかし必ずしもこの立場を取るすべての研究者が「批判的実在論」を用いているわけではないことから、本書では「相互作用論」の呼称を用いる。では、相互作用論者は、障害とは何かという問いに何と答えるであろうか。障害とは「実在」と社会的構築の相互作用であるという理論から、社会的構築の側面を重視するならば、ポスト構造主義者同様、障害とは何かは、一義的に決めることはできないと言うかもしれない。しかし、現に対立が生じていることから、おそらく「障害とは、実在と社会的構築の相互作用である」と答えるのではないだろうか。

もちろん、障害領域のすべてのポスト構造主義者と相互作用論者が、障害とは何かという問いにコミットしているわけではない。しかし、この問いにコミットするとき、両者は対立関係に至るのである。ポスト構造主義者は言説の問題としてこの問いに関わり、相互作用論者は「事実」の問題としてこの問いに関わるのである。

この障害とは何であるかという問いに対するさまざまな立場からの対立の解消、対立の無益さを明らかにすることを目指し、障害理解に新たな地平を描きだす第三の立場がある。これらの論考は、拠って立つ理論は違えども、障害とは何かをめぐる対立を通して、ポスト構造主義とは異なる観点から、障害とは何かという問いに、一義的に答えることはできないことを示唆する。まず、フィーリーは、ドゥルーズ・ガタリの「集合体（assemblage）」【フィーリーは assemblage について触れている箇所で、デランダの論考を参照している。そこで、デランダ *A New Philosophy of society: Assemblage Theory and Social Complexity* の篠原訳を用い、assemblage を『集合体』（DeLanda=2015: 8）と訳す】という概念を用いる。それによって、言説や、「物質的実在」等多数の要素が複雑に絡み合う様を描き、障害の多様な存在様式を融和させ、障害の新たな理解の仕方を提示する[1]（Feely 2016）。次に、ダナーマークは、ロイ・バスカーによる「批判的実在論」を取り入れる。それによって、障害という現象は、生物学的、心理学的、社会科学的階層等、さまざまな階層で働いている「生成メカニズム」というものを前提とすることで理解可能であるとする（Danermark 2001）。ダナーマークは、シェイクスピアら相互作用論者と異なり、単純に「実在」をめぐる争いに与してはおらず、その理論は新たな障害理解を提示するものとみてよいであろう。最後に、ミヘラキスは、ルーマンの「社会システム理論」を用い、多様な障害定義に関する対立構造を明らかにする。障害という現象がどう定義されるかは、観察者が依存する「機能システム」に相対的であり、絶対的な障害定義はありえないのである（Michailakis 2003）。以上のように、障害とは何かという問いに関して、新たな視点からの障害理解を模索する第三の立場がある。

このように障害定義をめぐる対立を概観し、その解消案を検討すると、障害定義をめぐる対立は、果たして意味があるのかという疑問が生じる。そこから、第1章の目的の一つが導き出される。それは、障害とは何かという問いをめぐる対立が、「真理」を求めることによって生じているのならば意味がないことを、クワインの「全体論」、ローティの「真理」に関する考察から明らかにすることである。言い換えると、障害とは何かを、「真理」に照らして問い、一義的な答えを導き出そうする試みは、意味がないことを明らかにすることである。そして、二つ目の目的である。それは、障害とは何かをめぐる対立が生じる要因を探ることである。もちろん対立の要因は一つではないであろう。そこで、本章では、対立の要因の一つと考えられるものを示唆することを目的とする。

しかし、なぜクワインの「全体論」とローティの「真理」に関する考察を用いるのか。まず、上述のように、障害とは何かという問いは、正確には、障害という言葉は何を意味するのかという問いに他ならず、言語に関する哲学的観点からの検討が必要であると考えるからである。そして、クワインの「全体論」は、語の意味は一義的に定まらないとするので、障害という語が何を意味するかの対立の無益さを明らかにするのに適した理論となる。また、ローティの「真理」に関する考察は、わたしたちの「真理」への固執を明らかにするので、対立の生じる要因を示唆するうえで重要なものだと考える。フーコーやバトラーの言説という観点からではなく、クワインの「全体論」、ローティの「真理」に関する考察から、「真理」に照らした障害とは何かをめぐる争いは意味がないこと、また、争いの要因の一つは「真理」への固執であることを示唆したものは、障害領域の研究において寡聞にして知らない。それを踏まえると当該領域に新たな視点を導入することできるのではないかと考える。

また、上記のクワインとローティの理論は、「プラグマティズム」として論じられることがある。そこで一度プラグマティズムの観点から簡潔にこの両者を整理してみる。それというのも、先に述べたように本書の用いる「有用性」という言葉は、プラグマティズム（特にローティの）を背景に選び取った言葉だからである。まずクワインからはじめると、クワインは、プラグマティズムの精神にのっとり、自然化された認識論を推し進めた人物として有名であるが、本人はプラグマティストと呼ばれることに気乗りはしていなかったようである。したがって、プラグマティズムから距離を取っていた。しかしローティは、クワインをプラグマティストであるとみなしている。一方、ローティについて、ミサックは、現代のプラグマティズムにおけるジェイムズであり、また、本書でもしばしば登場するウィトゲンシュタインと同じ陣営に加わっていたと述べる。そしてこのジェイムズは、すべての信念は、それを信じることが良いことであることによって真になる、という本書と類似した視点を取っている。人をもっと心地良くするとか、人生をもっと調和の取れたものにするとかいった非認識論的ないしプラグマティックな基準が真理に関係しているのである。これに対して、同様にプラグマティストの代表格としてあげられるパースは、真なる信念とは、わたしたちがある問題について可能な限り探究を続けたとすれば、わたしたちが到達することになるであろう信念であるや、探究の唯一の目標は、信念を安定させることであり、永久に安定している信念こそが真なる信念である等、ジェイムズと対照的な立場をとる。ローティはこういったパースの思想を気に入ってはおらず、また、クワインは、それを深く読み込んではいなかった。ローティは、真理とは、今・ここにおける合意ではなく、会話が継続するにつれて得られる合意（もしくは実りのある不一致）であるとし、他方、パースは未来にわたって批判や経験の強制力に持ちこたえられるような、だからこそ合意をもたらす信念であるとする（Misak=2019a, 2019b）。このように、パースに批判的な、ジェイムズ（ここでは触れないがこちらもプラグマティズムの代表格デューイ）の流れをくみ、ウィトゲンシュタインやクワインを評価するローティのプラグマティズムを念頭に本書は「有用性」という言葉を使い、論を進める。

話を戻すと、本章は、障害とは何かを問うことの根底に「真理」への欲求があり、そのため対立が生じているのならば、そのような対立は意味がないことを明らかにし、対立を無効化しようとするものである。この対立の無効化は、障害学・社会福祉学における実践的な論考が、障害とは何であるかを前提としてなされていることを考えると、障害学・社会福祉学にとって意義のあることと考える。それというのも、論を進める際に、そもそもの障害理解に齟齬をきたしており、それに気づかないのならば、その批判も意味のないものとなってしまいかねないからである。障害とは何かを問うことがどのようなことかを明らかにすることは、多くの障害領域の実践的な研究の出発点の吟味であり、障害学・社会福祉学研究への寄与が可能と思われる。

1-2 分析

1-2-1 障害は社会的に構築される

障害学において革新的であったＵＰＩＡＳと Disability Alliance（以下ＤＡ）との論争から生まれた Fundamental Principles of Disability からあらわれた初期社会モデルは、インペアメントとディスアビリティを二元論的に分割し、前者を「実在」、後者を社会的構築であるとした（UPIAS and DA 1997; Feely 2016; 田中 2017）。しかし、ポスト構造主義者は、この二元論に異を唱え、インペアメントとディスアビリティがともに言説によって構築されたものだとする。なぜそのようなことが言えるのだろうか。グッドレイによると、言説は、それが作動するために、自らの立場を主張しなければならず、そのために、対立するものに対抗し、自分自身をそのアンチテーゼから区別しなければならない（Goodley 2017: 127）。例えば、わたしは健常者だと言うために、話し手は自己を他者である障害者に対抗し、区別しなければならない。つまり健常者は障害者の存在を仄めかすことでこそ存在できるのである。そしてその際、一方が他方より優れたものとして特権化される。ノーマルとされるものは、アブノーマルとされるものを、望ましくないアンチテーゼとして固定することにより、地位の安定を図るのである（Goodley 2017: 127）。健常者や障害者というカテゴリーが言説以前にあるわけではなく、ある言説が作動するために、一方が他方を必要とし、両者は同時的に生みだされるのである。

それではこの過程が、現在においても一般的に「実在」とみなされることが多いインペアメントの構築とどうつながるのであろうか。どんな現象や出来事も、それらを理解するのに使用する概念や、それらを表象するための言語から独立してはいないという「唯名論」の立場を取るトレメインは、インペアメントが「生権力レジームの歴史的所産である」とする（Tremain 2001: 618）。ここで言う「生権力」とは、個人や集団の生活において、増大している問題（例えば、健康問題、公衆衛生、出生率、寿命、人種等）の包括的管理に対して働く、権力／知の戦略的動きである。この「生権力」は一八世紀に現れた医療的言説との癒着によって身体を客体化した。医療的言説は、統計等の測定や診断を利用し、隔離や社会的排除の形を取る分割実践を行い、主体を、狂気／正気、病気

／健康等に分割した。医療的言説によって規定された「普通」や「理想」が繰り返し言及されることで、インペアメントは、主体の普遍的な属性として、物質化されたのである（Tremain 2001）。簡潔に言うと、「生権力」と結びついた医療的言説によって、ノーマルとは何かが反復され、そこから逸脱したインペアメントは、あたかもそれが社会・文化から独立した生物学的な「実在」として捏造されるに至ったのである。

同様に、ポスト構造主義の置く前提との一致を主張するトムソンは、インペアメントを使わずディスアビリティを用い、ディスアビリティは肉体的コンディションであると言う（Thomson 2017: 6）。肉体的コンディションという記述からトムソンのディスアビリティ概念がインペアメントを含んだものであることがわかる。トムソンはある種の肉体的多様性を、スティグマ化するのは、浸透性のある文化システムであると言う。ディスアビリティ（インペアメント）は、肉体的劣勢や、不適応、過度、不運な巡り合わせ等の性質をもつ自然な状態ではなく、文化的に捏造された身体についての語りなのである。そしてこのような主体を生み出すのが、アビリティ／ディスアビリティシステムである。アビリティ／ディスアビリティシステムは、特権化された名称、つまり健常者という名称を保存し、有効であると承認するために機能する。しかし、この特権化されたものは、ファンタジーであり、生物学的なものではなく、イデオロギー的なものである（Thomson 2002: 5）。トムソンの特徴は、アビリティ／ディスアビリティシステムという概念をもち出したことと、ノーマルからの逸脱だけが注目される中で、「ノーマルシーと美の双子のイデオロギー」（Thomson 2002: 11）という概念を導入したことであろう。単なる肉体的な相違が、できる／できないの観点から、ディスアビリティ（インペアメント）というカテゴリーとして社会的に構築される際に働くのは、アビリティ／ディスアビリティシステムである。一方で、ノーマルシーと美の双子のイデオロギーという概念は、アビリティ／ディスアビリティのどちらかに正しく割り当てる条件の一つとして、できる／できないだけではなく、美／醜があることを示す。文化的基準に沿って美しければ、もしくは醜くなければアビリティに、醜いと判断されればディスアビリティに割り当てられるのである。顔に目立った傷がある場合、機能的に何ら問題がなくとも、障害（ディスアビリティ）とくくられることがあるのは、この解釈を支持する一つの例と考えられる。

次に、シェイクスピアによって、ポスト構造主義の影響を受け、それに貢献している研究者として挙げられるキャンベルの論考である（Shakespeare 2014: 48）。キャンベルは、当代の学問の眼差しが、ディスアビリティを強調することから、エイブリズムの認識論・存在論にシフトすべきであると強く訴える（Campbell 2009a: 3）。典型的な障害と文化に関する研究は、ディスエイブリズムの実践やディスエイブリズムが生み出したもの、特に自由主義社会で障害者の従属に寄与する態度やバリアを調査することに集中している。しかし、エイブリズムとディスエイブリズムでは、「普通」に対するディスアビリティの根源的に異なった理解に至る。ディスエイブリズムは、ディスアビリティの産出や社会的に構築されたディスアビリティの理解によく適合するが、エイブリズムは、エイブルネス、完璧な身体、「障害者はエイブルネスのロスである」という暗示を生み出すことに関係する。そしてエイブリズムは文化の中に深く潜在的に埋め込まれているのである（Campbell 2009b: 21）。この文脈での両者の区別は少々わかりにくいかもしれないが、文化の中に浸透しているエイブリズムが、完璧な身体やノーマルを提示するからこそ、そこからの逸脱としてディスアビリティ（インペアメント）が構築されるので、ディスエイブリズムだけに着目するのでは、エイブルネスの観点がないため、その構築メカニズムを的確に把握することができないということであろう。キャンベルは、エイブリズムには、二つの中心的要素があるとする。一つは「規範の観念」、もう一つは、完璧に自然化された人間と、異常で問題外の準人間・ノンヒューマンの間に構築された「境界の強制」であると述べる（Campbell 2009a: 6）。また、キャンベルは、ディスエイブル（インペアメント）の構築に、障害当事者の、エイブリズムの「内在化」が一役買っていることも合わせて強調する（Campbell 2009b: 23）。このエイブリズムの内在化は、外部からくる暗黙のエイブリズムの強制と絡み合いながら、障害当事者が内的に自分をエイブリズムの規範に合わせるよう自己監視することを意味する。つまり、外的にも内的にもエイブリズムによって、人間は監視されているのである。それは物理的な力による制圧とは異なり、常に人をみることによって支配する権力の形である。

また、エイブリズムは、デイヴィスによると、啓蒙思想や近代化の一部であるヨーロッパのそしておそらくグローバルな文化・イデオロギーの広範囲にわたる変化の一側面である。この変化したイデオロギー構造がどのように身体の観念を形成しうるかを、デイヴィスは、「ブルジョワ的代表民主制」の発達を例に取り説明する（Davis 2002: 107）。キャンベル同様にシェイクスピアによって、ポスト構造主義の影響を受け、それに貢献している研究者として挙げられるデイヴィスは（Shakespeare 2014: 48）、「代表民主制」では、公選された議員が平等な個人を代表するという前提があることから、「平等な個人」に着目する。そしてそれが、矛盾をはらんでいると示唆する。なぜか。「平等な個人」を謳う政府は、そのために「平均的な市民」という観念を必要とする。そして、「平均的な市民」は構築される際に、相違や階層を溶解してしまうのである。すなわち、民主主義は、平等の幻想を必要とし、平等は、等しく「平均的な市民」というフィクションを必要とするのである（Davis 2002: 108）。これは、当然の結果として、「平均的な市民」から逸脱したものを、インペアメントやディスアビリティの名のもとに分割していく。そして最終的にはそれらのカテゴリーがスティグマ化され、「実在」として構築されていくのである。さらに、デイヴィスは、「公民権のパラダイム」は、差別の裏側である憐れみに頼るパラダイムよりはよいが、もし、正常と平等が対になるならば、そのとき、平等のイデオロギー的観念を批判せず、正常に対する批判だけをすることは問題であるとする（Davis 2002: 117）。つまり、正常という基準の疑わしさだけを非難し、同時にそれと密接な関係にある平等という観念を批判しないのならば、正常という基準が生まれたからくりに気づかず、表面的な議論に終わってしまうということであろう。民主主義に不可欠な平等概念が、かえって障害者を苦しめる結果となり得るのである。

このようにポスト構造主義にコミットする研究者たちは、ディスアビリティ同様、インペアメントも言説による構築であることをさまざまに論じる。ディスアビリティとインペアメントは厳密に区別できるものではないし、区別することは不要なのである。トレメインは、次のように言う。「インペアメントは最初からずっとディスアビリティだったのである」(Tremain 2001: 632)。

1-2-2 社会的に構築された障害にも「実在」をみなければならない

ポスト構造主義の影響を受けた研究者たちが、ディスアビリティだけではなく、インペアメントをも言説による構築とみるとき、シェイクスピアに代表されるポスト構造主義に批判的な研究者たちは、インペアメントの「実在性」を強く訴える。ただ、双方ともにディスアビリティとインペアメントの区別には批判的である。ポスト構造主義の立場からはディスアビリティとインペアメントの区別は、双方が構築されたものなので無意味である。一方、相互作用論の立場からは、インペアメントが終わり、ディスアビリティがはじまるところを決めるのは困難であり、ディスアビリティは、生物学的、心理学的、文化的、社会-政治的要因の複雑な相互作用であると両者の境界の不明瞭性ゆえに退けられる（Shakespeare 2014: 25）。

シェイクスピアが拠って立つ「批判的実在論」は、ロイ・バスカーのものである。シェイクスピアの解釈によると、「批判的実在論」は、外的な実在を受け入れ、相対主義や極端な構築主義に訴えるのではなく、思考や語りから独立した肉体の存在にコミットするものである。これをインペアメントに関連付けると、さまざまな文化はディスアビリティについて、多様な観点や信念、態度をもっているが、インペアメントは常に存在し、それ自身の経験的現実をもっているとなる（Shakespeare 2014: 73）。この言及は、一見するとディスアビリティとインペアメントの社会モデル的解釈に相当するように思われる。しかし先にも述べたようにシェイクスピアは、インペアメントが終わり、ディスアビリティがはじまるところを決めるのは困難であるとし、二元論的な区別を退ける。したがってここでのインペアメントとディスアビリティは便宜上の区別であろう[2]。シェイクスピアは、ディスアビリティを、パーソナリティ・モチベーション等の内的要因と、環境・サポートシステム・抑圧等の外的要因の関係である、と表現する（Shakespeare 2014: 76）。しかし、なぜシェイクスピアは、「実在」にこだわるのか。その一つの理由は、ディスアビリティに関する問題が、考え得る限りのあらゆる社会的アレンジよっても、完全に除去され得ないからである（Shakespeare 2014: 75）。言説をいくら適切に変換しても、インペアメント（ディスアビリティ）は、消え去らず、痛みや疲労等の形で残り続ける。例えバリアの除去やサポートの供給があっても、インペアメントは多くの障害者にとって問題のまま残るのである（Shakespeare 2014: 85）。これは、障害当事者であるシェイクスピアにとって、そして痛みや疲労を抱える多くの障害者にとって切実な問題であろう。だからこそ、ディスアビリティは大抵いつも、制限や能力のなさ、そしてときに、脆さや痛みを伴う生物学的次元をもっていることを正しく認識させる必要があるのである（Shakespeare 2014: 49）。そうは言っても、もちろん、感情に訴えるだけで、インペアメントの「実在性」を正当化するわけではない。ポスト構造主義が医療的言説に焦点を当て、診断によるインペアメントの構築を例に取るとき、インペアメントを診断に還元する混同がある、とシェイクスピアは言うのである。どういうことか。ポスト構造主義者は、鑑定や診断の文化的プロセスを、その基礎をなす生物学的障害（disorder）と混同しているのである（Shakespeare 2014: 59）。要するに、シェイクスピアにとって、診断とはインペアメントをどう認識し、どのようにカテゴライズし、何と名付けるか等に関わる問題であり、それは歴史的、文化的文脈によって左右されるインペアメントの構築に当たる。しかし、同時にインペアメントは「実在」でもあるので、それに関しては診断から独立しているのである。にもかかわらず、ポスト構造主義者は、この「実在」をも診断による構築に還元してしまっていると言いたいのであろう。例えばダウン症は時代や文化により多様な方法を介して多様に認識される。しかし、ダウン症が、「21番染色体の三つのコピー」をもっていることによって引き起こされることには変わりがないのである（Shakespeare 2014: 59）。これは、認識論と存在論をポスト構造主義が区別していないと言っているとも解釈できる。ここで言う認識論は、ダウン症をどのようなものとして受け入れ、考え、想定するかであり、存在論はそういった人間の認識とは独立した「21番目染色体」の存在に関わるものである。

シェイクスピアと多くの共同研究をしているワトソンも同様に、現象は、それらについての具体的な知識があろうと無かろうと存在すると述べる。そして、現象の存在は、それらについての知識と混同されるべきではないと主張する。社会的に構築されるのは「実在」ではない。むしろそれは「実在」に対するわたしたちの理論であり、わたしたちがそれを調査、探索するために使う方法である（Watson 2012: 102）。このようにワトソンは、「批判的実在論」による認識論と存在論の区別の重要性を訴える。

次にヴィーマスの立論である。ヴィーマスは、インペアメントが社会的・言語的構築であるとする立場に対して、適切な存在論的吟味や基礎が欠けているとし（Vehmas and Mäkelä 2009: 45）、以下のような批判をする。「インペアメントが第一に、そして二次的にさえ、物理的事実ではなく、それが語られ、また、書かれるまで、何も存在しないと結論づけることは知的にも政治的にも大きな損害である」（Vehmas 2012: 299）。ヴィーマスは、現象として、ディスアビリティとインペアメントは自然的（natural）要因と社会的要因の両方から成り立っていると明言する。そしてインペアメントとは、物理的、有機的現象であり、その同定や定義は文化的、社会的になされると言う

（Vehmas 2012: 301）。つまり、社会的「分類」によってインペアメントは、自然的なものを基礎としながら、社会的なものとなるのである。それでは、ディスアビリティはどうか。ディスアビリティは自然特性や自然的特徴（natural properties or features）と、周囲の社会的・物理的世界との間の関係として存在する「制度的現象」である（Vehmas 2012: 301）。ここで言う「制度的現象」とは、サール（Searle 2011: 10）の「制度的事実（institutional facts）」からとったものであり、それは、人間の制度の中でだけ存在できる事実である。ヴィーマスは、本書の中で例外的に、「インペアメントとディスアビリティの間の概念的相違を明らかにする」（Vehmas 2012: 299）と、両者の区別に支持的である。しかし、ヴィーマスのディスアビリティ概念は社会モデルと異なり、あくまで自然的なものと社会的なものの相互作用であり、社会モデルは、社会現象に伴う必然的な物理的基礎を重視しなかったとみなされるのである。しかしそうであるならば、インペアメントとディスアビリティ双方が相互作用となり、区別の必要はあるのだろうか。ヴィーマスには、それでも、ディスアビリティをインペアメントから区別する必要がある。その理由として、ディスアビリティが、物理的条件から分離され得ることが挙げられる。ディスアビリティはしばしば、人々の肉体や精神的特徴に還元されえない、とても一般的な社会構造やメカニズムを意味する。つまり、ディスアビリティもインペアメントも物理的な次元と社会的な次元双方を含むが、ときに、ディスアビリティは社会的な次元だけからなることもあると言うのだ（Vehmas 2012: 301）。ディスアビリティもインペアメントも常に双方の次元からなるのであれば、両者の区別は必要ないが、ディスアビリティが社会的次元からだけなることがあるので、インペアメントとの区別は必要なのである[3]。これらの概念規定を踏まえたうえで、ヴィーマスもまた相互作用論者と言ってよいと思われる。なぜなら、ヴィーマスはディスアビリティとインペアメントは自然的要因と社会的要因の両方から成り立っていると明言しているからである。ただし、ディスアビリティが社会的構築のみから説明できるときは、インペアメントに関してのみ相互作用論者であると言うこともできる。しかし、「実在」への強い擁護を考えると、ディスアビリティとインペアメントの区別を維持する相互作用論者と考えるのが妥当であろう。結局ヴィーマスは社会的なものを認めた上で、障害の「実在性」を強く擁護する相互作用論者なのである。

ヴィーマスの主張に対して、ジーバースの主張はとても簡潔である。ジーバースは、障害者が集まり、政治的に運動するには、ポスト構造主義が主張するのとは異なり、痛みが「実在」であるという核がなくてはならないとする。それがないと、集団になるための基礎がなくなってしまい、個人として離散したままになると言うのである（Siebers 2008: 61）。ただ、これは、別段、痛みの「実在」だけが集団を組織する核となるわけではなく、社会的抑圧、身体的差異等も十分その代わりを果たせることを考えると、説得力に欠ける。したがって、こういった記述よりも、障害者の「毎日の多大なるチャレンジは、肉体の痛みをなんとかやりくりすることである」（Siebers 2008: 62）や、

「肉体的な痛みは非常に予想ができず現実として生々しい」(Siebers 2008: 64) 等の、障害者の痛みとの生々しい関わりに焦点をあて、それが、言説の転換のみによって解決されるものではないと訴える方が、説得力があるように思われる。実際、ジーバースの論はこの筋をメインに展開している。ポスト構造主義が注目しない痛みの政治化、言い換えると、痛みを「実在」するものとしてその凄惨さを政治的にアピールし、個人的なものから、社会で共有するものへ変えていくことは、障害当事者にとって大きな課題であると考えるのである。言説によって解消されない痛みは、訴えるべきであり、また、一般的な痛みとは違う、障害者特有の痛みがあると訴えることは戦略的・実践的にも「有用」だと考える(それについては第3章で検討する)。しかし、ジーバースの「実在」へのコミットは、まったく社会的な構築を認めないものではない。

> わたしは、肉体が社会的な力から離れて存在するとか、それが文化的なものより現実的で、自然で、信頼できるものであると主張するつもりはないことに注意して欲しい…(略)…肉体は最初に、そして真っ先に、生き生きとした、そして、しばしば手に負えない力で生み出される生物学的主体である。それは社会的表象による簡易な操作にしたがう、自力で運動できないようなものではない(Siebers 2008: 67)。

ジーバースもやはり「実在」を重視しながら、社会的なものとの相互作用を認めるのである。そして「実在」へコミットする動機に、その一部に障害者の痛みという避けては通れない問題があることがうかがえる。

以上が、障害に「実在」を認める立場の研究者たちの主張となる。障害者の痛みや疲労の切実さ、存在論と認識論の区別の曖昧さ等を根拠に、障害とはその基礎において「実在」であり、そこから社会的なものと相互作用することが主張された。このように、障害学・社会福祉学におけるポスト構造主義者と相互作用論者は、前者が障害の言説による構築という理解のもと「障害とは歴史・文化・社会によって構築されるもので、一義的に何かを決定できるものではない」という言明をもって、後者の「障害とは実在と社会的構築の相互作用である」という言明と対立する。

一方、日本の障害学領域にも――後述するような「真理」への欲求から生じる不毛な論争にはあたらないが――立岩と榊原の障害定義をめぐる論争がある。榊原は、障害を「断片的身体情報と社会的処遇の関係に帰責された社会的排除」(榊原 2016: 146)と定義するが、それに対して立岩は、「どんな場合に同定は必要なのか。読んでいっても最初からよくわからない」(立岩 2018: 299)と障害を定義付けること自体を疑問に付す。この立岩の主張に対して榊原は、そのように言いながらも立岩は、障害を非能力と差異であると同定・定義しており、要否を問う以前に、我々は同定に常に既に絡めとられていると反論する。そして、基礎的概念の定義の不在は論理的整合的なコミュニケーションを困難にすると主張する（榊原 2018: 309, 310）。この両者の障害定義をめぐる議論は、日本の障害学・社会福祉学においては、非常に珍しい。それというのも、日本の障害研究は、主に社会モデル周辺でなされており、そこから離れた障害研究はあまり見られないからである。それについて、二〇二一年に公表された論文で辰巳は以下のように述べる。

昨今（二〇〇〇年代以後）、海外の障害学においてポスト構造主義やポストモダンの思想を取り入れながら、従来の障害学を批判的に刷新することを試みる一連の動きが英米圏を中心に現れてきている。しかし、その潮流は、いまだ日本国内においてほとんど紹介されていない。また、障害学の「古典」とされている海外の基本文献の翻訳さえ国内で十分に進んでいない。なぜであろうか。複数の要因が考えられるが、一つの根本的な要因は、障害研究を発展させるためには、古典的な障害学、すなわち、社会モデルをはじめとする一九七〇年代頃に端を発する伝統的なイギリス・アメリカ障害学における道具立てで十分事足りており、それ以上「理論」から何かを得る必要はない、むしろ現場における「実践」の方を重視すべきである、という認識があるからである。そして日本の障害学もこの社会モデルを中心として展開されてきたと言って差し支えなく、言い換えれば、障害学の思考は社会モデルという古典的枠踏みをいかに洗練させていくのかに注力されており、それ以後に海外で登場した諸理論を輸入しなくとも、国内の障害研究としては独自の発展を続けてきたのである（辰巳 2021: 23）。

実際、日本の障害研究の多くは、社会モデルを核として、その批判、もしくは、洗練に専念しており、二〇〇〇年代以降の海外の動向を踏まえた論考は稀である。それが障害定義の議論となると非常に数が限られてくる。上記の榊原の論考やそれに対する立岩のレスポンス等は、社会モデルから離れ、障害研究に新しい地平をもたらす希少な試みであると言える。したがって、二〇〇〇年代以降の障害学の議論（その中でも特に障害定義に関する議論）を試みる場合、主に海外の文献に頼らざるを得ないというのが現状である。

1-2-3　障害とは何かをめぐる対立の解消、対立構造の明確化、そして新たな障害理解へ

障害の基礎は「実在」か、それとも、インペアメントもディスアビリティも言説による構築か。障害とは何かという問いに、ポスト構造主義者は言説の問題として答え、相互作用論者は「事実」の問題として答えるという不一致を、より詳細に検討するには、新たな視点の導入が有効である。そこで以下、障害理解に新たな地平をもち込もうとする第三の立場から三つの論考をみていく。

1-2-3-1 フィーリーの「集合体分析」による障害理解

まず、フィーリーによる「集合体分析」（Feely 2016: 864）から障害とは何かをみる。フィーリーは、ドゥルーズ・ガタリの「集合体（assemblage）」という概念と分析方法が、対立する生物学的記述、構築主義的記述を結びつける手段を提供すると述べる。フィーリーは以下のように言う。「集合体分析」を取り上げるということは、伝統的に分離したものとみなされてきた「存在の様相」（例えば、気候学、生物学、言説等）が、すべて潜在的に重要であると受け入れることである。わたしたちは、明示的に、また、暗示的に、分析の一つの様相を特権化し、その特定の様相を通して、完全なシステムを理解する学術的分析に慣れてしまっている。例えば、マルキストは「経済」を、社会生物学者は「遺伝」を、構築主義者は「意味」を基礎として学術的分析をする。しかし、ドゥルーズ・ガタリの「集合体分析」は、特定の様相を特権化することを拒否するのである（Feely 2016: 874）。それは、言い換えると、序列的コミュニケーションと予定調和な中心化に対する、序列的ではない非中心化である（Deleuze et Guattari=2010: 53）。何らかの分析を序列の高位に据え、現象を解明しようとするのではなく、平面的で序列がなく、また、中心となる分析様相をもたず、あらゆる分析をすべて重要視するのである。そして、「集合体分析」は、「リゾーム」（Deleuze et Guattari=2010）という概念を用いた思考法を提供する。「リゾーム的思考」とは、序列的な思考ではなく、水平的・平面的思考であり、どんな一点も他のどんな一点とも接合され得るし、接合されるべきものなのである。生物学と政治と経済と他のさまざまな存在様相が多方向に接合され、それは中断や再生を伴いながら接合し続けてやまない（Deleuze et Guattari=2010）。上記の記述を、フィーリーは、具体例を用いて説明する。

まず、「集合体」としての「障害サービス」を考える。それは、建築物、情報テクノロジー、生物学的肉体、資本の流れ、言説、これらに関連する政策や立法等の要素を含んでいる。そして、これらの要素間の相違を「垂直的」であるよりむしろ「水平的」であると理解し、「リゾーム」的な多方向へのつながりとして追求するのである（Feely 2016: 875）。つまり、「集合体」としての「障害サービス」は、生物学的肉体や言説等矛盾するようなものをその要素として含むが、それらの要素間に「垂直的」なヒエラルキーはなく、「水平的」で、それらは多方向に入り組んで絡み合っているのである。

フィーリーはアイルランドにおける事例でさらなる具体化を試みる。まず、資本の流れがどのように障害サービス設立に影響したかを検討することからはじめる。例えば、一九九〇年代から二一世紀初頭アイルランドで起きた「ケルトの虎」という急速な経済成長の間、障害サービスにおいて多くのデイセンタービルが拡張されたことにフィーリーは着目する。また、逆に、どのように障害サービスの設立が、経済資本の流れに影響したかも検討する。例えば、この拡張期に資本を投資された障害サービスは、今の緊縮期に、その経費のかなりの割合を、セントラルヒーティングのために当てなければいけないという事態に着目する（Feely 2016: 875）。つまり、経済成長の結果、資本が障害サービスの拡張に流れたが、逆に、緊縮期になると、障害サービスは、拡張したがゆえにコストをかけなければならず、資本の流れに影響を与えたと言いたいのである。これは非常に単純化された例であるが、そこには「資本の流れ」、「建築物」、経済成長期における「言説」、「情報テクノロジー」、もちろん障害者の「生物学的肉体」等のさまざまな要素が絡んでいる。これらの要素が序列化されることなく、平面的に絡み合い、資本の流れと障害サービスの関係としてあらわれているのである。このようにさまざまな要素が多方向へ「接続」、つまり、多方向に関連し合っている様を描き出すのが「リゾーム的思考」であり、「集合体分析」ということであろう。あらゆる要素が、特権化されることなく「水平的」絡み合っているのである。

抽象的な記述に戻ると、「集合体分析」には、「リゾーム」という根茎、地下茎をイメージした思考様式（Deleuze et Guattari=2010: 22）が不可欠である。「リゾームには始まりも終点もない、いつも中間、もののあいだ、存在のあいだ、間奏曲なのだ」（Deleuze et Guattari=2010: 60）。これを、障害（という集合体）とは何かという問いに関連させるならば、その問いに対する一義的な解に行き着くことはないということである。なぜなら、障害（という集合体）とは何かという問いも、また、それに対する答えも常に変化しているからである。

さらにフィーリーは、デランダを引用し、「集合体」は、継ぎ目のない全体や閉じた系として理解されるべきではないとする。あらゆる「集合体」は、より小さな「集合体」から作られるし、より大きな「集合体」の一部であるだろうし、それはロシアンドール（マトリョーシカ）のような社会的「集合体」とみなすこともできる（Feely 2016: 876）。ただし、デランダによると、「部分と全体の関係がこのように単純であるということはめったにない」（DeLanda=2015: 65）ので、「集合体」は、マトリョーシカのような「集合体」を含むが、以下の記述の方がより重要となるであろう。「集合体」は、また、構成要素間に内的関係をもつ。そして他の「集合体」と外的関係をもつ潜在性を有する。さらに、「集合体」は常に構成要素を一つの「集合体」から取り除くことや別なものにつなぐことができるとする（Feely 2016: 876）。

これをフィーリーの記述に沿って、一つずつ具体化する。まず、「集合体」は、「構成要素間に内的関係をもつ」から説明する。これは、先ほどの「障害サービス集合体」を例にとると、「障害サービス集合体」は、「本社」と「デイセンター」という要素間の内的関係を包含するというようなことである。次に、「他の『集合体』と外的関係をもつ潜在性を有する」である。これは、「障害サービス集合体」が、援助付き雇用でサービスユーザーを雇う「地方のスーパーマーケットの集合体」のような他の「集合体」と外的な関係をもつことである。最後に、「『集合体』は常に構成要素を一つの「集合体」から取り除くことや別なものにつなぐことができる」についてである。これは、障害サービスが、「古くて大きなスケールの施設」を、「アパート」に変える不動産開発業者に売る事態を想定すればよい。このとき、「障害サービス集合体」の一つの要素である「古くて、大きなスケールの施設」が、「アパート」に代わることで「住宅物件集合体」の構成要素になる、というようなことである（Feely 2016: 876）。

そして、「集合体分析」においては、妥当なリサーチクエスチョンは、「本質」やアイデンティティに関係付けられてはならず、持続的に機能するプロセスに関係付けられなければならない（Feely 2016: 876）。このことは上記の具体例で示した「集合体」の変化の様子をみればわかるであろう。「集合体」は固定されたものではなく、常に変化のプロセスにさらされている。「集合体」も、その要素も、それと関連する「存在様式」もすべて変化の中で見出されるのである。以上の例示は、「障害サービス集合体」に限定し、さらにその中の僅かばかりの要素に限定したものである。重要なのは、「集合体」は数多あり、その要素も数多あるということ、また、「集合体」もその中の「要素」も複雑に絡み合っているということである。「実在」としての生物学的肉体や言説という一見対立するようにみえるものも、ある「集合体」の要素であり、双方は複雑に関係づけられているのである。そこにヒエラルキーはない。そしてそれらを明確に区別することもできないのである。

フィーリーは、ポスト構造主義者とその批判者の対立に着目し、「リゾーム的思考」による「集合体」分析をすることで、両理論のどちらをも特権化することない複雑に「接合」された「平面的」状態を描き出し、両者の対立を退ける。ポスト構造主義による言説も、実在論者による生物学的肉体も一つの要素として、「集合体」に特権化されることなく包含され、縦横無尽に絡み合うのである。

そうすると、障害（という『集合体』）――これも「障害サービス」同様一つの「集合体」と考えてよいであろう――とは何かという問いに、一つの「存在様相」（例えば実在論や言説）から答えることはできない。それらは複雑に絡み合っていて分離することはできないからである。また、障害とは何かという問いも、その解も、それを構成する「存在様相」も常に変化しているので、変化しない固定的で静的な解を提出することはできないのである。したがって、フィーリーは、縦横無尽の関係性、および、変化という観点をもって、障害とは何かという問いに、一義的に答えることはできないと結論付けたこととなる。

1-2-3-2　ダナーマークによる「批判的実在論」を用いた障害定義の対立構造の解明

以下二つの論考は、グスタフソンによって、「スカンジナビアン相対的相互作用主義」（Scandinavian Relative Interactionist Perspective）として言及されるものである。これは、多層的アプローチを強調し、何らかの根源的な分析レベルを拒否する立場をさす。そして、数種の異なった分析レベルで障害を研究するプラグマティックなポジションを取るものである（Gustavsson 2004: 62）。相互作用論者であるシェイクスピアは、このアプローチと自分の理論との類似性を主張する（Shakespeare

2014: 78)。シェイクスピアは自分の理論が相互作用、および、プラグマティズムに依拠していると言っているので（Shakespeare 2014: 72）、このアプローチと折り合いがよいのであろう。しかし、シェイクスピアの場合、「実在」の擁護に重きが置かれ、さまざまな理論を同程度に価値のあるものとみなす立場からは距離があるように思われる。これは先にみた「実在」を擁護する立場の研究者全般に言えることである。

さて、一つ目のダナーマークの論考である。この論考は、その概念の多くをバスカーの「批判的実在論」に負っている。そして「批判的実在論」においては、「実在的世界」は層化されているという「実在」の構造が要となる。この「実在的世界」は、人間とは独立に存在するので、人間は知覚によって事物を認識し、実験活動を通じて構造を認識することとなる。そして、「実在的世界」では、階層ごとに種々の「生成メカニズム」が働いており、それらが作用しあうことによって現実世界の生成流転（さまざまな現象）が生み出されるのである。そして、「実在的」な階層化の反映として、わたしたちの認識も階層化していく（Bhaskar=2009）。

この階層には例えば、社会科学・心理学・生物学・分子科学がある。社会科学の階層には「社会的メカニズム」が、心理学の階層には「心理学的メカニズム」が、生物学の階層には「生物学的メカニズム」が、分子科学の階層には「物理的、科学的メカニズム」が働いている。これらの階層は、各々特定の学問領域に調和している。特定の学問領域が特定の階層の「生成メカニズム」に焦点を当てているのである。例えば、自然科学はより低い階層の「生成メカニズム」に焦点を当てているし、社会科学はそれより高い階層の「生成メカニズム」に焦点を当てている。(Danermark 2001: 4)。階層ごとに調和する学問領域が異なるということは、それぞれの階層で、それ特有の現象を研究する方法やテクニックが発達していることを意味する。ある階層から別の階層へ一つの方法論的アプローチをもっていくのは有益ではなく、それぞれの階層がそれ自身の方法論的アプローチを要求するのである。したがって、どの階層で現象を把握するかによって、アプローチの方法も、それによる現象のとらえ方も異なる。「自然科学はより低い層でのメカニズムを扱う」ので、そのメカニズムから生成する現象理解は、「より高い層での現象を扱う社会科学」の現象理解とは異なるのである(Danermark 2001: 11)。

これらの説明から、医学モデル、社会モデル、ポスト構造主義、そして相互作用論の対立構造が明らかとなる。障害も当然、層化された「実在的世界」の「生成メカニズム」によって生じる現象である。この障害という現象を、生物学的もしくは神経学的階層で働いている生成メカニズムに焦点を当てることで把握しようとするのが医学モデルであり、社会 - 経済的階層において把握しようとするのが社会モデルであり、文化的階層において把握しようとするのがポスト構造主義である(Bhaskar and Danermark 2006)。そしておそらく、ある部分においては社会 - 経済的、ある部分においては生物学的もしくは神経学的階層において把握しようとするのが相互作用論であろう。

こうして、さまざまなモデルや理論は、「実在的世界」の生成メカニズムから生じる現象について、異なった階層で議論をし、それを強調することで対立しているのである（Bhaskar and Danermark 2006）。

このことに関して、ダナーマークは聴覚障害を例にとり説明する。まず、比較的下層の生物学的階層に着目すると、この生物学的階層でインペアメントという現象が生じている。次に、それより上層の心理学的階層である。ここでは、唇の動きを読む能力を決定する記憶容量のような現象が生じている[4]。そして、明言はないが、おそらく社会科学的階層で、聴覚障害者のコミュニケーションスキルによる他者との相互作用やスティグマ化という現象が生じているのである（Danermark 2001: 13）。しかし、この例は適切とはいい難い。生物学的階層でのメカニズムの結果インペアメントという現象が生じるという説明は、単線的過ぎ、医学モデル・個人モデルの域を出ていない。したがって、ここで重視すべきなのは、着目する階層ごとに障害とは何かに対する答えが異なってくることである。このことは、ごく当たり前のことのように思われるかもしれない。しかし、「実在的世界」の階層化が念頭にあればこそ、階層ごとに用いる理論とそれによる現象理解が異なることがわかり、障害とは何かに対する多様な解が導き出される理由を把握することができるのである。

ダナーマークは、さらに、聴覚障害の例を用いて考察を続ける。

インペアメントは、生物学的階層でのメカニズムの結果を描写するために使われることが多い。機能によって、いや、より正確には、機能的問題は、普通、日常生活でのインペアメントの現れを意味する。例えば、鳥の鳴き声、クラシックミュージックを聞くことができない。インペアメントは、ときに、減少した機能という結果になるし、ときにはそうはならない…（略）…ディスアビリティはより社会的概念である。インペアメントが、機能の減少という結果になるとき、そしてこれが環境との相互作用に影響があるとき、それはディスアビリティになる（Danermark 2001: 13）。

この記述は、またもや不適切なものである。このインペアメントやディスアビリティの概念規定では、インペアメント、機能、ディスアビリティの三つの現象間に、単純な因果関係があるように受け取られかねない。これでは、「実在的世界」の「生成メカニズム」の導入が不要となる。また、「批判的実在論」によらなくとも、こういった線形的な因果モデルは多分に例外を含む。加えて、これでは、障害とは何かという問いに対する解が、「障害とはインペアメントである」という一義的な解に還元されかねない。

このように、先ほどの例も合わせ、ダナーマークの具体例はあまり参考にならない。したがって、再三述べるが、重要なのは、層ごとに適する理論と方法があり、それにより、障害とは何かに対する解が異なってくることである。ポスト構造主義者と相互作用論者の障害に対する見解の相違は、どの階層に焦点を当てているかの相違に過ぎない。文化的階層における障害現象の理解か、生物学的、かつ、社会 - 経済的観点からの障害現象の理解かの相違に過ぎず、これを対立としてとらえることは無意味であろう。本来ならば、障害とは何かという問いは、「実在的世界」でこそ答えられるものである。しかしながらその「実在的世界」に人間は直接足を踏み入れることはできない。同じ「実在的世界」で生じていることが、さまざまな現象として理解されるだけである。そして見かけ上の対立が生じる。結果、障害とは何かという問いに対して、現象の領域で一義的な解を出すことはできないこととなる。「実在的世界」に解はあるかもしれないが、人間は直接その答えにアクセスできない以上、現象の領域での異なる答えを、階層性とそれに適したアプローチへの理解とともに受け入れるしかないのである。それを受け入れることで、対立はどの階層の現象に着目したかの相違に過ぎないことがわかり、どの解も間違ってはおらず、したがって対立の無意味さを知ることができるのである[5]。そうするとわたしたちは、結局、障害とは何かという問いに対して、一義的な解を与えることはできないのである

1-2-3-3　ミヘラキスによる「社会システム理論」を用いた障害定義の対立構造の解明

最後に、ミヘラキスによる論考を検討する。ミヘラキスはルーマンの「社会システム理論」を用い、モデルごとに障害定義が異なり、それらが対立する構造を明らかにする。

まず、三つのモデルで障害の概念がどのように定義されるかについての対立があるとする。それは、医学モデルによる「障害は医学的に証明された事実に関する個人的不能力である」というもの、個人‐社会モデルによる「障害は個人の肉体的、心理的または知的条件と、社会の構築のされ方との間の関係の結果である」というもの、社会モデルによる「障害をもたらすのは、社会的条件や政治的条件である」というものである（Michailakis 2003: 209, 210）。

しかし、その前に、それに関わる範囲でルーマンの「社会システム理論」を理解する必要がある。ルーマンの「社会システム理論」は、まず、互いに関連することでのみ存在できる「システム」と「環境」というものの「差異」を分析の出発点とする。そして「社会システム」はコミュニケーションから成り立っている（Luhmann=1993a, 1993b）。ここからミヘラキスは、現象としての障害は、システム／環境の区別と関係することによってのみ分析され、システム／環境の区別において、障害をもつ個人は、他の個人と同様、「システム」に属するのではなく、「環境」の一部として観察されると述べる（Michailakis 2003: 214）。誤解してはならないのが、「システム」が、人（障害者）を「環境」の一部として、「コミュニケート」しても、それはあくまで、「システム」が障害者を「環境」に帰属させているのであって、障害者個人が「システム」と独立して「環境」に属するわけではないということである（Luhmann=1993a, 1993b）。さらに近代社会は、自律的に作動する多くの「機能システム」に分化しており、「機能システム」それぞれが、それ特有の機能を果たしている（Luhmann 1997, Luhmann=2007）。そしてこの「機能システム」は、あるテーマをそれに固有の「コード」によって分類する。この「コード」は二値からなり、それは、例えば、真 - 偽、合法 - 不法、健康 - 病気等である。また、「機能システム」は、それ特有の問題以外に対して「無関心」である（Luhmann=2007）。これらの説明は少々わかりにくいが、ある「機能システム」から障害というテーマを観察するとき、その観察は、二値の「コード」を使ってなされ、その二値によって観察された障害者は、例えばその二値ができる - できないであったならば、「できない」という属性に分類される。そしてある「機能システム」は、他の「機能システム」の「コード」、例えば美 - 醜等の「コード」にたいして「無関心」であるため、できる - できない「コード」による「機能システム」から観察したときは、その「機能システム」が使用しない美 - 醜「コード」に関することは無視され、観察された障害者は「できない」という属性を与えられるのである。

インペアメントをもつ個人についてのコミュニケーションは、こうして、（機能）システムから（機能）システムで異なっていて、これらの個人についての（機能）システムに特有のコミュニケーションは、別な（機能）システムで置き換えることはできない。つまり、ダウン症の診断は、医療的コミュニケーションであって、この観察に結び付けられた特別な意味は、直接他の社会システム（機能システム）で置き換えることはできない、例えば、雇用価値がない、法的に無能力である、経済的に有益である等には転換され得ない（Michailakis 2003: 215, カッコ内筆者）。

つまり、どの「機能システム」から観察するかによって、障害が、また障害者が、何者であるかが異なってくるのである。この機能システム依存性によって、ミヘラキスの立論の最初の問い、なぜ多様な障害定義がなされるかに答えることが可能となる。例えば、医学モデルと社会モデルがなぜ障害定義において一致をみないのか。それは、医学モデルと社会モデルが、二つの特別に異なった「機能システム」からの観察だからである。障害というテーマのコミュニケーションに関して、完全なものとしてそれをとらえ、説明できるただ一つの区別はなく、これらの障害についての評価や描写のどれも、他のものより重要とはみなされ得ないし、また、別なものに還元され得ず、お互いに比較され得ないのである。こうして、障害者としての個人の同定が、必然的に特定の「機能システム」に関連して生じることが明らかとなる（Michailakis 2003: 223）。これを、本書でみてきたポスト構造主義者と相互作用論者の対立に照らし合わせるならば、ポスト構造主義者と相互作用論者は障害というテーマのある部分をとらえる際に、依拠している「機能システム」が異なっていることとなる。それぞれが、対立する個所で、どのような「コード」を使い、何の「機能システム」に依拠しているかは、本書が「社会システム理論」を中心に展開されている訳ではない以上、深追いする必要はない。ポスト構造主義と相互作用論者は、対立箇所において、異なった「機能システム」からの観察をしていることがわかれば十分である。ルーマンの「社会システム理論」を用いたミヘラキスは、ポスト構造主義や相互作用論等の障害理解における対立を「機能システム」間の相違に帰した。それは、徹底した（機能）システム相対主義の主張である（Luhmann=1993a: vi, カッコ内筆者）。これにより、障害とは何かという問いに対して、一義的に答えることはできないことがわかるのである。

以上、第三の立場からの三つの論考をみた。フィーリーは *Disability Studies after the Ontological Turn : A Return to the Material World and Material Bodies without a Return to Essentialism* というタイトルの Ontological Turn からわかるように存在論を、ダナーマークは存在論そして同時に認識論を（Bhaskar and Danermark 2006: 280）、ミヘラキスは、その論考の土台となるルーマンの社会システム理論が「認識論としての役割を担当している」（Luhmann=1993a: 18）と言っていることからもわかるように、おそらく認識論を前提にしているという違いこそあれ、そのどれもが、障害とは何かという問いに対して、一義的に答えることはできないことを示唆するものであった。

1-2-4　障害の多様な定義がなぜ成立するのかを「全体論」から明らかにする

障害とは何かという問いに対して、一義的に答えることはできないという示唆を三つの論考から得ることができた。そのうえで、論を進めるにあたり、言語に関するある前提を置く。なぜなら、障害現象を理解するのに言語を離れることは考えられないからである。障害とは何かという問いも、正確には、障害という言葉が意味するものは何であるかという問いに他ならない。結局、障害とは何かという問いは、障害定義に関する問いに相違ないのである。この問いの正確な把握は、以下の議論をみるうえで必要不可欠となる。

その前提とは以下のようなものである。言語以前の障害なるものは存在しない。障害と名付けられる以前の差異はあるかもしれないが、その差異も言語を離れてしまうと、差異ととらえることはできない。言語以前の「差異」が何であるのかを語ることはできない。それはあるともないとも言えず（むしろ言うこととしかできず）、その存在はとらえた瞬間、言語の網に絡め取られてしまう。どのような語りであれ、語りはじめた瞬間から、差異であれ、障害であれ、言語を免れえない。

> どんな発言も、言語ゲームの中で何らかの意味を持つ言葉として解釈し変えられる…（略）…語りえぬものはどこまでも語りうるものへと読み換えられる。言語ゲームとはその読み替えの運動にほかならない。それゆえ、その外部は端的に存在しないのである。だからウィトゲンシュタインは、もはや「語りえぬものについては沈黙しなければならない」などとは語ることはできない。それがあまりにも容易に語りえてしまい、そのとたんに、それを語るゲームが成立してしまうからである（永井 1995: 213）。

だからといって、ポスト構造主義者がしばしば批判されるように、言語、言説に「本質」を帰すようなものではない。それというのも、言語や言説も、それ自体何であるか一義的に定められるようなものではないからである。それらの言語も、理論体系・信念体系に依拠して理解されるのである。本書では、クワイン等を理論的ベースとしているため、クワインが用いた「知識や信念の総体」という言葉に沿う形で「理論体系・信念体系」という言葉を用いるが、これは「何らかの理論をもとに整合的に関係づけられた言明からなる体系・真偽に関わる言明からなる体系」だけではなく、整合的でない、また、真偽に関わらない言明も多分に含むより広い言語実践のありさまととらえる。また言語といっても、それは音声言語に限定されるものではなく、手話言語、ふるまい等も広く含める。

本書ではこういった言語観から、障害とは何かという問いにアプローチする。そのために、まずクワインの「全体論」をみる。クワインの「全体論」を理解するためには『経験主義のふたつのドグマ』における「ふたつのドグマ」（教義）とは何かから明らかにする必要がある。ここで言う、第一のドグマとは「『分析的』真理、すなわち、事実問題から独立した意味にもとづく真理と、『総合的』真理、すなわち、事実にもとづく真理とのあいだに、ある根本的な分裂があるという信念」（Quine 1953: 20）である。第二のドグマとは「『還元主義』、すなわち、個々の意味のある言明（statement）は、直接的な経験を指示する名辞からの論理的構成物と同値であるという信念」（Quine 1953: 20）である。経験主義者が抱いているこの二つのドグマをクワインは否定しようと試みる。第一のドグマの分析的・総合的とは何か。まず、分析的な言明とは、経験によらず真偽がわかる言明である。一方、総合的な言明とは、経験による検証がなければ真偽がわからないような言明である。つまり、第一のドグマとは、経験によらず「意味」によって真偽が決定される分析的言明と、経験によって検証される総合的言明は、区別される必要があるという信念となる。第一のドグマは、結論だけ述べると、「同義性」と「意味論的規則」の検討によって、分析的言明と総合的言明との間に境界線はまだ引かれていない。そのような区別がそもそも引かれるべきであるというのは、経験主義者の非経験的なドグマであると退けられる（Quine 1953: 37）。要するに、分析的言明と総合的言明の区別は不要なのである。

次に、第二のドグマである。第二のドグマとは「『還元主義』、すなわち、個々の意味のある言明は、直接的な経験を指示する名辞からの論理的構成物と同値であるという信念」（Quine 1953: 20）であった。本書にとって重要なところを強調すると、第二のドグマは、個々の意味のある言明は、直接的経験を表現する文に還元できる（冨田 2016: 161）、したがって直接的経験と対応していることを示していると言えるであろう。そして、クワインはこの第二のドグマを否定するのである。この第二のドグマの否定には「意味の検証理論」について一定の理解がなければならない。なぜなら、

「意味の検証理論」は、第二のドグマを含んでいるからである（丹治 2009: 111）。

「意味の検証理論」とは、「言明の意味は、それを経験的に確証または反証する方法である」[6]（Quine 1953: 37）。この主張はわかりにくいので、その要となるところを述べると、命題[7]（言明）一つ一つが個別に一定範囲（全範囲も含めて）の経験[8]に対応しているということである。これは以下のことを帰結する。言明が意味を有するには、経験的に確証または反証できる方法がなければならない。つまり、意味のある命題（言明）は、すべて経験的に検証できなければならないのである（野家 1998: 98）。それは逆に、どのような経験に照らしても真偽を定めることができないような命題（言明）は意味がないということである[9]（黒田 1975: 165）。この「検証理論」が第二のドグマを含んでいることから、「検証理論」が否定されれば、第二のドグマも否定されるのである。結果として、クワインは、個々の言明が、経験による検証の対象となるわけではないことを明らかにし、つまり、「意味の検証理論」を否定し、第二のドグマを退ける。そこからクワインは、以下のような結論に至る。

還元主義のドグマは、個々の言明が、他の言明（its fellows）から孤立して考えられても、ともかく確証や反証を受け付けうる（can admit of）という想定の中に生き残っている。わたしの反対提案は…（略）…外的世界についてのわたしたちの言明は、個々にではなく、一つの団体として、感覚的経験の裁きに直面するということである（Quine1953: 41, 傍点筆者）。

つまり、個々の言明は、他の言明なしでも、独立して経験の検証を受けるということ、個々の言明が、経験と対応しているということは誤りであり、一つの団体、体系が経験の検証を受けるのである。本書にとって重要なのは、個々の言明ではなく、分析的言明・総合的言明の区別がないいくつもの言明の組み合わせである体系が、一つの団体として、クワイン流にいえば、そのふちに沿って、経験の審判に直面するということである。クワインはそれを次のように表現する。「わたしたちのいわゆる知識や信念の総体は、ふち（edges）に沿ってのみ経験と接する（impinges on）人工の構築物である」[10]（Quine 1953: 42）。

これらの記述をわかりやすく説明することを試みると、まず、わたしたちは、さまざまな言明が複雑に絡み合った理論体系・信念体系に埋没している。例えば、①「独身者はすべて結婚していない」・「一＋三＝四」や、②「ニュートリノは変身する」【三種類のニュートリノ（という粒子）は、互いに別の種類へと変身するらしい（丹治 2009: 115）】や、③「うさぎだ」のようなさまざまな言明である。イメージとして、これらの言明のうち、①のような論理学・数学に関わるような言明はその体系の中心部にあり、そこから遠ざかるにつれ、②のような物理・科学理論による言明が登場する。さらに周縁部、ふちに至ると、③のような観察文がみられる。そして体系の「ふちに沿ってのみ経験と接する」とはこの③のような言明が経験と接するということである（②のような言明は直接的に観察できるようなものではなく、間接的な観察と推論の結果である）。次に、このふちにおいて理論にしたがわないような反発的な経験が生じたとする。③の「うさぎだ」という言明に対して、それが偽であるような何らかの新奇な状況が出現するような事態である（よりわかりやすいのは「太陽は東からのぼる」という言明が、ある日、太陽が西からのぼるという反発的な経験に出会う、というようなことである）。その場合、反発的な経験からの裁きは、③のような個々の言明にだけ独立して直接的にくだされるわけではない。③のような言明も体系の一部であり、中心部も含めた他の言明と複雑に絡み合っているので、それだけが独立して直接的に経験から真偽を判定されるわけではないのである。そうではなくて、経験の裁きにあうのは、体系全体であり、反発的な経験と整合性をとるために調整されるのは、③のような言明だけとは限らず、ときに②のような言明が位置する箇所、また①のような一見すると調整が及ばないような箇所でさえ、調整される可能性があるのである（当然反発的経験を無視することもあり得る）。

話を戻すと、このような信念体系（の内部を形作る理論的な部分）は、経験を通して世界から「与えられる」ものというよりはむしろ、わたしたちが「作る」もの、「人工の構築物」である（丹治 2009: 129）。体系全体はそのふちで経験の裁きにあい調整される可能性はあるが、だからといって、①のような中心部に近い言明は、そもそも直接的な経験を通さず推論等によって人工的に構築されるものであるし、②のような言明は観察と推論の双方を必要とするであろう。また、③のような言明も、他の言明と複雑にからみあっているので、経験から一対一で「与えられる」ようなものではない。体系全体が経験の審判を受けるからといって、それが経験からのみ（経験と対応して）構成されるとはならないのである。そして「人工の構築物」である理論体系・信念体系には、前の世代の理論体系・信念体系も組み込まれている（丹治 2009: 135）。そうするとわたしたちは、すでに何らかの理論体系・信念体系に埋没していることになる（ただし理論体系・信念体系が内的にすでに決まったものとしてあって変化しないというわけではない。そしておそらくわたしたちはその全体像を把握しながら言葉を使用しているわけではなく、むしろ言葉の使い方にそれがあらわれるであろう）。

これらを踏まえて、丹治は、「ホーリズム」（全体論）は、一つ一つの命題の〈意味〉はその「検証の方法」として決まる、という「意味の検証理論」を否定するだけではなく、そもそも「ことばや文にはそれぞれ一定の〈意味〉がある」ということを否定すると主張するのである（丹治 2009: 130）。この後半部分は非常に重要である。言い換えると「一つの信念体系を受け入れている、ということが、そこに登場することばの『理解』を構成する」ということになる（丹治 2009: 131）。つまり、経験との対応から一義的に言葉（言明）の意味が定められるのではなく、受け入れている理論体系・信念体系から言葉の意味が構成されるのである。これは当然のことであろう。先ほど見たように理論体系・信念体系はさまざまな言明が複雑に絡み合うことで成り立っており、個々の言明は独立して経験と対応してはいない。したがって、ある言明（言葉）の意味は、経験との対応から一義的に定められるようなものではなく、さまざまな言明との関係から、つまり理論体系・信念体系に依存して定められるものなのである。

その中で発せられる一つの文が有意味なのは、それが「観念」とか「意味」といったような何かある〈もの〉に結び付けられているからではない。そうではなくて、われわれの言語を規定している規則の体系が、一つ一つの文を有意味にしている（意味・生命を与えている）のだ。そしてそのような規則にしたがってことばを互いに交わし合う一つの言語活動という脈絡の中でのみ、一つ一つの文は意味をもつ（丹治 1996: 15, 傍点筆者）。

またそれは以下のように言うこともできる。

記号（文）は、その意味を記号の体系、すなわちその記号の属する言語から得ている。おおまかに言えば、文を理解することは言語を理解することを意味する。文は言語体系の部分としてのみ命をもつ、と言ってもよい。しかし人は、文に命を与えるのはその文に随伴する、神秘的な領域にある何かであると想像するよう誘惑される。しかし、たとえ文に随伴するものがあるとしても、それはわたしたちにとってまた記号にすぎないであろう（Wittgenstein 1969: 5, 傍点筆者）。

本書にとって重要なのはこれらの主張である。なぜこれらの主張が重要なのか。それはこれらの主張によって、障害という言葉の定義をめぐって起きている対立の構造を把握することができるからである。上記の通り、言葉や文に経験と対応するような一定の意味があることが否定されるならば、当然障害という言葉にも一定の意味を付与することが困難であることがわかる。社会モデルの理論体系を受け入れていることによって「障害とは社会が作り上げたものである」という言明が構成され、ポスト構造主義の理論体系を受け入れていることによって「障害とは歴史・文化・社会によって構築されるもので、一義的に何かを決定できるものではない」という言明が構成されるのである。また、相互作用論者のように、基礎において実在論を受け入れ、同時にポスト構造主義の理論も受け入れていることによって「障害とは実在と社会的構築の相互作用である」という言明が構成されるのである。結局、障害とは何かをめぐる対立は、依って立つ理論体系・信念体系の違いに過ぎないのである。

また、シェイクスピアやワトソンが考えているように、ポスト構造主義と相互作用論の対立を認識論と存在論の問題に帰着させることもできるであろう。その場合、認識論を受け入れているか、存在論を受け入れているかの違いから対立が生じているとみることができるのである。例えば、シェイクスピアが「障害」の相互作用性を根拠づけるために例示したダウン症について考えてみると（Shakespeare 2014: 59）、相互作用論者は、ダウン症が「実在」するとし、それを観察者の態度や感情や視点から独立した「過剰な21番目染色体」に帰する。これは存在論を受け入れていることによる。一方、過剰な21番目染色体というカテゴライズそのものが、社会的に構築されたものであると考えることもできる。カテゴライズされる以前のもの、観察者の態度や感情や視点から独立したものは認識できないので、存在するということは無意味である。このような主張、つまり認識論をポスト構造主義者は受け入れているのである。相互作用論者が、認識論者にとっては社会的に構築されたものに過ぎないカテゴリー名を用いるのは便宜上である。相互作用論者にとっては、カテゴライズ以前の「過剰な21番目染色体」に相当するものは存在するのである。これが、存在論と認識論の食い違いである。障害とは何かと同様、ダウン症とは何かという問いに対して、それが何であるかを一義的に答えることはできないのである。

さらに、ポスト構造主義者と相互作用論者は、障害とは何かという問いに、前者は依って立つ理論から言説の問題として答えを導き出すのに対して、後者は依って立つ理論から「事実」の問題として答えを導き出すという齟齬も抱えている。そもそもから問いへの関わり方自体が、言説の問題、「事実」の問題と異なった関わり方なので、その解が一致をみることはないのである。そして、それも理論体系・信念体系の違いによるものである。もちろん、両者が論争をすることができること自体から、彼ら／彼女らがある程度一致した理論体系・信念体系を受け入れていることがわかる。それというのも「もし、二人の理論体系の間にいかなる一致もないとしたら、彼らの間では全く議論が噛み合わず、したがってまた、『対立』もありえない」（丹治 1996: 158）からである。

ここまでの考察で、障害とは何であるか、障害という言葉が意味するものは何であるかという問いに一義的に答えることはできないことが明らかとなった。しかし、それがなぜ、対立の意味のなさへとつながるのだろうか。これを正確に把握するため、先に、この問いをめぐって対立が生じている理由の一つを、言語と「真理」に関する考察を通して示す必要がある。

1-2-5　障害に「真理」を求めるべきではない

なぜ、障害とは何かという問いをめぐって対立は生じているのであろうか。それは先ほどみたように理論体系・信念体系（言語実践のありさま）が違うからである。しかし、それを理解していれば、対立は生じないはずである。特にポスト構造主義者は、対立の原因を言説の相違に帰すならば、相互作用論者の言説も時と場合で「有用」ならば用いてよいはずである。実際、痛みが実在するという言説は医療に親和性がある等の点で「有用」と思われる。しかし、それを受け入れず対立は続く。なぜであろうか。その要因の一つと考えられるのが「真理」への固執、そして、その背景にある自らの理論体系・信念体系の正しさに対する固執であると考える。このことを、「真理」に対するローティの考察を通して示すこととする。

その前に「真理」の定義をする必要がある。ローティは、「真理」を「実在との対応」(Rorty=1988: 1)とする。しかし、後にわかるように、ローティはこの「真理」の定義に批判的であり、「真理」とは、「わたしたちにとって信じる方がよりよいもの」(Rorty 1979: 10)であるという見解を示す。「真理」という言葉もまた、理論体系・信念体系により意味が異なるので、これまで多様な意味のもと用いられてきたが、本書は、上述のローティが批判する「実在との対応」という定義を書き換え、「言明と事実との対応」と定義する。そして、「事実」を「実在と対応するもの」と定義する。

ここで言う「事実」には、生じている事態、状態、対象等を広く含める。また、「実在」であるが、これは、「人間の思考・観点・意見・態度等から独立したもの」という端的な定義を採用する。ただしこれも対象に限定せず、生じている事態や状態等も含む。言い換えると、「真理」は経験領域における「言明と事実との対応」であり、「事実」は経験領域での対象や事態で、それは「実在」と対応することとなる。わかりやすく社会モデルによる言明を例に取ると、「障害とは社会的に作られたものである」という言明が、「事実」と対応していれば、それは「真理」となる。そして、「事実」とは、障害とは社会的に作られたものであるという事態が、「実在」と対応しているということである。この場合、「実在」は「人間の思考・観点・意見・態度等から独立したもの」なので、わたしたちは、「事実」が「実在」と対応していることしか知ることはできない。「実在領域」

で生じていることが何であるかは知りようがないのである。「真理」は言明によって「事実」と対応し、「事実」は「実在」と対応しているので、結果として「真理」は「言明と実在との対応」ともなる。ローティはクワイン等を下地として言語についての考察を行っているので、ローティが「真理」を「実在との対応」とするとき、そこには「言明と実在との対応」も当然含まれているであろう。そうすると、本書の定義は、「事実」を間に挟んではいるが、結果としてローティの定義（この定義をローティは批判しているのであるが）と共通点を有することとなる。ただし、本書も、「真理」とは、「わたしたちにとって信じる方がよりよいもの」というローティの望む「真理」の定義を支持するものであり、こちらの定義を使用する場合はその都度それがわかるよう記述する（引用に関しては、引用元を尊重するものであり、この限りではない）。

話を戻すと、ローティは、「啓発への欲求と真理への欲求の差異」という表現を『哲学と自然の鏡』においてしている。ここで言う「啓発」とは「新しく、よりよく、より興味をそそり、より実り豊かな語り方を見出す」試みである。そして、啓発への欲求と「真理」への欲求に対立があるとすれば、啓発の唯一の方法は、外部に存在するもの（what is out there）を知ること（『事実』を正確に反映すること――諸本質を知ることによって、わたしたちの本質を理解すること）であるというプラトン‐アリストテレス的見解と、真理の探求は啓発の多くの方法の中の一つにすぎないとする見解の間にあるとする（Rorty 1979: 360）。ここで言う啓発への欲求のよりよい語り方を求めるというのは、何らかの目的にしたがって、よりよい語り方を求めることととらえることができるであろう。

そして、「真理」への欲求は、基本的に「全体論」を指示するローティにとっては「自己欺瞞」である。それが「自己欺瞞」であるのは、現在の科学や道徳やその他何であれ、それらが用いている語彙が、単なる一組の記述以上のものであり、実在への特権的な結びつきがあると考えるからである（Rorty 1979: 361）。これは「全体論」からの当然の帰結であろう。使用する語の意味するものが、感覚や経験ではなく人工的な理論体系・信念体系に依拠するならば、一つの記述が「世界のあり方」を正確に反映しているとする理由はない。同様に障害という語にしても、感覚や経験ではなく人工的な理論体系・信念体系に依拠するのならば、そのうちの一つが「世界における障害のあり方」を正確に映し出しているとする理由はないのである。ローティは続けて、「言葉がその意味を引き出すのは、言葉の表象的性格によるのではなく他の言葉からであり、したがってその当然の帰結として、語彙がその特権性を得るのは、実在に対する透明性からではなく、その語彙を用いる人間からなのである」（Rorty=1993: 428）と述べる。したがって、「事実」や「実在」との対応から、ある言葉を特権化することはできない。ローティに言わせると、啓発的哲学者は、単に一連の別の用語を提供しようとしているだけで、これらの用語が新たに見出された本質の正確な表現であると主張することなどではないのである（Rorty 1979: 370）。別な表現をすると啓発的哲学の狙いは「真理の発見というよりも対話を続けることにある」（Rorty 1979: 373）。ここで言う、そして、本書で意味する「対話」は、「真理」の発見より、会話の継続に重きを置くものであり、それによって目指されるものは、真理に達することを意味する「究極の一致」ではなく、刺激的で実りのある不一致（野家 2006: 572）、また、変化を前提とした一致である。ローティはこのような啓発的哲学を推奨する。さまざまな語りの中で特定のものを選択すること、もしくは、新たな語りを産出することは、対話の継続によってなされると考えているのである。したがって、ローティにとって真理とは、「実在の正確な表象」ではなく、「わたしたちにとって信じる方がよりよいもの」なのである（Rorty 1979: 10）。

しかし、なぜ「真理」への欲求が生まれるのであろうか。その理由の一つとしてローティは、サルトルを参照し、「責任」の回避があるとする。どういうことか。

もしも知識を、観念や言葉の持続的調整によって達成されうる論証的なものから、わたしたちが突き動かされたり、言葉を奪われたまま
ある光景に釘付けにされたりするような、何か不可避的なものに転換することができるならば、わたしたちはもはや、競合する観念や言葉、理論や語彙の選択に責任を負わずにすむであろう（Rorty 1979: 375）。

例えば、障害をどのように定義するかに対立があったとしても、どちらもそれが「世界における

障害のあり方」と合致していると主張すれば、有無をいわさぬ「正当性」を確保できる。障害が何であるかという問いに対して、他の理論と持続的な調整をする面倒を回避できるのである。つまり自分の理論体系・信念体系を修正する「責任」も、障害定義を選択する「責任」も負わなくてよく、対立する理論との「対話」の必要性がないのである。したがって、こうした必然性を見出そうとする衝動は、代案となる理論や語彙を創設する人間の自由から抜け出したいという衝動であり、それは、選択の重荷がいつか消え去るだろうという人類に共通の希望とも言えるのである（Rorty 1979: 376)。

ここまでがローティの「真理」に対する考察である。「全体論」的観点から、言葉の意味は「実在との対応」からではなく、他の言葉から引き出されること、「真理」への欲求はある種の「責任回避」であることが示された。これでようやく、先に述べた本書の目的の二つ目である、障害とは何かという問いをめぐる対立が生じる要因の一つを示すことができる。それは「真理」への欲求から生じる「真理」への固執であり、同時に、その背景にある自らの理論体系・信念体系の「正しさ」に対する固執である。障害学におけるポスト構造主義者と相互作用論者の対立を例に取ると、ポスト構造主義者は、障害の社会構築性の理論を背景に、歴史的・文化的文脈によって障害定義は異なるとする。しかし、そうでありながら、彼ら／彼女らが対立する相互作用論者の記述を、自らの理論との不整合によってのみ排除することがあるならば、多かれ少なかれ、自らのポスト構造主義の理論による記述を「世界のあり方」、「障害のあり方」と対応させたいという「真理」への欲求に突き動かされ、それに固執してしまっている可能性がある。一方の障害を相互作用とする立場は、その基礎に「実在」を置いているので、「事実」との対応という意味での「真理」から障害を語り、そこに固執していることは明らかかと思われる。また、医学モデルと社会モデル（特に初期社会モデル）の対立に関しては、双方がマテリアルな面に焦点を当てていることから、「事実」との対応という意味での「真理」への固執があると言えるだろう（特に医学モデルはそうである）。

当然、これらの主張に対して、障害とは何かを、「世界における障害のあり方」と対応するものを求めて問うてなどいない、わたしたちが問うているのは、障害者に対する社会的抑圧からの解放に「有用」な障害定義が何であるかだけだ、というような反論もあろう。しかし、あるものが何であるかという問いに、「真理」の探究という意図が含まれていないと言い切れるであろうか。障害とは何かと問うとき、障害に関する「真理」を探求する意思はまったく働いていないと言い切ることはできるであろうか。特に問いの性質を意識せずに、この問いと関わるとき、「真理」の探求という側面が入り込んでしまいかねないのではないだろうか。野矢はウィトゲンシュタインの『青色本』の解説で以下のように述べている。「哲学の困惑はしばしば『xとは何か』という問いかけで表される。そしてわれわれはこの問いに答えるべく『x』を必要十分に特徴づける性質（あるいは『xの本質』と言ってもよい）を求め始める」（野矢 2010: 189）。もし「～とは何か」という問いの上記のような性質に敏感であるならば、星加のように、「障害とはある種の社会現象だ」と断言しながらも、「もちろん障害には心身機能にまつわる医学的・生理学的現象という側面もあるだろう。本書はそのことを否定しはしないが、そうした観点から書かれたものではない」（星加 2007: 3）というような注釈を付すことになるはずである。また野口のように、「たとえ社会構成主義の立場に立とうとも、記述はそれ自体ひとつの政治的実践である。あるいは一つの物語だといってもよい」（野口 2001: 59）というような、自らの記述の性質について自覚的な描写をするはずである。したがって、障害定義をめぐる理論間の対立は、障害者への社会的抑圧からの解放という点で、「有用」ではないことからだけ生じているわけではなく、いくらかは、障害定義と「事実」の対応という真偽から生じているのではないか。障害学における一部のポスト構造主義者は「真理」に見切りをつけたと言いながら、障害が言説によって構築されるということを「真理」、つまり「事実」と対応するものとして受け入れているのではないか。相互作用論者がその基礎において「実在」との対応を受け入れているのと同様に、「障害とは社会的に構築されたものである」という言明を「事実」と対応するものとして受け入れているということも十分に考えられる。例えば、トレメインが、「わたしの目的は、インペアメントが、生権力レジームの歴史的所産であることを示すことである」（Tremain 2001: 618）と言うとき、この「インペアメントが、生権力レジームの歴史的所産である」という言明を「事実」と対応させていないと言えるだろうか。もし対応させていないのならば、野口のように、この言明がポスト構造主義の理論体系に依存する「事実」と対応しない一つの言明に過ぎないことを付け加えるべきである。もしくは、「わたしの目的は、インペアメントが、生権力レジームの歴史的所産であると語ることの有用性を示すことである」等とすべきではないか。それはグッドレイが「身体はいつも社会的身体であり、生政治の産物である。この社会性は、部分的にディス／アビリティの言説の力を通して作られる」（Goodley 2017: 134）と明言するときも同様である。「言説の力を通して作られる」という記述を「事実」と対応させていないならば、これもまた一つの言説によるものであると説明すべきであろう。これらは、構築主義者が、しばしば言説や言語に「本質」を帰していると批判される構図と同様である。「障害は社会的に構築される」という言明に「本質」を、「事実」を帰しているのである。田中は以下のように言う。構築主義者は、「自らの実践を考察の対象から除外し」、つまり、自分たちの分析を社会のメンバーの言説実践から区別・特権化し、「社会のメンバーの構築的な実践そのものは、分析者にとって、事実と対応するように表象される客観的な現実である」と考えている。「メンバーは、現実を構築するものとして捉えられているのだが、他方で、分析者は、現実を構築するものとしてではなく、客観的に存在する現実を発見するものとして捉えられている」（田中 2006: 226）。このように、障害学におけるポスト構造主義者や構築主義者は、自らの記述も一つの構築主義的な分析の対象であることに目を向けず、その記述が「客観的に存在する現実」をとらえていると、つまり自らの言明と「事実」が対応しているように思われるのである。ローティの記述からもわかるように、「真理」への欲求を振りほどくことが、それほど容易いこととは思われない。障害とは何かとアカデミックに問う者は、無自覚にこの問いに関わるとき、また、唯一の解など求めていないと否定するときでさえ、「真理」への欲求が入り込み、それに固執していないか再吟味する必要があるだろう。

これらを踏まえたうえで、障害とは何であるか、障害という言葉が意味するものは何であるかという問いに、一義的に答えることができないことが、なぜ、対立の無意味さへとつながるのかという先の問いに戻ることができる。まず、障害とは何かという問いが「事実」との対応という意味で「真理」の観点から出される。しかし、その答えに唯一の「真理」は関与しない。理論体系・信念体系依存性から、答えは一義的には定まらないからである。すると、「事実」との対応という意味での「真理」をめぐってなされる対立は無意味なものとなる。なぜなら、いくら対立をしようが、「真理」が関与しない以上、求める「真理」に行き着くことはないからである。したがって、この問いが、「真理」の観点から出されるならば、対立は生じるが、その対立は意味のないものとなる。つまり、一義的に答えが出ないという「真理」の関与しない問題において、「事実」との対応という意味での「真理」をめぐって対立するのは無意味なのである。

これによって、本章の目的の一つ目である障害とは何かという問いをめぐる対立が、「真理」を求めることによって生じているのならば意味がないこと、言い換えると、障害とは何かを、「真理」に照らして問い、一義的な答えを導き出そうするならば、その試みは意味がないことを明らかにすることができたと思われる。障害とは何かという問いに対する答えは、自分の依って立つ理論体系・信念体系から導き出されるものであり、それを「超えて」一義的に定めることはできない。障害とは何かという問いをめぐる対立が、「真理」の観点からなされるならば、意味がないのである。

1-3 小括

本章では、障害とは何かをめぐるポスト構造主義者と相互作用論者の対立を概観した後、クワインの「全体論」を用いて、障害とは何かという問いに一義的に答えることはできないことを明らかにした。また、このような対立が生じる要因の一つは、「真理」への固執、その背景にある自らの理論体系・信念体系の「正しさ」に対する固執であることを、ローティの「真理」に対する論考から示唆した。そして、最後に、障害とは何か、正確には、障害という言葉が意味するものは何かという問いが、「真理」の観点から出されるならば、その問いをめぐる対立は無意味であることを明らかにした。

しかしそうであるならば、それぞれの理論体系・信念体系から導き出された障害とは何かに対する多様な答えもすべてが無意味となってしまうのだろうか。むしろ、多様な障害定義は、個別の事例において、目的に合わせて選択することができるのではないか。社会モデルのように「事実」との対応という意味での「真理」からではなく、障害者の苦悩・苦痛の軽減・除去等の目的に役立つという意味での「有用性」から、複数の障害定義を戦略的・実践的に使用することができるのではないか。次章では、この障害定義の戦略的・実践的使用の「有用性」について考察をすることとする。

■註

1　グッドレイらは、ドゥルーズ・ガタリをポスト構造主義者としており（Goodley and Roets 2008: 243）、また、千葉雅也も「ポスト構造主義において重心的な人物は、間違いなくドゥルーズである」（千葉 2013: 15）としているが、フィーリーは、ドゥルーズ・ガタリを用いたうえで、ポスト構造主義者とその批判者双方の欠点を指摘し、それを乗り越えようとしている点で、ポスト構造主義者とは異なると考える。

2　シェイクスピアの立論においては、ディスアビリティとインペアメントを同義的に使用していないと思われる箇所が散見される。これによってシェイクスピアの立論は、いまだ社会モデルの射程内で展開されているのではないかと疑うことも可能である。本来、ディスアビリティとインペアメントの区別を意味のないものとするならば、その区別が論の中心となっていない場合、両者を統合した新しい語の使用が望ましい。しかし、思うに、社会モデルが一度革新的な影響を与えた地において、広くそれに反する主張を行うためには、まずディスアビリティとインペアメントという語を使用したうえで、それを解体する作業が必要なのではないか。そしてシェイクスピアにとって重要なのは、あくまでインペアメント（ディスアビリティ）が「実在」することである。ただし、誤解してはならないが、インペアメント（ディスアビリティ）は、医学モデルのように「実在」の観点からだけ語られるのではない。それは、「実在」と社会的構築の相互作用として理解されるべきものなのである（それに対して社会モデルはディスアビリティとインペアメントを区別したうえでインペアメントを軽視した）。

3　しかし、インペアメントとディスアビリティを区別する理由が、ディスアビリティが社会的なものからだけなることがあるというものならば、社会モデルと異なる相互作用としてのディスアビリティ概念を用いる必要はあるのだろうか。相互作用としてのインペアメントと相互作用としてのディスアビリティを統合しインペアメントとし、社会的なものだけからなるものをディスアビリティとすればよい話ではないだろうか。つまり、わざわざ混乱を招くようなディスアビリティ概念を用いずとも、社会モデルのディスアビリティ概念をそのまま踏襲することができるのである。そしてインペアメントに関しては、社会モデルとは異なり、社会的なものも関わる相互作用とすれば、わかりやすいのではないだろうか。そのうえで、社会モデルはインペアメントの自然的な部分を疎かにしたといえば済む話である。

4　ただし心理学的階層での唇を読む能力を、障害ととらえることは困難であり、これは、聴覚障害に起因する現象としてとらえるべきであろう。その場合、心理学的階層では、より適切な例があると考える。しかしこの例示全体が適切ではないと考えるので、ここでより適切な例を挙げることはせず、着目する階層により障害とは何かに対する解が異なることを強調するに留める。

5　厳密には、「実在的世界」が反映するという意味では、あらゆる解が正しいわけではない。解は「実在的世界」からの制約をうける。それを前提としたうえで、階層ごとに正しい解があり、それらの解はどれも等しく正しいということになる。

6　この記述は、言明の意味は、言明が真となる状況・条件を述べること、例えば、総合命題ならば、総合命題の意味は、命題を検証することになる一定範囲の経験を指定する（述べる）ことを示している。

7　「命題」は、言明と同様、「何ごとかを主張した文」（野矢 2006 : 141）という意味で用いる。

8　ここでの「経験」は、知覚や感覚に与えられる、世界の「事実」を指し示すようなもの、もしくは「実在」を指し示すようなものという意味で用いる。

9　この場合、分析命題は、あらゆる経験に照らしてもその真偽を定めることができる命題となる。

10　本書においては、「ふちに沿ってのみ経験と接する」、また、「感覚的経験の裁きに直面する」という際の「経験」を「純粋経験」等とはとらえておらず、その場合の「経験」も言語を免れてはいないと考えている。

第2章　障害定義の戦略的・実践的使用

2-1　問題意識と目的

前章において、障害とは何か、障害という言葉が意味するものは何かをめぐる対立は、「真理」の観点からなされるならば意味がないこと、そして、そういった対立の要因の一つは、「真理」への固執であることが示された。本章は、その過程でみた、障害という語の意味が一義的に定まらないことを用い、「有用性」の観点からの障害定義の戦略的・実践的使用について考察する。したがって、本章の目的は、障害定義の戦略的・実践的使用を、予想される批判に答える形で、議論の俎上に載せることである。

障害定義に関する議論は、障害学・社会福祉学においてしばしばなされてきた（Danermark 2001; 星加 2007; Michailakis 2003; Shakespeare 2014; Feely 2016; 榊原 2016; Goodley 2017 等）。しかし、上記のように障害定義を戦略的・実践的に複数使用すべきという議論は寡聞にして知らない。したがって、本章は障害定義の議論に新しい視点を加えることができるのではないかと考える。

本章の意義は、一言で述べるならば、障害定義の戦略的・実践的使用への道を拓くことそれ自体にある。障害定義は、これにより、多様な障害に関する問題を個別に検討し、そこで果たすべき目的を設定したうえで、積極的に使用されるものへと変わるのである。すでにある「障害」を発見し、それを「正しく」定義するのではなく、障害者にとっての「有用性」から障害は定義され、文脈や目的に応じて適切に使用されていく。障害定義の使用を通して、障害に関する多様な問題は、解決へと方向付けられるのである。これは、障害定義に対する新たなアプローチという意味で学術的な意義を有し、また、障害者に関する問題を最終的に解消することを目指すという意味で実践的な意義をも有すると考える。

2-2 分析

2-2-1 すべての障害定義が正しいというわけではない

前章において、クワインの「全体論」から、障害定義が一義的に定まらないことが明らかとなった。そうすると、これまで提示されてきた障害定義はすべて正しいということになるのであろうか。そうではない。障害定義が一つに定まらないからといって、どの障害定義も正しいとすることは、本書の立場からすると明確に誤りである。どの障害定義が正しいかは、達成すべき目的にとって「有用」かどうかで判断すべきなのである。これを示すために、前章でみた、第三の立場からの三つの論考を再検討する。前章で、「真理」の観点からの障害定義の対立が無意味であることを理解させる、という意味で示唆的であった論考が、「有用性」の観点からは、好ましいものではないことがわかるであろう。

はじめに、フィーリーによる、ドゥルーズ・ガタリの「集合体分析」を用いた論考である（Feely 2016: 864）。フィーリーは、障害を言説による構築としてみるポスト構造主義も、障害を「実在」と構築の相互作用としてみる「批判的実在論」もそれぞれ欠点をもっているため、どちらかを選択することは、適切な障害理解につながらないとする。ポスト構造主義は、障害者が住んでいる物質的な世界を見逃してしまうという欠点を有している。その結果、彼ら／彼女らが科学や技術と生産的に関わることができなくなり、痛みを含む肉体的経験の重要性を低く見積もってしまうという問題が生じるのである（Feely 2016: 866）。肉体的経験の重要性は、シェイクスピアら相互作用論者が大いに主張してきたことであるが、ここで特に重要なのは、「実在」を基礎とした物質的なものを障害に認めないと、同様に「実在」とされる痛みの軽減等に有効な科学技術の恩恵を被ることができないということである。障害に起因する痛み等が言説によって構築されたものであるならば、それらは適切な言説によって解消されることとなり、科学技術、それをもとにした医療を受ける余地がない。ポスト構造主義と、痛みや疲労を緩和する医療はその依拠する理論において折り合いが悪いのである。例えば、義手は、ポスト構造主義者からすると、標準化を試みる（人をノーマルにするための）装置として疑いの念をもって扱われるかもしれない。しかし、それによって肉体的能力を増加させるポジティブな潜在能力は見逃されてしまう。また、精神医学的治療は、従順な患者を生み出す「規律訓練」の技術として理解されるかもしれない。しかし、それによって精神的な痛みや臓器等の器官の痛みを軽減する力が見逃されてしまう（Feely 2016: 867）。

他方、シェイクスピアらが使用する「批判的実在論」にも欠点がある。それは、本質主義に陥り、共通の（普遍的な）本質へのコミットを通して存在を定義し続けることを避けられないことである（Feely 2016: 868）。つまり、「批判的実在論」に依拠すると、ポスト構造主義者の立場からは言説の結果に過ぎない「普通」の大多数の人、そこから逸脱した「変則的」な身体と精神をもつ人という区別が、あたかも社会・文化から独立した「本質」であるという結果になりかねないのである。「普通」から逸脱した者をより「劣る」とする階層性が、言説によるものであるにも関わらず、「認識主体の活動に先立って対象それ自身に帰属」（加藤 2001: 179）する「本質」によるものとされてしまうのである。

ここまでの主張に問題はない。問題は、「集合体分析」が、伝統的に分離したものとみなしてきた存在の様相（例えば、気候学、生物学、言説等）が、すべて潜在的に重要であると受け入れるときに生じる。言い換えると、分析の一つの様相を特権化し、その特定の様相を通して、完全なシステムを理解する学術的分析を否定するという考えが（Feely 2016: 874）、本書と相容れないのである。なぜなら、すべての分析の様相を等しく重要とみなすことは、医学モデル・個人モデルのような障害者にとって不利益な分析の様相をも等しく重要とみなすことだからである。しかし、障害者にとっての「有用性」に鑑みるならば、フィーリーのようにすべての分析の様相を等しく重要とみなすことはせず、むしろある分析様相を特権化しなければならない。特権化した分析様相による障害定義を使うことによってこそ、多岐にわたる障害者に関する事例ごとの細かな目的を達成することができるのである。社会の不正を糾弾するときには、社会モデルやポスト構造主義の定義を優先させるであろうし、障害者の「急性疼痛」のような物理的痛みを緩和するには、身体が「実在」するという相互作用論の基礎となる実在論の定義を特権化する必要があろう。このように本書は、実在論をときに積極的に採用する。そうすると、結局、実在論を基礎とする医学モデル・個人モデルをも支持することになるのではないか。そうではない。実在論自体は障害を個人の問題に帰するというような規範的側面を含んでいない。一方で、医学モデル・個人モデルは、あくまで障害を個人化し、障害の社会性を否定するという負の価値を帯びている。そのような価値を含む以前の、ただ「実在」について論じる実在論を用いることを本書は認めるのである。したがって、実在論をときに支持することと、医学モデル・社会モデルを支持することは明確に異なると考える。

次に、バスカーの「批判的実在論」を基礎としたダナーマークの論考はどうであろうか。ダナーマークは、「実在的世界」は層化されており、各層でそれ特有の現象を研究する方法やテクニックが発達しているとした。つまり各層が自らに適した方法論的アプローチを要求し、各層で異なった概念、理論が使われるのである（Danermark 2001）。どの層で現象を把握するかによって、現象のとらえ方が異なるので、相互作用論者からみる現象と、ポスト構造主義者からみる現象とは、障害に関わる現象であっても、異なった理解に行き着くのである。

この理論は、対立を着目する階層の相違に帰し、障害定義に関する対立を無効化する点では示唆的であった。しかし、先と同様、すべての方法論的アプローチをつねに等しく扱ってはならないのである。「実在的世界」からの制約を受けたうえで導き出されたすべての階層でのすべての障害現象に対する理解を、つねに正しいとするならば、具体的事例を考慮したうえで戦略的・実践的に障害定義を使い分けることができない[1]。

最後にルーマンの「社会システム理論」を用いたミヘラキスの論考である。その論考を簡潔に述べると、障害とは、どの「機能システム」から観察するかによって、それが何であるかが異なってくるのである。そしてある「機能システム」の観察に結び付けられた障害の意味は、他の「機能システム」の観察に結び付けられた障害の意味には置き換えられない。ポスト構造主義者と相互作用論者の対立を例に取るならば、ポスト構造主義者と相互作用論者は障害現象のある部分をとらえる際に、依拠している「機能システム」が異なっている。この「機能システム」依存性のために、双方の障害定義は一致をみないのである（Michailakis 2003）。

ここまでは、障害定義の対立の無益さを示すうえで、示唆に富んだ論考である。しかし、ミヘラキスが、障害というテーマのコミュニケーションに関して、完全なものとして現象をとらえ説明できるどんなただ一つの区別もないと考えていることは明白である。ミヘラキスが障害についての評価や描写のどれも、他のものより重要とはみなされ得ず、別なものに還元され得ないし、お互いに比較され得ないと言うとき（Michailakis 2003: 223）、本書との相いれなさが露呈する。ミヘラキスの論考には、障害者にとっての「有用性」という視点が抜け落ちているのである。障害についてのある描写を他のものより重要とみなさないならば、障害者にとって不利益となる描写も等しく重要となってしまう。しかしそれでは、障害者運動や障害学がおこなってきたことが無駄になってしまいかねない。障害定義が一義的に定まらないことは、等しく利用されるためにあるのではなく、積極的に制約をかけてこそ活きてくるのである。

だが、これらの三つの論考の非特権化の立場（ダナーマークについては厳密には「実在的世界」の制約がかけられた上での非特権化）が、適切ではないとなぜ言えるのだろうか。それは、前章でみたクワインの「全体論」とローティの「真理」に関する考察から言えるのである。まず、「全体論」から、語の意味は一義的に定まらないことが示された。次いで、ローティによって、真理とは、「実在の正確な表象」ではなく「わたしたちにとって信じる方がよりよいもの」（Rorty 1979: 10）、言い換えると、わたしたちにとって信じる方がより「有用」であるものであることが述べられた。これらは、わたしたちが、言葉の定義に関して、「実在の正確な表象」としての唯一の「真理」に頼ることができない以上、「有用性」を基準とした真理のフェーズへ移行する必要があることを示唆していると考えられる（ここで言うフェーズとは、位相＝使用している言葉・言語実践のありさまのことであり、先に述べた、本書での理論体系・信念体系を広くとらえたものと考えてよい）。その場合、どの障害定義が真であるかは、「実在」や「事実」との対応から決定されるのではない。どの障害定義が真であるかは、「有用性」の観点から決められるものなのである。

そうは言うものの、障害者の「有用性」は、「事実」に照らして決定されるのではないのか。そういった疑問もあるであろう。しかし、何が「有用」であるかは、世界のあり方や「本来的」な「有用性」というようなものと対応して一義的に定まるものではない。何が「有用」であるかは、後にみるように「対話」の中で決められると考える。繰り返される「対話」の中で、「有用性」は決定され、また、その決定された「有用性」は変化していくのである。「有用性」は、すでにあるものを発見するようなものではなく、対話の中で「事実」に頼らず一致させていくものである。「事実」として定まった唯一普遍的な「有用性」を想定しない以上、わたしたちは、すでに「当たり前」に使用（コミュニケーション）されている障害当事者にとっての「有用性」から始めるしかない。「当たり前」に使用されている「有用性」からはじめ、「対話」の中で、それに鑑み、障害定義を決定する。そうして、決定された障害定義は、はじめの「有用性」に影響を与え、「有用性」の概念を変化させるであろう。そうすると、今度は、その「有用性」に合わせ、また障害定義も変化することとなる。このように、すでにある「常識的」な「有用性」からはじめ、その後は、「有用性」という概念と障害定義が循環的に影響を与え、双方が常に変化にさらされるのである。これらを踏まえ本書では、さしあたり障害者にとって「有用」であると思われる障害定義を本書の依存する理論体系・信念体系から提示する。しかしそれは今みたように「対話」の中で決定され、変化するものである。

このような「有用性」の観点から決められる真偽に対して、大谷は以下のように示唆的な記述をしている。「ウィトゲンシュタインは形而上学的実在論や科学主義を否定して、実践においてこそ何が真理であるのかが決まるのだと考える」（大谷 2020: 219）。そうすると、事例ごとに異なった目的を達成するという「実践」の観点から考えるならば、上の三つの論考の非特権化は、「正しく」ないこととなる。非特権化は、医学モデル・個人モデルの定義も等しくよいとすることである。それは障害者にとっての「有用性」に反し、そこから導き出される障害定義は真ではないこととなる。ゆえに、本書は、あらゆる理論体系・信念体系をよしとする理論体系・信念体系相対主義ではなく、むしろ目的にしたがって、何らかの障害定義を特権化する必要があると考えるものである。

これらを踏まえると、次のように言うことができる。障害とは何か、障害という言葉が意味するものは何かという問いをめぐる対立は、前章でみたように「真理」の観点からなされるならば無意味であるが、「有用性」の観点からなされるならば無意味とは言えない。事例ごとの異なる目的を達成するのに役立つかという意味での「有用性」に鑑みるならば、どの定義を特権化するかを決める必要があり、むしろ積極的な議論・対話が交わされるべきなのである（ただし必ずしも対立する必要があるというわけではない）。したがって、障害定義の対立は、「真理」と「有用性」という観点が変化すると、無意味なものから有意味なものへと変化するものなのである。

2-2-2 「有用性」のフェーズでの批判への応答

どの障害定義が真であるかは、「有用性」の観点から決まる。このような「有用性」のフェーズで話をするならば、次のような批判が出てくるであろう。「有用性」の観点から障害定義が決定されるならば、医学モデル・個人モデルの支持者は、同様に自分たちの「有用性」から、医学モデル・個人モデルの障害定義を真とするであろう。そうであるならば、すべての立場の者が各々の「有用性」に訴え、自らの理論から導き出される定義が真であるとするに違いない。たしかにそうである。しかしながら、このような主張に対しては、しごく簡潔に答えることができる。障害者側の論理からは、医学モデルや個人モデルの障害定義は、「有用」ではないので、真ではない。これで十分だと考える。「事実」との対応から真偽を決定できないフェーズで議論をするといった以上、こちら側の「有用性」に訴えて相手の主張を退けることは正当なことである。もしこの考えが奇妙に思えるのならば、それは「事実」に関する真偽の議論に囚われてしまっているからであろう。例えば、医学モデル・個人モデルと社会モデルの対立がある。双方が各々の障害定義を「事実」と対応するという意味での「真理」の観点から争ってきた。「真理」として障害定義を争っているので、当然、両者は自分の定義こそが「事実」に照らして真であると訴える。しかしながら「事実」にたどりつくことはない以上、決着はつかない。それというのも、障害という語は、「事実」と対応しておらず、各々の理論体系・信念体系によってその意味するところが異なるからである。「哲学史は一つの『真理』に向かって収斂していくのではないかと思われるが、二〇〇〇年以上経ったのに、そういう気配はない」（國分 2013: 35）。「真理」をめぐる対立はこれまで「収斂」してこなかった。そうであるならば、「真理」を根拠にしようが、「有用性」を根拠にしようが、対立が生じることに変わりはない。対立の根拠が「真理」から、「有用性」にシフトするだけである。結局、さまざまな立場の者が、自らの理論から導き出される定義が真であると言って対立することに変わりはないのである。

また、以下のような批判も予想される。例え障害定義をめぐって対立することに変わりはなくとも、「有用性」に訴えると「真理」に訴えるより戦略的に弱くなってしまうのではないか。個々の言明と「事実」、および、「実在」とは対応しておらず（本書の理論体系・信念体系からはそうである。そしてそうと言うことしかできない）、異なるフェーズで議論をしているといっても、なお、予想される批判である。このような批判には、こう答えるべきであろう。「真理」として争うと、一つの定義に固執するしかなく、ケースバイケースで柔軟に「有用」な定義を複数使用することができなくなる。障害定義が「事実」と対応しておらず、「有用性」を基準として真偽の決まるものだとしたら、障害者に対する社会の不当な圧力からの解放、障害者の苦悩・苦痛の軽減・除去という大文字の目的に含まれる細かな目的に沿って複数の障害定義を選択使用することができる。そうであるならばそちらの方が戦略的に強いはずである。理論内で整合性をとるために（もちろん整合性をとることは重要である。しかし、障害定義に関しては、もともと曖昧であり、その曖昧な土台によりかかり整合性をとることは意味がない）、本来ならばケースごとに「有用」な障害定義を使い分けることが可能であるのに、ケースが異なっても常に一つの定義しか使えないことは大きな損失である。つまり、「真理」に訴える方が、融通が利かないという点で、かえって戦略的に弱くなってしまうと言えるのではないだろうか。仮に社会モデルが、「障害とは社会が作ったものである」という定義に固執するとする。その場合、相互作用論者の「障害とは実在と社会的構築の相互作用である」という、「実在」の部分の定義を使えないこととなる。そうすると痛みを緩和する医療を障害の「実在」部分に適用させることが困難となる。

2-2-3　多様な障害定義の戦略的・実践的使用へ

冨田は以下のように言う。「ローティによれば、こうした語彙の多様性は、そのような普遍的な語彙への還元にかけられるよりもむしろ、その語彙のいずれを使用することの方がわれわれの生をより良きものたらしめるかを考えたうえで、取捨選択に掛けられるべきものなのである」（冨田 1994: 191）。ここでの「取捨選択」は、自然科学の語彙、芸術の語彙、政治の語彙等、多様な語彙からどの語彙を「取捨選択」するかを問題としている。一方、本書では、多様な障害定義のうちどれを選択するかを問題としている。しかし、これは同様の問題である。なぜなら、どの意味で障害という語を用いるかを「取捨選択」することは、語彙の使用は常に、何らかの信念ないし主張と連動している以上（冨田 1994: 220）、自然科学の信念体系による障害定義を選択するか、芸術の信念体系による障害定義を選択するか、政治の信念体系による障害定義を選択するか等々ということであり、結局は双方ともに、どの信念体系による語彙・語・定義を選択するかの問題だからである。そうであるならば、どの理論体系・信念体系による障害定義を「取捨選択」し、用いるかも、「わたしたちの生をより良きものたらしめる」という「有用性」の観点からなされるべきものなのである（もちろんどの理論体系・信念体系による障害定義を『取捨選択』するかは、あらゆる理論体系・信念体系から逃れた客観的で中立的な立場がない以上、自らの理論体系・信念体系に依ってなされるしかない）。そして、この「わたしたちの生をより良きものたらしめるかを考えたうえで」という言葉を、「障害者の生をより良きものたらしめるかを考えたうえで」という言葉に置き換えると、話の流れがすっきりするように思われる。しかし、この置き換えには注意が必要である。少し考えるとこの置き換えが適切ではないことがわかる。「わたしたちの生をより良きものたらしめる」というのは、障害者もそこにいるわたしたちである。もちろんこれにも異論があるであろう。例えば障害者独自の文化を目指す者にとっては、単なる平等ともとれるこの「わたしたち」という言い回しは、容認できないものがあるはずである。そのうえでなお、置き換えられた「障害者の生をより良きものたらしめる」というフレーズは不適切である。このフレーズには、障害者ではない何者かが「障害者のより良き生」を決めつけ、それを強制するニュアンスが出ているように思われるからである。それでは、何によって、誰が、障害という語の「取捨選択」をすればよいのであろうか。障害者に対する社会の不当な圧力からの解放、障害者の苦悩・苦痛の軽減・除去という大文字の目的が包含する、事例ごとに異なる細かな目的に鑑みて、障害当事者自らが「取捨選択」するべきであろう。冨田は本書にとって示唆的な記述をしている。「興味深いことに、それぞれの語彙は、それぞれに異なる目的を達成するのに適している」(冨田 2016: 188)。使用する語彙は、達成すべき目的によって、適不適があるのである。これは次のようにも表現できる。

論理学の記号言語や日常言語、日常言語の中でも話し言葉や書き言葉、われわれはさまざまな表現形式を持ち、それぞれはそれぞれにふさわしい文脈や目的のために用いられ、それらの評価、優劣はそうした目的や文脈に相対的にしか意味をもっていない。しかし、何らかの機会に、自然言語の文を論理学の記号言語に置き換えて何らかの誤解を解消した(例えば数学において)者が、その威力に感銘し、記号言語の表記が最も優れていると思い込むことはあり得ても、それはその者の錯覚であり、表現形式間の優劣はそれが用いられる目的に相対的にしか意味を持たないのである（鬼界 2018: 105）。

達成すべき目的があってこそ、語の選択ができる。そしてその目的とは、事例ごとに細かく検討されるべきものである。さらには、以下のように言うこともできる。

「我々」は世界の中に現実に「対象」を発見したのではなく、このようにみれば、このように世界を記述できる、と想定しているにすぎないのだと主張しているのである。そう主張する中で、これ以外にも様々な描写形式が存在し、そのいずれがより優れているのかは、我々がそれらを用いる目的に依存するのだ、ということを暗示しているのである（鬼界 2018: 139）。

これらを踏まえると、さまざまな「表現形式」、さまざまな理論体系・信念体系によるさまざまな障害定義は、それぞれ異なる目的を達成するために適していることとなる。そうすると事例ごとに達成したい目的が異なる以上、多様な障害定義を選択できることは大きな利点となる。ただ一つの定義の使用は、多様な目的を達成するためには、それほど「有用」ではない。障害者に対する不当な圧力からの解放というような大きな目的の中には、具体的で細かな目的がたくさん含まれている。その細かい目的を達成するための障害定義の選択を行い、最終的に、大文字の目的へと近づけばよいのである。もちろん、すべての細かい目的を足し合わせることで、一つの大きな目的の達成へ道が拓かれるわけではない。しかし、細かい目的の検討無しに、いきなり大文字の目的を達成することは困難である。まずは、さまざまな具体的事例を検討することで、障害定義の戦略的・実践的な使用の「有用性」が確認されることが望ましい。

また、これは非常に重要なことであるが、本書における「選択」は、自立した個人の主体的行為だけを意味するものではない。本書の「選択」は、偶然的選択、無意識的選択、実はそこに意志は働いていないが、さも意図的な選択と感じられるような選択、受動的選択等も幅広く含める。なぜなら、ある語の選択が、時間や状況に依存しない完全に独立した意志によると想定することは困難であるし、すべてが意志のもとなされると語ることは、主体的自己の確立されていない者、もしくは確立が困難な者、または、それに疑いをもつ者を排除しかねないからである。例えば重度の知的障害者が、他者との相互的な関係性を前提としない「自立」した個人として選択を迫られるならば、そのような選択は、障害者側の論理に適うものではない。それに、そもそもから、ある選択が意図的なものかそうでないかを明確に区別することは困難であると考える[2]。そうすると、さまざまな要因が絡んで選択された障害定義が、結果、それほど「有用」ではない、もしくは、「有害」であることさえ考えられる。しかし、そのときは、再度選択をすればよい。よりよい障害定義の選択が延々と続けられればよいのである。唯一の障害定義を求めないということは、選択をし続け、よりよい障害定義をみつけることでもある。そして、歴史も文化も変容する。その変容に合わせて選択される障害定義も、例え一度選択されたとしても、何度でも、柔軟に選択し直していけばよいのである。

そうは言うものの、障害定義の使い分けなど実際に可能なのだろうか。仮に実在論による障害定義を知ってはいるが、それを日常的に使いこなすほど理解してはいない、ポスト構造主義的な障害定義を日常的に使う社会学者を想定してみる。彼／彼女は、おそらく、自らの障害の治療やリハビリの場において、医療従事者の実在論の文脈に沿い、医療従事者の言語使用に合わせようと試みながら、自らの理論体系・信念体系による「障害」という語、および、それと連関する語を調整し、医療を受けるであろう。医師の言うことが不十分にしかわからないときには、それを理解するために、本やインターネット等さまざまな媒体を利用して、その理論に特有の語を調べもする。他方で、社会学について議論する学術的な場で発言する場合、障害を社会的構築とする理論にのっとって、その場にいる他者と「障害」という語、および、それと連関する語を用い、流暢な議論を交わすであろう。このように状況により「障害」という語は、理解の度合いは異なれども使い分けられているのである[3]。これを欺瞞的な行為ととらえられるべきではない。重要なのは、場面ごとに、異なった障害定義を使用することは可能であるということである。実際、前章でみた障害を「実在」と構築の相互作用から語るシェイクスピアのような相互作用論者もまた、相互作用論として、一つの理論体系・信念体系を築いているとも考えられるが、障害を「実在」とみる理論と社会的構築とみる理論を上手く乗り換え、相互作用の名のもとに、理論的整合性を保っているとも考えられる。しかし、なぜそのようなことが可能なのだろうか。それは、障害という語において、例えば、ポスト構造主義と相互作用論の間でのような不一致が生じたとしても、その他の語すべてにおいて不一致が生じているわけではなく、多くの語において共通の使用がなされているからである。言い換えると、互いの理論体系・信念体系の一部が共有されているからである。実際、理論体系・信念体系の違いがどの程度のものであるかを、一つ一つ調べていくと、かなり多くの共通の事柄を互いに信じていることがわかるはずである。もし仮に、相手が考えていることが全面的に自分のそれと違っているのならば、相手が何を考えているのかわからないということになるのであって、相手が自分とはまったく違うことを考えていることがわかるということにはならない（冨田 2016: 182)。そのような場合、相手が言語を操っていることが、われわれにはまったくわからず、したがって、相手が信念を持っていることも、われわれにはまったくわからないという事態になるのである（Rorty=1988: 12)。

だが、このすでに行っている障害定義の使い分けは、社会モデルの追認に過ぎないのではないかという批判もあるであろう。しかし、社会モデルが「障害とは社会的に作られたものである」と定義しながら、障害を「実在」とする医療を受けているとしても、それは、「事実」と対応する障害定義というフェーズのものである。これに関しては、社会モデルの原型となったＵＰＩＡＳの思想を明らかにする資料である、ＵＰＩＡＳの内部回覧文書 *Internal Circular*（以下ＩＣ）の記述が参考となる。

> ヴィックは…（略）…「われわれの起点」としなければならない共通認識は、「われわれ障害者が社会によって抑圧されている」いう事実なのだと強調する。そして、これはあくまでも、「基本的な事実」であって、個々の障害者の「感覚や意識の問題」では決してないことを指摘する（UPIAS 1974b: 9; 田中 2017: 140, 傍点筆者）

ＵＰＩＡＳの思想が社会モデルの原型となっていることと、社会モデルが主にマテリアルな側面から障害の構築を訴えていることを考え合わせると、社会モデルは障害を、「基本的な事実」としてとらえていることがわかるであろう。つまり社会モデルにおいて、障害とは、事実問題であり、その定義は「事実」と対応していると考えられているのである。したがって、社会モデルの障害定義の使い分けは、あくまで「事実」と対応する唯一の障害定義を保持しながらの、障害定義の使い分けとなる。それに対して、本書は、障害を「事実」との対応から定義づけようというものではなく、「有用性」から定義づけようというものである。よって、障害定義の使い分けは、「事実」と対応しない複数の障害定義の使い分けとなる。つまり、論じているフェーズが異なるので、障害定義の使い分けといっても、社会モデルの追認とはならないのである。「事実」との対応という意味での「真理」のフェーズで、例えば社会モデルの立場から、一つの障害定義を固定するならば、相反する障害定義を用いる医療を受けることは、欺瞞的な行為であるとか、一貫性のない行為であるとか言われるかもしれない。しかし、本書は、「有用性」のフェーズで障害定義について議論していない。そうである以上、そのようなそしりは的外れとなる。個々の言明と「事実」が対応していない「有用性」のフェーズでの、障害定義の使い分けはごく当たり前のことなのである。

また、そもそも、すでに各人が各人の定義を自由に用いている。例えば一つの論考・問題状況で、ある言葉の定義は多様なものの中から選択可能である。このような批判も予想される。これについては、以下のように応答することができる。そのような場合の定義は、大抵、選択後一つに固定される。一つの論考・問題状況で一つの語に複数の定義を用いることは、多くはないであろう。もし仮に複数の定義をしたとしても、その定義が相矛盾することは、論理の一貫性を確保するうえで避けられるはずである。しかし、本書では、複数の定義、場合によっては、相反する定義さえ、「有用」であれば、一つの論考・問題状況において使用することを推奨するものである（もちろんその使用において混乱がみられないように説明は必要であろう)。だからといって、論理の一貫性を軽視しているわけではない。それを尊重したうえでなお、「有用性」を優先するのである。そうすると当然、言葉を明確に限定するという「定義」の通常の意味とは反することとなるであろう。しかし、これまでの議論からもわかるように、そもそもの「定義」の意味自体、一義的には定まらないのである。したがって障害定義の問題を扱っていることには違いないので「定義」という言葉を用いる。

2-2-4 どのように障害定義の使い分けを決定すべきか

障害定義は戦略的・実践的に使い分けられるべきである。なぜなら事例によって目的が異なる以上、それに合わせた異なる定義の使用は、目的を達成するうえで「有用」だからである。このような前提のもと、論を進めてきたが、それならば、障害という語の使用は、どのように決定されるべきであろうか。それは、「対話」によって決められるべきであると考える。しかし、「対話」とはそれが推奨されるほど、容易なものではない。なぜならわたしたちはすでに、自らの理論体系・信念体系に埋没しているからである。ローティは、「学問や言説間の不一致は、対話の中で解決され、乗り越えられる」(Rorty 1979: 317)と断言する。ここで言う「対話」とは、話し手を統一する学問的基盤を何ら前提としないが、対話の続く限り、決して一致への希望を失わないような対話である。一致へのこの希望は、あらかじめ存在する共通の地盤が発見されることへの希望ではなく、単なる一致への希望、あるいは少なくとも刺激的で実りある不一致への希望なのである（Rorty 1979: 318）。「事実」や「実在」との対応という後ろ盾がない以上、それを土台として、対立する意見を収束させることはできない。あくまである語の使い方の単なる一致を求めて「対話」を続けるのである。ただし、すでに埋没している理論体系・信念体系から出発せざるを得ない以上、中立的な状態から語の使用の一致を探るのとは違い、一部の共通する理論体系・信念体系を用いながら、試行錯誤の中、「対話」がなされなければならない。そのような「対話」は、数多の対立を生じさせるであろう。「対話」とは決して容易なものではないのである。むしろ自らの依拠する理論体系・信念体系の中で整合性を保っている方ずっと容易かもしれない。また当然、「一致」が強制されるようなことがあってはならない。「対話」の目標はあくまで「〈強制によらない合意〉と〈容認しうる見解の相違〉との適当な混合物を獲得すること」（Rorty=1988: 23）なのである。ローティも「対話」が、簡単なものではないことを十分承知している。ローティは、他の人々がなぜわたしたちと一致しないかを説明し、その不一致が、わたしたちが持っている他の信念とうまくかみ合うよう、自らの信念を編み直すことは必ずしも容易なことではないとし、それを「この難しさ」と表現する（Rorty 1987: 44）。「対話」とは、依っている理論体系・信念体系を編み直すことであり、ときに「煩わしい」行為である。

加えて、わたしたちが、語の選択の際「責任」を負うのは、何か外のものではなく、自分たちだけなのである（Rorty 1987: 47）。もちろんこの「責任」を負うのは自分たちであるというのは、巷で言われているような「自己責任」というようなものではない。それは、唯一確実なものがない寄る辺なさを自分たちで引き受けるしかないことを意味している。各々が「対話」を通して行った選択を外部の「実在」に押し付けることはできない。あくまで自分たちの選択として引き受けなければならないのである。障害定義の選択もその「責任」は外部にではなく、自分たちにある。さらに言うと、主語を大きくして語ることは、あまり望むところではないが、人間は、不合理な存在であると考える。よって適切な障害定義の選択がすぐになされる保証はどこにもない。外部に「責任」を押し付けることなく、寄る辺なさを引き受け、しかしながら、偶然的な、そして多少なりとも意図的な選択を、よりよいものへ向け繰り返す。「自己責任論」のように、自ら意図的に選択したものだからと、一度選択したものを引き受けなければならないような責任ではない。寄る辺なさを引き受けるという「責任」は、自己責任とは違い、何度でも、よりよいものにたどり着くまで選択を繰り返すことを否定しない。むしろ「対話」を通して、何度でも障害を語り直し、よりよい障害の語りをみつけることこそが重要となるのである。

しかし、明らかな力関係がある者同士の「対話」では、マジョリティの意見が重視され、マイノリティの意見は反映されないままに終わるのではないか（これは例えば女性障害者等のマイノリティの中のマイノリティにも言えることである）。そうだとすると、「対話」による障害定義の選択の機会は、マイノリティには与えられず、マジョリティにのみに与えられ、マジョリティに都合のよい障害定義の選択がなされてしまうのではないか。さらには、この障害定義の使い分けには、障害当事者だけでなく、障害者を取り巻く医療関係者や政策立案者、専門家たちによるものも含まれるのか。このような疑問が生じるかもしれない。

まず、最初の疑問に答えると、対等な関係性を前提とした「対話」はそれ自体稀であると考える。健常者・障害者間に限らず、健常者間、障害者間でも、対等な関係で「対話」がなされることは、日常生活を振り返ればわかるように、しごく稀である。さらに、本書での「対話」は、一対一、または、一対多、もしくは多対多で正面から話し合うという意味での「対話」だけを意味してはいない。これはローティの「対話」概念と異なるかもしれない。しかし、健常者の価値観を反映させた社会で、正面からの「対話」はむなしく終わる危険性をはらんでいる。だからといって、何か突拍子もない「対話」を意図しているのではない。いたるところで小規模に発生する「対話」、戦略的な「対話」、ときに闘争的な「対話」（それは暴力に訴えることとはまったく違う）、そして良好な関係性を前提としない「対話」が、障害当事者による障害定義の選択には重要となるのではないかと考えるのである。このような対話を本書では「草の根運動的対話」と名付け、先に示したローティの「対話」の延長線上でとらえたい。辛抱強く真正面から互いの譲歩を待ちながらなされる「対話」だけではない。もちろん、そのような「対話」が可能であればそれが望ましい。互いが相手を理解しようという前提のもとでなされる「対話」ができるのであれば、それにこしたことはない。しかし、そのように事が単純に行くとは考え難い。そうすると、そのような「対話」がなされないことを前提とした、「草の根運動的対話」が重要となるのではないか。フォーマルな「対話」、それに近い「対話」には、力関係が大きな影響を及ぼすであろう。しかし、「草の根運動的対話」であれば、力関係がそのままの形で「対話」の方向性を決定するとは言い切れない。巧みにマイノリティの望む定義を浸透させる「対話」を繰り返すことは可能なのではないか。障害という語をどのように使用すべきかは、必ずしも一斉に何らかの場を設け多数決で決定されるわけではない。小規模で戦略的な「対話」を執拗に繰り返すうちに、知らず知らずにこの場面ではこの障害定義を使うというマイノリティ発信の定義が浸透することは十分にあり得る。制度、政策を決めるときのように多数決によらない以上、かえって、障害者に有利な障害定義を戦略的に浸透させる「チャンス」があるのではないか。「さまざまな言語話者とぶつかることにより、言語は変化し、マイナー言語が形成されると同時に、比較的優位である言語にも逆に相当の影響を与えていく」（檜垣 2019: 148）ことも「マジョリティの言語を用いながら（その言語を）変形してしまうこと」（宇野 2020: 273. カッコ内筆者）も可能であると考える。

最後に、障害定義の使い分けには、障害当事者だけでなく、障害者を取り巻く医療関係者や政策立案者、専門家たちによるものも含まれるのかという疑問である。ここで一度本書の「障害当事者」を明確にしておく。本書における障害当事者とは、中西らの「ニーズを持ったとき、人はだれでも当事者になる」（中西・上野 2003: 2）という言を借り、「自らの障害に関する潜在的・顕在的ニーズをもつ者」とする。ここで潜在的ニーズをもつ者としては、自らのニーズを明確に意識化できない可能性のある重度知的障害者等を想定している。では、なぜこのように障害当事者を規定するのか。なぜなら、本書は、これまでの障害者の歴史において専門家が『客観性』の名においてやってきたこと」（中西・上野 2003: 17）、「客観性」の名において当人の意見を無視し、障害者を決定し、ときに差別的処遇をしてきたことに対する批判的観点を有しており、障害定義を、障害をもつ者自身が決定することを重要視するからである。その場合、例えば、外部から障害者とラベリングされているが、ニーズを表明していない者は、表明していないだけでそこにニーズがあるならば、障害当事者となるであろうし、ニーズがないのであれば、障害当事者とはならないであろう。逆に、外部からは障害者とみなされていないが、障害者としてニーズを表明している者は、障害当事者となるであろう（もちろん詐称の問題はあるが、それは論の中心ではないのでここでは扱わない）。しかしながら、これまでの議論からは、「障害」とは何かは一義的に定まらないことが示されている。よって、「障害当事者」が誰かも同様、一義的に定まらない。そうすると、障害当事者が誰であるかは、ある程度の共通理解のもと（『障害者当事者』に関して一定程度のコミュニケーションが社会的に成立していることからそれがわかる）、「ゆらぎ」を有し、また、変化するものと考えるべきである

（仮に、障害当事者を、厳密に固定してしまうならば、序列を伴う本質化へ加担することとなり、それは、本書からすると議論の後退を意味する）。つまり、障害当事者が誰であるかは、上のようにとらえたうえで、事例、および、目的によって柔軟に変化するであろう。

このような「障害当事者」理解をもとに、あくまで、障害定義の使い分けは自分たちにとっての「有用性」を考慮した障害当事者によってなされるべきであり、医療関係者や政策立案者、専門家たちはそれにのっとって、障害定義の使い分けを行うべきであると考える。だからといって、障害定義の使い分けの提案、また、どの場合にどの定義を用いるかの提示に障害当事者以外は一切関与すべきではないとまでは考えていない。それを使用すべきかどうかの決定権は、あくまで障害当事者にあることに十分留意したうえで、「対話」には参加してもよいのではないかと考えている（その場合、自分たちが偶々既存の言説において健常者に位置付けられているという『自覚』が求められる）。しかし、どの障害定義を使用すべきかの「対話」は、あくまで障害当事者を核としてなされなければならない。本書は、医療関係者や政策立案者、専門家が障害定義をいかに使うべきかの議論ではない。それを踏まえて、健常者もその選択された定義を浸透させるために執拗で戦略的な「草の根運動的対話」を続けなければならない。

第Ⅱ部で行う障害定義の戦略的・実践的使用の具体的検討は、当事者による研究も含む障害領域でなされた多くの研究との、読むこと、書くことを通した「対話」の成果である。そこには、多様な当事者の意見が反映されているはずである。そしてそれらを反映させたいくつもの研究成果との「対話」は第Ⅱ部の論考において不可欠である。ただし、そういった文献との「対話」には細心の注意を払う必要がある。専門家、支援者、障害者に関わるすべての人たちが、当事者主体の名のもとに、意識的であれ、無意識的であれ、かえって当事者の尊厳を傷つけている場合もあるからである。支援者目線・研究者目線から、当事者を「モノ」のように扱い検討を加える文献との「対話」は控える（もしくは批判する）必要がある。例えば、科学的アプローチを標榜し、中立客観的な立場から、当事者をデータとしてとらえ、データこそが「事実」を反映させていると考えるようなものには注意が必要であろう。それというのも、自らの理論体系・信念体系に依拠する以上、データの分析を中立的な立場から行うことは困難であり、その態度は、むしろ、研究者や支援者の当事者を一律に、一義的に把握したいという願望の現れかもしれないからである。そこには複雑で「生きた」障害者は現れてこない可能性がある。もちろん科学的分析のすべてが間違っていると言うつもりは毛頭ない。それどころか科学的アプローチはときに非常に「有用」である。しかしながら、そういった分析を行うそもそもの前提に注意が向けられていない研究は、吟味される必要がある。加えて、この章を含めたこれまでの記述、第Ⅱ部で提示されるものは、さらなる「対話」によって変化していくものであり、場合によってはなくなるようなものであることは強調されなければならない。なぜなら、本書もあくまで数多ある理論の中の一つに過ぎず、「事実」と対応するゆるぎない理論などではないからである。

2-2-5 「事実」のフェーズを離れた場合、障害定義は一つであるべきか、複数であるべきか

障害定義と「事実」との対応を疑問視し、その真偽は「有用性」の観点から定まるというフェーズで本書は考察を行っている。しかし、このフェーズにおいて、議論されなければならないことが残っている。以下、ミヘラキスと榊原の論考を素材として、この問題にアプローチする。上述したように、ミヘラキスは、多様な障害定義の対立は、障害者を観察する「機能システム」の相違であるとしたのであった。これはルーマンの「社会システム理論」から導き出されたものであるが、ボルフによると、ルーマンは、本章にとって重要な立場をとっていることがわかる。

ルーマンの構築主義は現実の否定ではない。たんに現実はつねに観察者がつくる構築物を通じてしか私たちにあらわれることはないと言っているだけである。これはルーマンの構築主義的プログラムが、観念論と実在論の両方の立場と異なる点でもある。実在論は、一切の観察者と無関係に現実が存在すると主張する。観念論は、現実とはたんに精神内に現象するものであると主張する。これに対してルーマンは、現実は存在するが、私たちはそれに直接アクセスすることはできないと主張する。現実は観察者がつくる構築物を通じて現象する。そしてこの構築物は「現実」とまったく

同様に現実的である。同様の趣旨で、いかなる観察者も現実に直接アクセスすることができないのと同じように、誰一人として唯一の真理にアクセスできる者もいない（Borch=2014: 136）。

以上からもわかるように、ルーマンは「実在」との対応に訴えるフェーズで議論をしていない。つまり「事実」のフェーズで議論はしていないのである。そしてルーマンの「社会システム理論」を用いたミヘラキスも同様の立場を取っている（以下でみる榊原の論考もその土台にルーマンの『社会システム理論』を据えていることから、『事実』のフェーズの議論ではないと推測できる）。そしてミヘラキスは、障害定義の多様性を異なる「機能システム」からの観察に帰し、どの障害定義も他のものより重要とはみなさなかった。一方、本書は、多様な障害定義のすべてを等しく重要であるとはせず、むしろ、達成すべき目的に照らして、あるものを特権化し、それを戦略的・実践的に使用すべきであるとしたのであった。このミヘラキスの論考に対して、榊原は、また別の観点からその限界を指摘する。

それというのも、この議論は自らが何を分解したかを定式化しえておらず、議論を成立させるためには批判の対象に依存せざるをえないからである。ミヘラキスは障害現象を異なるコードによる観察に分解したが、観察の「対象」は依然として素朴に「障害」「障害者」「ハンディキャップ」として名指されている。これらが積極的に定式化されなければ、障害現象の観察として扱われている事象の範囲も画定されえず、障害現象の観察の多様性といったところで無意味になる。おそらくミヘラキスが論じるように、障害現象はシステムごとに多様な現れ方をするであろう。しかしそうした多様性は障害現象の定義不可能性を意味しない（榊原 2016: 54）。

榊原もミヘラキス同様、ルーマンの「社会システム理論」を用いて論を展開するが、ミヘラキスと異なり、障害現象を一つに定義しようと試みる。その理由の一つは、「障害とは何かが明らかにならなければ、誰が不利益から保護される必要があるのか分からない」（榊原 2016: 16）からである。しかし、なぜミヘラキスは、その立論において障害定義をあらかじめ行わなかったのであろうか。おそらく、ミヘラキスは障害を先立って定義したとしても、その定義はあくまでミヘラキスの依拠する「機能システム」からの定義でしかないと考えたからではないだろうか。「機能システム」によって障害現象の定義が異なる、障害現象の相対性の明示を論の中心とする立場からは、わざわざ、相対化されるミヘラキスの依拠する「機能システム」に固有の一定義を主張する必要がなかった。また、それを行うことは、障害定義の相対性を訴えるうえで、いたずらに混乱を招くことになりかねないと考えたのではないだろうか。それに対して、榊原は、障害を（一つに）定義しないならば、障害現象の範囲も定まらず、多様に観察される障害現象といったところで意味がないと批判する（榊原 2016: 54）。しかし、そもそも「障害現象の観察として扱われている事象」が何であるか自体、「機能システム」によって相違することを考えると、できることは、ミヘラキスの観察による、ミヘラキスの障害定義を記述することだけである。それがミヘラキスの論の中心ではないことを踏まえると、あらかじめの定義付けはそれほど必要ではなかったのではないだろうか。実際、ルーマンの「社会システム理論」を用いた場合に生じる、障害現象の「同定」の困難性については榊原も認めるところである。

> ある社会的排除が障害に該当するかについて完全な合意が得られる可能性はないようにみえる。つまり障害は定義できるが経験的に同定できず、結局は不可知論に陥るように思われる…（略）…そのため異なる観察者の観察は異なりうるという問題に対して答える確固たる基盤は見出し難い（榊原 2016: 161）。

そうすると、障害現象の「同定」の困難性への理解という点では、両者の立場はそれほど乖離したものとは思われない。それでは、両者の相違は、どこにあるのか。ミヘラキスは、障害定義が相対的にならざるを得ない理由を明確化することを立論の中心に置いたのに対して、榊原は、それを前提としてなお、より合意可能性があり、説明力が高く、有意味であるものを選択することによって（榊原 2016: 161）、障害の一定義付けを試み、それを立論の中心に置いたことにあるのではないだろうか。結果、榊原は、障害現象の定義を試みる。その定義とは、障害（ディスアビリティ）とは、「断片的身体情報と社会的処遇の関係に帰責された社会的排除」というものである（榊原 2016: 146）。

この障害現象の定義づけが、重要な論点となる。榊原のように、障害定義を一つに定めた方がよいのか、それとも、本書のように、複数の障害定義を目的に合わせて戦略的・実践的に使用した方がよいのか。本書は、理論体系・信念体系に依拠する障害定義を前提としており、より広範にわたって通用する一つの障害定義を設けることは試みていない。なぜなら、個別の目的に照らして「有用」であれば、どの理論による障害定義も用いるべきだと考えるからである。より広範わたって適用可能な一つの定義を設けたとしても、本来ならばそこに含まれるべき「定義の外部」が生み出され、それが固定化される可能性は否定できない。また、一つの定義であるがゆえに融通が利かず、個々の事例によって異なった障害定義を障害者にとっての「有用性」を考慮したうえで柔軟に用いることができないという限界を有すると考える。さらに、榊原の、障害、および、障害者を定義しなければ、その対象者がわからず、他の排除を受けている者と区別ができないという言及に関しては（榊原 2016: 16）、事例ごとの目的に照らして、誰が障害者であるかの定義を変えることを、むしろ推奨するつもりである。なぜなら障害者が誰であるかを柔軟に変えていかなければ、刻々と変化する社会情勢、時代推移に対応できないと考えるからである。

ただし、榊原の障害定義が柔軟性を有していないと言うつもりはない。榊原の著書に対する立岩の書評へのレスポンスとして、榊原が提示した「障害グレーゾーン」への言及がそれを示している。ここで言う「障害グレーゾーン」とは「帰責が揺らぐ障害現象」のことである。「帰責」に「揺らぎ」があると、「そこで生じている事態は障害であるように見えたり見えなかったりする」(榊原 2018: 314)。この「障害グレーゾーン」における「帰責の揺らぎ」、「障害であるように見えたり見えなかったりする障害現象」は、一人の人の中で生じることも、関係者間の帰責の相違として現れることも、また経年的変化として現れることもあるかもしれない(榊原 2018: 314)。そして、「障害グレーゾーン」を榊原の障害定義は説明可能なのである。よりわかりやすく、例えば、経年的変化を例に取ると、経年的変化によってかつて健常者とみられていた人が障害者としてみられるようになるといった事態、要するに、時間の経過による変化にも、榊原の定義は柔軟に対応可能なのである。おそらくこれは歴史的変化だけでなく、社会文化的変化にも対応可能であると榊原は言うのではないだろうか。実際それが対応可能かどうかは、これからの社会情勢の変化をみなければわからないであろうが、榊原の障害定義は、そういった変化に柔軟に応答できるものであると、当人がみなしていることは以上の記述からわかるであろう。

しかしながら、「事実」と関わらない場で、障害定義を一つにするか、複数から選択するかの問題は、対立ととらえるべきではない。榊原の障害定義がそれ一つで、障害者に対する不当な社会的圧力からの解放や、障害者の苦悩や苦痛の軽減・除去という大文字の目的に含まれるいくつもの細かな目的にとって「有用」であれば、それを使えばいいだけの話である。本書は、対立としてではなく、別なルートとして障害の複数定義を「有用」とみなすものである。第Ⅱ部の具体的事例への適用がうまくなされているかどうかが、その「有用性」を判断する一つの目安となるであろう。その結果、一つの障害定義と比較考量され、一つか複数か、また双方かが選択されればよい。重要なのは、障害者当事者が、どのような場で、どの障害定義を使用することが望ましいかを、「対話」によって決めることである。障害者問題において、障害の定義付けを誰かが一方的にすることは単なる強制となりかねない。

ただし、最後に付け加えるならば、複数の障害定義を選択使用することは、障害定義が時・場所・人によってさまざまに使われることに他ならず、それは、次第に障害定義を混沌としたものにするメリットを有するのではないかと考える。障害定義を一つに定めることが、障害者が何者であるかを特定することとなり――実際、榊原は、先にみたように障害者を区別することには肯定的である――それは序列を伴った「本質化」を強化しかねないのに対し、障害定義の複数性は、障害者が何者であるかを不明瞭にする。つまり、障害定義の複数性により、障害カテゴリーとその対象は動揺せざるを得ないのである。一つの障害定義が、序列を伴った障害者の固定、階層化された障害の「本質化」に寄与する可能性があるのに対して、障害定義の複数性は、障害者カテゴリーとその対象の結びつきにゆさぶりをかける可能性がある。そういった点も加味して、本書は、障害定義の複数性が「有用」であると考える。

2-3 小括

本章では、多様な障害定義を戦略的・実践的に使用するということを、予想される多様な批判に答える形で、議論の俎上に載せた。繰り返すが、ここまでの、本書の理論は、あくまで、「対話」によって変更されるべきものであると考える。なぜなら本書は、「世界のあり方」、「世界の中の障害のあり方」に一致するような唯一のものを目指してはおらず、目的に照らし、より適切な障害についての理論があるならば、それとの「対話」で、改訂されることを念頭に置いているからである。本章を締めくくるにあたり、先に述べた言語についての前提から導き出される世界観の変化について引用する。

新しい哲学が、単に我々の言葉の使い方（語り方）を問題にするだけでなく、我々の根本的なものの見方、世界観、をも問題にするということである…（略）…新しい哲学は、一見すると我々の言葉遣いや文法のみにかかわるかのような印象を与えるかもしれないが、必然的に我々の根本的なものの見方（の転換）に関わるのであり、その意味で「深い」のである（鬼界 2018: 233）。

第Ⅱ部では、福祉・障害領域で数多なされた障害者にとっての利益・不利益に関する研究と「対話」することにより、具体的に、どのような場合に、どんな目的で、障害定義を取捨選択するかを中心に論を展開していくつもりである。それは、障害定義の戦略的・実践的使用が「有用」であることを示す試みでもある。しかし、そこでなされるのは、あくまでも、「有用」な障害定義の提案・提示である。例え、断定的な口調になっていたとしても、障害当事者による「対話」によってこそ、提案・提示の「有用性」が判断され、使用の是非が決定されることは、何度でも断っておかなければならない。

■註

1　本書が「有用性」という制約をかけたうえで、すべての障害定義を正しいとするならば、「実在」という制約をかけられたうえで、すべての障害現象へのアプローチを正しいとするのと同じことなのではないか、そのような疑問が浮かぶかもしれない。しかし、本書とダナーマークの論考は以下の点で大きく相違する。ダナーマークの言う、「実在的世界」の制約がかけられた障害現象は、層化された「実在的世界」を反映する多様な現われである。したがって、多様と言っても、「実在」によって現象は「絞られ」、その後にすべての障害現象理解が正しいとされるのである。言い換えると、「実在」によって現象が「絞られ」てしまえば、その後のすべての障害現象の理解は正しいこととなる。一方、本書の障害者にとっての「有用性」による制約の場合、「有用性」と対応する「実在」や「事実」がないことを前提としているので、今ある「有用性」の理解からはじめなければならない。そうすると、社会や文化の変化によって「有用性」は常に変化するであろうし、また、それに鑑みた障害理解、障害定義も常に変化に曝されることとなる。つまり、「有用性」という制約にかけたとしても、その後の障害定義すべてが常に正しいというわけではないのである。障害定義の正しさは刻一刻と変化する。したがって「有用性」という制約をかけた後の障害定義をすべて正しいというのは、例え成立したとしてもほんの一時に過ぎないであろう。「実在的世界」の場合、仮に「実在的世界」による制約にかけられた後の障害現象の理解が変化するとしても、最終的には、限定された複数のものに「収束」するであろう。なぜなら「実在的世界」は層化されているので、「探究」が進めば複数の「正しい」障害現象の理解に行き着くはずだからである。それに対して、障害者にとっての「有用性」は「収束」しない。常に社会・文化に合わせた「対話」の中で変化するであろう。そしてそれに鑑みた障害定義も同様に変化するであろう（その変化は再び「有用性」概念を変化させる）。そうすると、最終的にすべての障害現象の理解が正しいというところまで行き着くとおそらく想定しているであろうダナーマークの考え方とは相いれないこととなる。

2

「自立」した主体による「選択」を前提としないとしても、やはり、重度知的障害者の場合、障害定義が「有用」かどうかの判断について、誰が代行し、その代行権限の正当性はどのように担保されるのか、というより具体的な手続き的問いは残るであろう。これは、率直に言って本書の射程で答えられるものではなく、一つの大きなテーマとして論じられる必要があるであろう。ただ本書は、「選択」から重度知的障害者を排除するものではないし、断固としてすべきではないと考えるものである。

3

ただし、この例では、実在論に依拠した「障害」という語は、ポスト構造主義的（構築主義的）な理論に依拠した「障害」という語ほど「こなれて」使用されていない。つまり、この例の彼／彼女は、実在論による「障害」という語を他方よりうまく使いこなしていない。しかしそれでも、何とか使用することはできているのである。よってここでの「使用」は、「日常生活で流暢に使いこなす」ことに限定するものではない。何が言いたいのかと言うと、相手の信念体系を完全に理解せずとも、ある程度の理解があれば、その信念体系による語を「不器用」ながらも使用することができるということである。そしてその語は使い続けるうちに、より適切な理解へと向かっていくであろう（また、突然使い方が明確になることもあるかもしれない）。

第3章
障害者の痛みをどう語り、障害をどう定義づけるべきか

3－1　問題意識と目的

障害者の身体的・精神的痛みをどう語っていくべきであろうか（このようなデカルト的二元論は意味がないであろう。身体的痛みが精神的痛みを加速させたり、緩やかにしたりすることは当然あり得るし、逆もしかりである。身体的痛みと精神的痛みは明確に区別できず、相互に依存しあっている）。いや、それ以前に、障害者の痛みを他のノーマルといわれている人々の痛みと区別し語ることに意味はあるのだろうか。障害領域において、障害者の痛みへのアプローチの仕方に一つの対立がある。一方は、障害に起因する痛みは「実在」であると述べる。もう一方は、（障害者の）痛みは、社会的に構築されたものであると述べる。第I部でみたようにこのどちらかが正しいということではない。「障害者の痛み」が意味するところは、それを語る者の理論体系・信念体系に依拠するからである。よって、どちらが正しいかの観点から語ることはできない。障害者にとっての「有用性」から判断し、どちらの（または双方の）障害定義が真であるかが決められるべきなのである。「実在」／構築の対立軸にしたがうならば、どのような場合に、障害者の痛みを「実在」とし、どのような場合に構築とするか。また、それはなぜかが明らかにされなければならない。

問いを整理すると、まず、障害者の痛みとその他ノーマルと言われている人たちの痛みを区別する意味はあるのか。次に、もし障害者の痛みが障害者特有の痛みであるとすることに意味があるのならば、その痛みはどう語られるべきなのか。さらには、どのような場合に、どのような定義で障害者の痛みが語られるべきなのか。これらの問いから、本章の目的が導かれる。第一の目的は、障害者の痛みを障害者特有の痛みとすることが、障害者の痛みの軽減・解消という目的に照らして「有用」であることを示すことである。そして第二の目的は、障害者の痛みを、どのような場面で、どのように語ることが「有用」であるかを、「実在」／構築の対立軸に沿って明らかにすることである。この二つの目的を果たすことは、第Ⅰ部でみた、障害定義の戦略的・実践的使用の具体的事例における「有用性」を確かめることでもある。

本章の意義は何か。端的に言うと、障害者が抱える痛みを、私的なものから公的なものへと戻して、痛みの緩和・解消を図るための語りを提示することにある。直接的な痛みの軽減・緩和とはいかないまでも、マクロな視点でみると、障害者の痛みの社会化は、障害者の痛みに対する健常者社会の帰責性を明らかにし、ケアの要請が正当であることを明らかにする。それは、間接的に障害者の痛みの緩和・解消へとつながるであろう。

本章は、ウィトゲンシュタイン、モリス、および、熊谷の論考を用い、障害者の痛み、障害者に特有の痛み、さらには、障害をどのような場面で、どのような目的のもと、いかに語ることが「有用」かを明らかにする。なぜ上記のような理論を用いるのか。それは、ウィトゲンシュタインの理論によって、「痛み」と痛みという語についての関係性が明らかになり、痛みを語ることについて重要な知見を得られ、また、モリス、および、熊谷の論考によって、痛みの「実在性」と、社会構築性の双方が議論され、そこから障害者の痛みをどのように語ることが障害者にとって「有用」であるかの示唆を得ることができるからである。

3-2 分析

3-2-1 「実在」し、そして、生々しいものとしての障害者の痛み

障害者の痛みへアプローチする際、痛みの「実在性」に力点を置くべきか、それとも社会構築性に力点を置くべきか。第Ⅰ部同様、障害を「実在」と社会的構築の相互作用とする立場と、障害を言説による構築とする立場、双方の障害者の痛みに対するアプローチを概観することからはじめる。

まず、「実在」に重きを置く相互作用論者のシェイクスピアの論考である。シェイクスピアが障害の「実在性」を擁護する理由の一つに、障害者の痛みがある。シェイクスピアは、「成長障害（restricted growth）」を有している。日常生活での主な影響は、多くの人々にじろじろ見られることである。しかし、ある年を境に、脊髄損傷によって、車椅子に頼らざるを得なくなる。シェイクスピアは、そのことが、例え完全にアクセシブルな環境にいたとしても、人生をより厳しいものに

したと述べる。その理由は、脊髄病変由来の「神経障害性疼痛」である。この痛みについてシェイクスピアは、どんなに市民権・公民権や社会的包摂があっても、完全に取り除くことはできないし、例え人生が幸福で満たされたままであっても、苦境であることに変わりはないとする（Shakespeare 2014: 86）。そしてそこから重要な結論に至る。

> ディスエイブリズム――障害者に対する不当な差別――に終止符が打たれたとしても障害者のあらゆる問題が解決されることはないだろう。たとえ、環境や交通手段がアクセシブルで、障害をもとにした不当な差別がなかったとしても、多くの障害者は不利益を被ったままだろう（Shakespeare 2014: 86）。

いくら不当な言説が正されても、障害者の言説以前の「生（なま）の痛み」は残るのである。これはポスト構造主義のような障害を言説による構築とみる立場の者へ向けられたメッセージである。例え障害を構築した言説が、適切な言説に置き換わったとしても、痛みは消え去らない。痛みは障害者にとって切実な問題である。障害が社会的構築であると主張する立場の者は、この批判にどう答えることができるであろうか。すべての障害者がそうというわけではないが、痛みをもつ障害者にとって「痛いものは痛い」のであり、それをも社会的構築で片づけることは、果たして、「有用」なのであろうか。シェイクスピアは、障害の構築の側面を重要視するグッドレイの、「ある人にとって耐え難い痛みは、別の人にとっては通常の肉体経験であるかもしれない」(Goodley 2017: 138) という言及に対して「不快感」をあらわにする。シェイクスピアは、グッドレイがこのように言及をするのは、痛みの閾値や痛みを表現する文化的形式はさまざまであることを強調しようとしているか、もしくは、単にグッドレイが障害をもつ多くの人たちが経験していることをまったく経験していないからであるとし、以下のように述べる。

この文脈において、レナード・デイヴィス、ダン・グッドレイ、ロブ・マクルーアのような障害者ではない研究者が、二つのかなり困難でディスエイブリングな障害(成長障害と脊髄損傷と思われる)をもつわたしに、障害は存在しない、もしくは、ただの言説の産物であると言うことに、わたしはある不快感を覚えることを認めよう。診断はわたしの問題ではない、そして、わたしに与えられた脊髄損傷や結果として起きる神経障害性疼痛は言うまでもなく、骨系統疾患 (skeletal dysplasia) /成長障害/小人症 (dwarfism) /軟骨無形性症 (achondroplasia) というラベルもわたしの問題ではない。わたしの問題はわたしの身体性であり、障害から生じるわたしのネガティブな症状の体験である (Shakespeare 2017: 67)

自らの身体で切実な痛みを味わっているシェイクスピアにとって、障害者ではない研究者が、障害を言説の産物であるとか、診断の結果であるとか、ラベリングの結果であると言うことは「不快」なのである。障害が言説の産物に過ぎないのであれば、障害も障害に起因する痛みも無くなり得る。しかしながら、言語以前の痛みはやはり残ったままなのである。シェイクスピアは相互作用論者なので障害の社会構築性は認めている。しかし、痛みの生々しさを無視することは許されることではない。障害者でないものが障害を論じることの是非については、本書の射程外なので踏み込まない。そして、誤解のないように言えば、シェイクスピアも、障害者でない人々が障害をリサーチしたり、理論化したりすること自体には反対していない（Shakespeare 2014: 67）。ここで重要なのは、障害者の痛みの生々しさは、言説からだけでは説明も対処も困難だということである。障害者の痛みの「実在面」を軽視してはならない。言説で解消されない痛みを訴え続けねばならない。シェイクスピアはティンパナーロの「物理的な病は、単に有害な社会的アレンジメントに帰せられ得ない。それは、自律的で、いかんともしがたい（invincible）実在の領域にある」（Timpanaro 1975: 20）という記述を引いて、障害の、ひいては障害の痛みの「実在面」に目を向けさせる。そして、可能であれば、それを防ぎ、緩和するために対策を講じなければならないとする（Shakespeare 2014: 87）。「実在」が人間に直接アクセス可能か否かはこの際問題ではない。間接的にであろうと、「実在」する痛みをケアするために、実在論をベースとする医療が必要とされるのである。障害者すべてでなくとも、痛みをもつ障害者の「痛いものは痛い」という訴えを無視することは、痛みをもつ障害者にとって、「有用」ではない。それどころか、痛いと言っている者の訴えを無視し、ケアを行わないことは、残酷な放置とみなされても仕方がないのではないか。障害とは社会的構築であると強調するために、障害の「実在面」を軽視したり不問に付したりすることは、痛みの軽減・解消の点で、不利益をもたらしかねない。もちろん、社会的構築を強調しながら、医療を受ければいいだけではないかと話を単純化することもできる。しかし、社会的構築に関しては精緻な議論を行うが、「実在」に関しては何ら精緻な議論を行わず、当事者に放り投げるのは、いかがなものであろうか。障害も痛みも社会的に構築されたカテゴリーとしてだけ理解され、「実在」として認められないならば、現在の医療は言説を正すことに専念してはいない以上、医療が何に対してアプローチしているのかがわからない。こういった場合一体どのような説明の仕方を当事者に示すのであろうか。それに対して本書は、障害という語の意味は理論体系・信念体系に依拠するので、一義的に定まらないという立場を取っている。したがって、障害の「実在面」を強調するときは、実在論を基礎とする医療と折り合いがつけられるし、障害の構築面を強調するときは、不当な言説の修正と折り合いをつけることができる。つまり障害の「実在面」、構築面それぞれに対して折り合いのよい処置・対処に説明を与えることが可能なのである。さしあたり、障害を定義する際に、相互作用論者の「障害は実在と社会的構築の相互作用である」という定義は、障害が「実在」するからこそ、障害者の痛みも「実在」し、それに対して医療を提供できるということを導出できる点で「有用」であるとみなし、次いでシェイクスピアと同様の立場を取る、ジーバースの論考を概観する。

ジーバースは、「現在の身体の理論にとって受け入れることができる痛みのイメージは多くない、そしてそのどれもが日々痛みを被っている人々の観点からすると現実的ではない」（Siebers 2008: 61）と、当事者目線からの痛みに焦点を当てる。現在の身体の理論では、痛みが、物理的・身体的であることはめったになく、罪や社会的抑圧に起因する痛みを基本としている、つまり、社会的につくられた痛みである（Siebers 2008: 62）。これらの言及が適切であるかは疑問視されるが（現在の身体の理論では、むしろ痛みは物理的・身体的であるとされているように思われる）、ジーバースの言及は、障害領域におけるポスト構造主義のような立場の者への批判とみることができる。ジーバースは、社会的構築の側面を認めないわけではない、そうではなく、物理的な痛みの軽視を認めないのである。一定程度の社会構築性を認めたうえでなお、ジーバースは次のように言う。しかし、障害をもつ多くの人々は、肉体的痛みが敵であることを理解している。それは数えきれない日常の活動につきまとうのである。毎日の大きなチャレンジは、身体の痛みを何とかすること、朝ベッドから起き上がること、夕方生じる痛みの源に打ち勝つことである（Siebers 2008: 63）。このような痛みを前にして、社会構築性を強調することは非常に酷なことではないだろうか。それどころか考察をいっそう加速させ、障害や障害者の痛みを、既存の人間像を超越する兆しとみなす研究者もいる。この痛みによる常識の超越（これについては後述する）は、サイボーグの議論と通じるところがある。サイボーグの議論には、障害をポジティブに解釈し、既存の人間像を超越しようとするものが含まれる。このような加速に対して、ジーバースは警鐘をならす。「アビリティのイデオロギーはもっぱら、何らかの障害のしるしを、目覚めつつある新しい魔術的なアビリティへの機会とみなすことを要求する」（Siebers 2008: 63）。しかし、幼少期から足にスチールの補装具を着けているジーバースにとっては、そのようなイデオロギーは神話に過ぎない。それは、どのように健常者が障害を素晴らしいアドバンテージとして表象しようとしているかを示すものに過ぎないのである（Siebers 2008: 64）。つまり、そのような解釈は、健常者の「できる」の延長上の議論でしかなく、健常者の「できる」ことへの執着ともとれる。健常者はサイボーグという人間を超越した像を障害者に強制しているだけかもしれない。障害者にとってそのような見方は、必ずしも望ましいものではない。それは後にみる、痛みを喜びとすることで、痛みの常識を超越する試みにおいても同様である。少なくともジーバースにとって、身体的・物理的な痛みは、まったく予測できないもので、「実在」として生々しく、「人間の親しい友」ではないのである。痛みは、個人にとって喜びの源などではない。サイボーグのような理論も、痛みの超越も、アビリティのイデオロギーに寄与するだけで、そういった理論は、苦痛や犠牲のストーリーを政治的に無力化するだけかもしれないのである（Siebers 2008: 64）。この記述は的を射ているように思われる。目の前で痛みに苦しんでいる者に、それは常識を打ち破ることで喜びに変わるかもしれない、さもなければ、サイボーグのような存在へ至るきざしかもしれない、そのように言うことにどれほどの意味があるだろう。まずは、鮮烈な痛みを緩和することが優先されるべきではないか。そういう意味でやはり、障害者の痛みは「実在」であり、サイボーグや快楽の言説によっては、必ずしも癒されないと言い切ることは必要であるように思われる。そのために「障害は実在と社会的構築の相互作用である」という定義の「実在」部分はなくてはならないのである。

最後に、障害者の「実在」に基づいた生物学的痛みを認識することに目を向けたベストの論考をみる。ベストもこれまでみてきたように、障害者の痛みの社会構築性を認めている。ベストは、モリスの痛みに関するポストモダン的概念を評価し、痛みと文化の関係性を考察する。しかし、ベストの考察の要点は、それを踏まえたうえでの、痛みの「実在性」にあると思われる。「痛みのポストモダン的概念を超えて」という題目のもと、障害者の痛みの物理的側面に目を向けることを促す。

しかしながら、障害に関する解放の政治においてさえ、すべてが社会的構築、イデオロギー、または言説ではないことを人々は認識する必要がある。すべての人々には身体がある、そしてわたしたちの身体は、しばしばもろく、痛みを感じる。痛みには、意味や語り以上のものがある。痛みは、政治的美学（politico-aesthetic）のレベルを超えて存在する物質的なバリアである。たとえ毎日の生活の審美化の観点から何が起ころうと、人々にはなお身体がある…（略）…すべての医療的介入が恩着せがましく、品位を傷つけるわけではない。生物学的に基礎付けられた実在を認識することは、生物学的な機能障害を障害の唯一の原因として、また、その他の形の障害に対する保守・反動的な政治を受け入れることではない（Best 2007: 169）。

ベストにとって、障害者の痛みは「実在」する。しかし、それに対する「医療的介入」は、必ずしも、障害者の尊厳を傷つけるものではない。また、ポスト構造主義者等が考えるように、「実在」を認めたからといって、障害の社会構築的側面や、革新的な政治を捨て去ることにはならないのである。この「実在」を受け入れることが直截に、望まない政治的態度とつながるわけではないというのは重要な視点である。社会的構築を徹底して訴えなければ、政治的働きかけが弱まるとおびえ、医療を受けることに対する説明を与えることできないのでは、痛みをもつ障害者の存在をないがしろにすることになりかねない。極端なポスト構造主義者は、障害者の痛みの「実在性」にもっと目を向けるべきである。前章でみたように「実在」か社会的構築かどちらか一方だけを、常に選択するようなことが仮にあるならば、そのような態度は、「有用性」に鑑みて、放棄されるべきである。

3-2-2 障害者の痛みは、社会・文化によって変容する

ポスト構造主義者のような障害を社会的に構築されたものとする立場から、障害者の痛みに論考の多くを割いたものは、あまりみられない。なぜだろうか。おそらく、障害の社会構築性を前提としている以上、障害とはカテゴリーに過ぎず、「実在」しないので、その痛みをことさら考察することに意味を見出せないからではないだろうか。一度障害カテゴリーを霧散させてしまえば、ただの痛みの社会構築性を訴えることになってしまう。痛みの社会構築性の論考は、他領域で数多くあるので、あえて論じる必要がなくなってしまうのである。しかし、無印の痛み（ただの痛み）の社会的構築からはじめ、障害者の痛みの社会構築性を論じることで、新たな発見がある。社会的構築を主眼としている点では同様でも、障害から障害者の痛みという流れと比べ、無印の痛みから障害者の痛みという流れは、「有用性」の観点からするとまったく異なる。後者の流れは、無印の痛みとは違う障害者特有の痛みを明らかにし、障害者に対する不当な言説の糾弾へとつながるのである。他方で、障害者の痛みの「実在性」を強調したものは多くみられる。これは先ほどみた。なぜだろうか。その理由の一つは、障害当事者が味わう「生の痛み」が、障害を社会的構築とする立場に反論するための要だからである。適切な言説によって障害カテゴリーがなくなっても、障害者の痛みは消え去らない。その切実さこそが、障害を社会的構築とする立場への反論となるのである。しかし、それに対して、おそらく、ポスト構造主義のような社会的構築を強調する者は、それは障害者

の痛みではなく単なる痛みで、痛みもまたカテゴリーである以上社会的に構築されたものであると言うであろう。

それでは、それほど多くない障害者の痛みの社会構築性について独立して語ったものにどのようなものがあるのだろうか。まず、マレットとランズウィック・コールの論考をみることからはじめる。マレットとランズウィック・コールは、「痛みを経験すること」として一つのセクションを割き、詳細に障害者の痛みについて考察しようと試みる。

障害の「実在」について議論するとき、痛みは、社会的・文化的に構築されたものとして理論化できない経験として提起されることが多い。そこでは、身体が痛みを感じ、痛みは不快であり、痛みは経験している人が現在していることをやめるべき（例えば炎から手をどける）シグナルであると議論される。さもなければ、痛みは、それを経験している人が、内臓の衰弱、閉塞、または損傷（例えば心臓発作）のサインかもしれないと医療をもとめるシグナルとして議論される。ディスアビィティがあることがポジティブな経験であるかを議論しているときに、インペアメントがときに望ましくないとみなされる理由として、長期間の痛み（慢性の痛み）と関連するインペアメントや病気が、言及されることが多い（Mallett and Runswick-Cole 2014: 130）。

これは、障害者の痛みを「実在」とする側の反応を表したものである。マレットとランズウィック・コールは、このような反応とは対照的に、痛みの意味は、歴史的、空間的、文化的文脈と結びついていて、そのような文脈を通して構築された意味なしでは、痛みについて話すことも、経験することさえもできず、自分の文脈で利用できる痛みの言説に依拠することで、人はさまざまな仕方で痛みを経験すると述べる（Mallett and Runswick-Cole 2014: 130）。痛みとは、マレットとランズウィック・コールにとって、「それそのもの」として経験されるものではなく、自分がそこに依拠する言説を通してしか経験されないものなのである。つまり、「生の痛み」にはアクセスできないのである。しかし、アクセスが不可能であったとしても、自分の依拠する言説から障害者の生の痛みについて語ることまで意味がないというわけではないであろう。むしろそれについて語ることは、医療を受けるための説明を与え、障害者の痛みの軽減・解消に資するという点で「有用」であると考える。「生の痛み」について語ることはできないが、障害者の痛みが実在すると語ることは問題なくできる。そしてそれが障害者にとって「有用」ならば、ポスト構造主義のような立場の者が否定しようとも、「実在」する障害者の痛みについて語るべきではないだろうか。

続けて、マレットとランズウィック・コールは、痛みが地理的、歴史的、文化的に異なることをそれぞれ具体例とともに説明する。しかし、ここで重要なのは、その例が、一つを除きすべて障害者と関わりのない無印の痛みの例なのである。これは、先ほど述べたように、障害が社会的に構築されたものであるという前提から、障害者の痛みを論じるならば、無印の痛みの考察にならざるを得ないためではないだろうか。唯一の例外はこの後にみるが、そうすると、マレットとランズウィック・コールの論考は、その大部分が障害者の痛みの社会的構築ではなく、単なる痛みの社会的構築についてなされたものということになる。多様な痛みが存在する。しかしそれは、障害者の痛みについて論じたものではない。結論としての、わたしたちにとって特に重要なのは、社会的、文化的文脈を主張することによって、わたしたちは、身体が医療的知の領域に戻ることを認めないということであるという言及は（Mallett and Runswick-Cole 2014: 133）、障害者の痛みだけではなく、無印の痛みにもあてはまる。もしこれが、無印の痛みの社会構築性からはじめて、障害者の痛みの社会構築性に至るのならば、無印の痛みの考察に大部分を割くようなことはなく、より適切な障害者の痛みの記述ができるのである。仮に、マレットとランズウィック・コールの（障害者）の痛みに関する記述全般が、相互作用論者のような立場の者への批判であるとする。その場合、障害者というカテゴリーは社会的に構築されたものであり、したがって、障害者の痛みも無印の痛みと変わらない。また、痛みは多様な文脈によって変化するので、つまり、同じ刺激に関して痛い人もいればそうでない人もいるので、痛みも社会的構築に過ぎない。そうすると、痛みの「実在性」を根拠として、障害の「実在」を訴えることは無理がある。この流れは、マレットとランズウィック・コールの理論内では適切であろう。例え、障害に起因する痛みが「実在」しないならば、一体自分たちは何によって痛んでいるのかという声が抜け落ちていたとしても、である。本書は、ポスト構造主義と「真理」に訴えない点で共通する。しかし、障害者の痛みに関する相互作用論者の論考は、こういった声を反映させている点で重視されなければならないと考える。

それでは、先に述べた、マレットとランズウィック・コールが、例外的に障害者の痛みの社会構築性を扱ったところをみることとする。この例は、「すべての痛みが悪いのか」、「すべての痛みが避けられるべきものなのか」、「ある痛みは喜ばしいのではないか」(Mallett and Runswick-Cole 2014: 130) という問いに関連付けられたものとみることができる。「疑いなく悪いものとしての痛みの共通理解について、立ち止まって考えるしばらくの間を取れ」(Mallett and Runswick-Cole 2014: 130)、というわけである。すべての痛みが悪いとは言い切れない例として、ボブ・フラナガンの例が挙げられる。ボブ・フラナガンは、作家であり、パフォーマーであり、そのアーティスティックな演出は、身体障害とエロティックスという二つの複雑に交差するテーマを扱う。フラナガンは、「嚢胞性線維症 (cystic fibrosis)」であり、S/Mプレイを嗜む。フラナガンのパートナーであり女王役のシェリー・ローズと共に、「嚢胞性繊維症」とS/Mという二つの非常に特別な場から、痛みと快楽に呼びかける (Kolářová 2010: 44)。フラナガンは、S/Mのセクシャルな実践によって、自らの身体の痛みを変質させることができる。その実践は、個人的な痛みの中にある身体を超越し、社会的に屈曲させられたスティグマによる痛みのレベルにまで及ぶ（Kolářová 2010: 45）。ここで言う痛みの変質とは、痛みが快楽へと変わることを意味する。そして、S／Mの実践によって、個人的な痛みは超越され、近代医療等の言説の結果としてスティグマ化された痛みまでをも疑問視させるのである。つまり、フラナガンは、そのパフォーマンスにおいて、囊胞性繊維症を、痛みを再度意味付けるために使うのである（Mallett and Runswick-Cole 2014: 132）。ここで言う近代医療の言説とは、「主体の身体を医療的研究や治療の客体として規律訓練すること」であり、「医療的凝視」とも言える（Kolářová 2010: 45）。こういった言説により、痛みは、意味のない、避けられるべきものとして構築されるのである。近代医療は、痛みをシステムから意味づける。身体をメカニックシステムとして理解し、痛みの経験を精密な信号の通信システムに還元する。また、痛みを潜在的に終わりのない電気化学的なインパルスの往復として新しくモデル化する一方で、痛みの主体的経験の内的一貫性の可能性を脅かす（Bendelow and Williams 1995; Kolářová 2010: 45）。しかし、このような意味のない、避けられるべき近代的痛みに、フラナガンの実践は、挑戦し、痛みを再テキスト化する。快楽としての痛みを足掛かりに痛みの意味の複雑さに目を向けさせるのである。フラナガンらのS／Mパフォーマンスによって、痛みとは、単に個人の身体の内（in）／表面（on）に位置づけられるものではなく、全体の状況的文脈や、痛みの中にいる人と痛みの外にいる人との間の複雑な相互作用に関係するものであることが強調される（Kolářová 2010: 46）。ここで言う、個人の問題としての痛みは、西洋で「啓蒙された」文化的文脈によって作られたものであり、このような痛みは強烈で不快で馴染みのない、さらには自己から「離れた」経験として支配的に言及されている。痛みとは「わたし」の中の「わたしでない」何かとして感じられるのである（Ahmed 2004: 27; Kolářová 2010: 47）。しかしながら、「嚢胞性繊維症」と痛みに襲われたフラナガンの身体は、フラナガンとその女支配者双方に喜びを与え、シェアされ、エロティサイズされた痛みをもつ身体に変わるのである（Kolářová 2010: 48）。つまり、西洋において個人化された痛みは、フラナガンの実践によって解体され、他者と共有される痛みへと変わるのである。

> 痛みは、わたしたちが自身の脳を介して解読する必要がある身体的感覚というよりむしろ、文脈的に定義された複雑な関係であることを表している。フラナガンとローズの「アーティスティック」なパフォーマンスは、痛みを身体の有形性から引き離し、それを、相互関係と個人の偶然的な出会いの領域に…（略）…再度位置づける。要するに、彼らのパフォーマンスは明確に痛みについて、静的な身体の状況として考えることの欠陥を明らかにし、痛みを状況の中の身体とみなす道を与える（Kolářová 2010: 50）。

強調されるべきは、相互作用論者が言うような痛みの「実在性」ではなく、痛みの文脈依存性である。そして状況によって変化する痛みである。フラナガンとローズの例でいえば、他者との相互作用よって個人的なものから他者と共有されるものへと変化する痛みである。痛みとは、文脈依存的に構築されるものなのである。

そしてこの考えはさらに加速する。フラナガンとローズのパフォーマンスが示すように、痛みとは実行されるという意味でも、何らかの効果や変化、反応をもたらすという意味でも実践なのである(Kolářová 2010: 46)。これは、文化的・社会的実践としての痛みにアプローチするとき、問題は、もはや痛みとは何か、どのように、どこでそれは感じられるかに焦点をあてることではなく、むしろそれは、痛みが何をするかのエリアにシフトしていると考えることができる。結果、痛みはどんな影響を引き起こすか、痛みはどんな肉体を生み出すかという考えに至るのである(Kolářová 2010: 46)。しかし、このように、痛みがどのように構築されるかから、痛みによって何ができるかという議論へ進んでいくことは適切なのであろうか。フラナガンの例は極端なものである。医療的言説によって作り上げられた痛みへの挑戦として、喜びとしての痛みの提示まではわかる。実際、痛みの社会構築性には目を向けねばならない。そして、後述するが、障害者の痛みは社会的に構築されたものであるという言及は、障害者の痛みの軽減・解消の観点から「有用」と思われる。したがって、ポスト構造主義者が言うであろう、「障害とは、歴史的・文化的・社会的文脈によって左右されるので、一義的に答えを出すことはできない」という言及の背景理論からとった「障害とは社会的に構築されたものである」という定義も「有用」であろう。けれども、痛みを積極的に利用し、それによって身体を変化させるところまで行くと、「痛いものは痛い」と苦痛を耐え忍んでいる多くの障害者は取り残されてしまうのではないだろうか。痛みを喜びに変えることは時と場合によって可能かもしれない。しかし、それを手放しで称賛するのは危険である。合意を前提としてという説明があったとしても、それを無視し、他者が痛みを強制的に加えることはないだろうか。自ら、痛みの変化を期待して、本来解消できる痛みを耐え忍ぶことはないだろうか。ある当事者が別の当事者に痛みの喜びを強いることはないだろうか。フラナガンの例を不当な言説を変えるきっかけの一つとしてとらえるのならばよいが、これを広く妥当なものとして浸透させようとすることには抵抗を感じる。痛みを超越し喜びに変える実践は、先述したジーバースのスチールの補足具から人間を超越したサイボーグを夢みる思考と共通点があるように思われる。どちらも、日常的な世界における障害者の苦悩を置き去りにし、彼岸をみているように思われるのである。特殊な事例を取り出し、そこに夢をみているのではないか。大多数の障害者にとってはやはり「痛いものは痛いのである」。フラナガンのような例を参考にし、自身の痛みを超越できるならばそれはそれで一向にかまわない。しかしそれができない、またそれを望まない人までをも巻き込むことはできない。医療的言説に従い、痛みを避けるべきものとして受け入れているならば、まずはその痛みを処置することからはじめるべきである。多くの人によってそれが十全になされた後にこそ、このような「神話」

は意味のあるものとなるかもしれない。しかし、それまでは、やはり、障害者の痛みのある部分は「実在」と定義し、医療を行う方が適切だと思われる。障害定義も障害者の痛みの語り方も変えられるのである。そして、今は、まだ障害者の痛みを社会的構築だけから語り、痛みを積極的に利用する段階には達していないと考える。まずは多くの障害者が訴えている痛いという言葉に素直に耳を傾けるべきではないだろうか。

3-2-3 障害者の痛みの「実在性」と構築性を等しく認める

第I部でみた、障害の社会構築的側面と「実在的」側面の双方を等しく認める論考のうちの一つであるフィーリーのものが、障害者に関する痛みの考察を、架空の事例を通して行っている。北アイルランドの町ラスベグで障害福祉サービス（disability service）を使用しているトムの事例である。トムは、赤い自転車に乗って郊外の道沿いを走っている。地元のスーパーに向かっているのである。トムはそのスーパーの支援付き雇用（supported employment）の面接を受けるつもりである。そこに突然予期せず、一匹のジャック・ラッセル（犬種）が、道に突進してくる。トムは急ブレーキをかけ、自転車のハンドル越しに投げ出される。これがトムに起きた事態である。トムにとって、自転車から落ちたことのショックとコンクリートにぶつかったことで削られた肉ときしむ骨の痛みは、身体化・具現化（embodied）した感情と感覚の前言説的領域に属する。他方で、起き上がって二、三秒後、トムの声に出さぬ独り言（ジーザス、手のひらが切れた！ すごく深そうだ……シット！ 前輪もダメに‼）を通して流れる思考は、感情・感覚ではなく、言説に属する（Feely 2016: 872）。フィーリーは、身体化・具現化した感覚と感情は、言説の外にある一方で、言説と複雑な関係を保つと言う。身体化・具現化した感情や感覚はときに言説的思考に先立つ一方で、言説的思考は身体化した感情や感覚を誘発し得るのである（Feely 2016: 872）。

フィーリーはこの感覚・感情と言説の関係を、当然、「事実」として記述している。「事実」との対応という意味での「真理」のフェーズで議論をしているのである。痛みとは、「事実」として、言説と「実在」の相互作用なのである。そこには、痛みが理論体系・信念体系に依拠して異なる理解に行き着くという視点はない。痛みの定義の「有用性」のフェーズでの議論ではないのである。

さて、トムの例に戻ると、トムは曲がった前輪を調べている間、考えるかもしれない。「運転できない。ジーザス、面接を逃してしまう」。これらの考え（言説に相当する）は、副腎からのアドレナリンの放出のような生物学的プロセスを誘発するかもしれない。例えば、心拍数や恐れの感情を増加させるかもしれない（Feely 2016: 872）。加えるならば、この生物学的なプロセスがさらに負の言説を生じさせるであろう。そして、結論としてこう結ばれる。多分、感情と言説を異なるものであるが、必然的にリンクし、相互的に影響し合うものとみなすことが最も生産的である。そうすることで、わたしたちは単純に障害の言説的アカウントを超えていくことができるし、また、痛みを含む直感的な（visceral）経験の重要性を考慮することができる（Feely 2016: 873）。

フィーリーは痛みについて、言説と「実在」に同等の価値を置き、痛みは双方の相互作用から成り立つとするのである。しかし、この例における言説は一見すると、心理的なものに限定されていて、社会的・文化的に構築された言説とは関わりがないように思えるかもしれない。だが、これを日本の場合に置き換えてみると、障害者の雇用が厳しいのは、社会的・文化的言説の影響であるし、その雇用を逃す不安は、もとをたどれば社会的・文化的言説に行き着くことがわかるであろう。フィーリーのこの相互作用という考えは重要である。実際、障害者の痛みの理解には言説と「実在」双方が不可欠である。ただ一点問題なのは、先ほどもいったように、フィーリーは、障害者の痛みが何であるかを「事実」との対応という意味で「真理」から明らかにしようとしていることである。相互作用という言葉は、さまざまな事象を説明する際に使い勝手がよく、ともすれば何であれそこに還元できてしまう。しかし、そもそも、相互作用という語の意味自体、一義的に定まらない。それを考えるとフィーリーの理論に依拠する相互作用であり、同様にフィーリーの理論による痛みであることは免れ得ない。ある言葉が何であるかを、「事実」から説明するのは、困難なのである。それにもかかわらず、痛みが言説と「実在」の相互作用であるという「事実」として扱われてしまっている。これでは再び「事実」をめぐる、引き下がれない争いに陥ってしまう。「事実」として「障害者の痛み」を相互作用と固定してしまうと、それとは相いれないが、障害者の痛みの軽減・除去という観点からは「有用」である障害者の痛みの定義が使えなくなってしまうのである。つまり、「事実」との対応という意味で「真理」に訴えると、どれだけ「有用」な定義であろうとも、整合性が取れない定義を用いることができない。なぜなら「事実」は一般的に一つと考えられているからである。「事実」の問題として、あるものが何かを問うことは、「事実」を背景としているだけに、かえって互いに譲ることができない。それならば、「有用性」の観点から何が真であるかを決める方が、確固たる拠り所がない分、妥協の余地があり、障害当事者の痛みの軽減・除去等つながるのではないだろうか。そこで、以下では「真理」の問題としてではなく、「有用性」の問題として、痛みをどう扱うかをウィトゲンシュタインの考察を通して示すことを試みる。先述したように無印の痛みからはじめることは、障害者特有の痛みの考察へ範囲を広げることとなる。

3-2-4　痛みという語は「痛み」の感覚から束縛を受けない

そもそも痛みに対してどのようにアプローチすべきだろうか。まず、わたしたちが痛みにもっている一般的な想定からはじめる。この想定をシュテークミュラーは、以下のように記述する（この項で、カッコ付けされている『痛み』は、前言語的な『痛み』を意味するために用いる。ただし引用文ではそれに忠実にカッコを用いる）。

> おのおのの人の体験はその人自身の私的な問題である。いかなる他人も私の意識の中に入ってきて、私の体験をすることはできない。私はただ、自分自身の場合にのみ経験することができるのである。自分自身が受ける痛みがおのおのの人にとって、痛みという一般的概念を抽象するためのただ一つの体験的基礎となるのである。それ故にまた、「痛み」という語は、私にとってのみ、私自身が痛みを経験したという理由によって、意味のある表現なのである（Stegmüller=1981: 322）。

この想定は受け入れやすいであろう。「痛み」とは「私的」なものであり、わたしだけが経験できるものであり、わたしが「痛み」を感じ、痛いというのはその限りにおいて意味がある。これが、一般的な「痛み」についての想定である。この想定を疑うことは、それほど容易ではないように思われる。しかし、ウィトゲンシュタインはこの想定を覆す。

さて、上記の想定は、次のように言え変えることもできる。さまざまな人たちが痛みという語を用いるが、この語は、その人が自分自身の「痛み」の体験に直接に言及することによって、すなわち、彼ら／彼女らが自分自身の「痛み」の体験の表象にその語を結びつけることによって、有意味となる（Stegmüller 1978: 657）。しかし、この考えは一八〇度転回されねばならない。つまり、「痛み」という「私的な体験」を公共的言語に「結び付ける」という考えは、前もって公共的言語に属していることによってのみ、痛みのような私的な体験について語ることができる（ただし、生の

「痛み」のような「私的な体験」については語ることはできない、いやむしろ語ることしかできない）という考えに転換されなければならないのである。シュテークミュラーは以下のように言う。

> 語ることに意味がある唯一の言語は相互主観的で公共的な言語である。感覚語もまたこの言語の一部である。そしてじつ最初からそうなのである。それはもともと私的な意識の世界の出来事を指示するために用いられていたのが、後になってから初めてこの公共的言語の一部となったのではない（Stegmüller=1981: 342）。

これをより具体化するために、まず、痛みという語が学ばれた状況を考えてみる。それは、大人が、子供にどのように自然な痛みのふるまい（叫ぶこと、泣くこと）を言語によって置き換えるべきかを教えるというような状況である（Stegmüller 1978: 663）。このことは、以下のようなことである。

もし、自然的な前言語的の（ママ）痛みの行動がないならば、外から見られうる痛みの表出がないならば、言語的な痛みのふるまいが学ばれうるとは考えられないであろう。「痛み」およびそれに類する語はドイツ語の有意味な表現ではありえないであろう。なぜならば、私たちが

「自然的な」痛みのふるまいと関係を持つことによってはじめて、学習者に「痛み」という語の意味を説明することができるのであり、つまりは彼にこの「痛み」という表現の用法を教えることができるのだからである（Stegmüller=1981: 344)。

このように痛みと言う語は、表にあらわれているふるまい、そのふるまいがあらわれた状況と関連付け学ばれていく。では、上記の説明において、「私的な感覚」である「痛み」は必要であろうか。関連付けられたのは、表にあらわれているふるまいと痛みという語である。「痛み」という「感覚」と痛みという語ではない。

より明確に「痛み」と痛みが対応しているとは言えないことを示すため、次にウィトゲンシュタインによる『哲学探究』（黒崎訳では『哲学的探究』）の中の有名な例を用い、言語習得以前もしくは習得途中の学習者ではなく、言語習得者について考えてみる。この言語習得者はある「感覚」を体験すると、Eという記号を記すと決める。今そのある「感覚」を体験し、Eという記号を記した。この言語習得者は、未来において、Eと記すときは、今の「感覚」を思い出し、それが「同じ」であれば、再びEという記号を記す。時が経ち、言語習得者はEと記した。しかし、このとき言語習得者は「同じ」「感覚」を体験したと言えるだろうか。実は、以前とは別の「感覚」を体験した（もしくはまったく何の「感覚」も体験しなかった）にもかかわらず、Eと記したということはないだろうか。言語習得者はたしかに「同じ」感覚を体験したと言う。しかし、それが実際に「同じ」であるか、「同じ」ように思われるだけか区別のしようがないのである。言語習得者の記述したEが「同じ」ある「感覚」を名指していると正当化する根拠は何もない。Eを正当化するような文脈や状況、背景がないのである。この文脈や状況、背景とは例えば、「文法的ないしは論理的関係であり……言語的協約に関連することである」(Hacker=1981: 278)。つまり、Eという私にしか理解できないような私的言語は、それに関連付けられEを判断するための人々に共有された言語的な背景が欠けており、孤立してしまっているために、Eが「同じ」ある「感覚」を名指しているということを正当化する、有意味にする根拠が何もないのである。したがってEはある「感覚」を名指しているとは言えない。

先に示した「『痛み』という語は、私にとってのみ、私自身が痛みを経験したという理由によって、意味のある表現なのである」(Stegmüller=1981: 322, 傍点筆者)という立場からすると、痛みという語も「痛み」という「私的な感覚」をあらわす私にしか理解できない私的言語となる。しかし、上記から、Eのような私的言語は否定される。したがって、上記の想定もまた否定されることとなる。シュテークミュラーは以下のように言う。「この表現の正しい理解のためにはまた、話し手が表現に結びつける或る表象の体験(『痛み』の体験)が不可欠である、という見解から自由でなければならない」(Stegmüller=1981: 344)。「心的な痛み」を基礎とすることなしに、痛みのふるまいと痛みという語は結びつき、公共的に機能する。したがって、最初に述べたように、痛みのような私的言語は、もともと公共的言語に外ならず、「私的で心的な痛み」から、痛みという私的言語が生じ、それが公共化されたわけではないのである（だからといって、「痛み」を否定するつもりは毛頭ない。それは本書が「事実」を否定するつもりは毛頭ないのと同様である）。結果、痛みと「痛み」は対応しているとは言えない。シュテークミュラーの以下の記述はそれを示すものである。

その人は、『痛み』という語が何を意味するかを覚えていることができず、そこでまたしても他のものを『痛み』と呼ぶのであるが、しかし、それでも、痛みの通常の徴候と痛みを推察させる事柄に一致して、すなわち、私たちがみんなそうするような仕方で、『痛み』という語を用いるのである（Stegmüller=1981: 344, 傍点筆者）。

痛みを語る際に、「痛み」との対応がなくても十分なのである。痛みを語る際、痛みという公共の語とそれに対応する「私的な痛み」を想定する必要はない。ウィトゲンシュタインを批判的に解釈したハッカーは、以下のように述べる。

わたしたちは常に自分の意識の流れから痛みという感覚を『抽出し』、それに名を付けることができるという幻想に陥ってしまう。しかし、『それを抽出すること』はすでにわたしたちがその概念を所有していることを前提としているのであるから、そのことはわたしたちのその概念の習得の説明に役立たない（Hacker 1972: 235）。

つまり、わたしたちは、先に「痛み」という感覚があって、それに対応させて痛みと名付けたわけではないのである。逆に痛みという概念をもっていたからこそ、感覚的な痛みについて語れるのである。「痛み」から痛みという概念を習得したわけではない。そうすると、「痛み」の感覚が痛みという語と対応しているとは言えないこと、そして痛みを語る際、そのような対応を想定する必要はないことが、ハッカーの説明からも裏付けられることとなる。

痛みの語りは「痛み」の「感覚」から束縛を受けない。そうであるならば、例えば、その語りは「有用性」に鑑みて決めることもできるはずである。つまり「痛み」とは何かという視点から「痛み」を語るのではなく、「痛み」をどのように語ることが「有用」かという視点から、痛みを語ることが可能となるはずである。これは第I部でみた障害をどう定義するかと同様の議論である。「痛み」もやはり、「事実」のフェーズではなく、「有用性」のフェーズで議論することができるのである。

3-2-5　障害者の痛みをどのように語っていくべきか――モリスの場合

痛みという言葉を用いるのに、「痛み」という感覚は必要ではない（以下、痛みは語りであることが明らかになったので、感覚としての生の「痛み」を特別に意味したい場合以外は痛みにカッコをつけない）。それがなくとも痛みを語ることはできる。したがって、以下では、痛みをどのように語っていくべきかが問題となる。はたして、障害者の痛みと関連付けて、痛みはどのように語られるべきであろうか。その鍵となるのが、「急性疼痛」と「慢性疼痛」であり、「意味のある痛み」と「無意味な痛み」である。

痛みとは損傷部位から脳に至る神経による著しく複雑な信号にすぎないと、信じることは容易いと、モリスはイントロダクションで述べる（Morris 1993: 1）。モリスは『痛みと文化史』の全編を通じて、現代社会の痛みに対する、科学的世界観を背景とした医学的アプローチへの偏向に批判的である。そしてこの書物が痛みの歴史的・文化的・心理社会的構想の探究であることを明言する（Morris 1993: 1）。なぜ、モリスは痛みの文化的・社会的構築性を訴えるのか。その理由の一つとして、現代において、医療関係者の言説が圧倒的な力を持っていることがあると思われる（Morris 1993: 5, 19, 20）。そして、「最も頻繁に無視されているのは患者たちの声である」（Morris=1998: 4）とモリスは、患者主体の立場を明らかにする。

モリスがこの著作において主張したかったいくつかの点を抜き出すと、まず、旧来の西洋医学は、痛みは一つの感覚、一つの症状、一つの生化学の問題にすぎない、という誤った解釈へたえずわたしたちを導いてきた、という主張がある。次に、慢性の痛みは、不可視で、計り知れない、現代生活の中核的危機を構成しているという主張がある（Morris 1993: 5）。そして最後に、わたしたちが痛みをどう理解するかという責任を取り戻すならば、痛みを緩和する力も回復できるという主張がある（Morris=1998: 9）。本書はこれに加え、痛む者が、痛みのために孤独を強いられ、無力にされ、追放されているという主張も重要視したい（Morris=1998: 10）。これはいくらかの障害者の状況と重なるものがあるからである。

それではまず、単なる西洋医学的モデルからは把握できない、痛みの文化的・社会的構築性について詳しくみていく。モリスは言う。「今日、わたしたちの文化は自ら進んで、ほとんど感謝しながら、と言ってもいいくらいに、痛みを説明する仕事を医学に譲り渡してしまった」（Morris 1993: 19）。確かに、今日の医学は、痛みの文化的・社会的構築にあまり関心を寄せていない。しかしながら、わたしたちは、時間を超越した、つまり普遍的な現象として痛みに出会うのではないのである（Morris 1993: 43）。だが、一口に痛みの文化的・社会的構築とは言っても、さまざまな切り口が考えられる。その中には、「痛みの感じ方」の文化的・社会的構築も含まれるであろう。例えば、次のようないい方がされる。「痛みもまた、わたしたちを社会の中に位置づけている。その社会においてわたしたちが何を感じるかは、文化や他の人々の反応に学んだことから解放され得ない」（Morris 1993: 14）。わたしたちが感じる痛みは、似たような生物学的原因があれば、似たようなものであると思われるかもしれない。しかし、同じ疾患や障害であって、損傷の部位や程度が同じであっても、文化や社会の痛みに対する考え方が異なれば、感じる痛みの強さも種類も異なってくるのである。痛みは、単純に医学のみに限定された問題ではないし、単なる神経システムの処理に還元されるものでもない。また痛みの体験も、性別・宗教・社会階級のような強力な文化的力によって形成されている。それは罪悪感・恐怖・怒り・悲嘆・抑うつのような心理学的、情動的な状態によって、強化――ときには創出さえ――されるのである（Morris 1993: 20）。この痛みの感じ方の文化的・社会的構築という考えは、重要である。社会階級、恐怖、怒り、悲嘆、抑うつ等によって、痛みの感じ方が違う。そして、障害者は、障害者という独自のカテゴリーとして括られ、障害者として恐怖や怒りを抱え、大抵の場合、低い社会階級に抑え込まれている。つまり、痛みの感じ方は多様な文化的・社会的要因に左右され、かつ、障害者は独自のカテゴリーに押し込められ他のカテゴリーとは異なる文化的・社会的背景をもっているのである。そうすると、ここから障害者には、障害者特有の痛みがあるという結論に至るのではないか。障害者は一つのカテゴリーとして、他と区別されている。それゆえに障害者特有の痛みを感じているのである。もちろんこれは、唯一の「事実」としてそうだと言いたいのではない。先述したように、「痛み」がこういうものであると、「事実」としての「痛み」を語ることはできない。そして、本書は、モリスの理論に則り、痛みとは文化的・社会的に構築されるものであり、障害者特有の痛みが文化的・社会的に構築されているということが、社会の不当な言説実践を糾弾できる点で、障害者にとって「有用」であることから、「有用性」のフェーズで真であると考えるのである。障害者の痛みは、他のカテゴリーがもつ痛みと変わらない。障害者が感じているのも無印の痛みだとするならば、不適切な言説を糾弾することはできない。健常者中心の文化が、障害者に独自の痛みを感じさせ、無印の痛みより激しい苦痛を負わせている。したがって、障害者の痛みは社会的に構築されたものである。このように語り、「障害とは社会的に構築されたものである」という端的な定義を用いることで、不適切な言説の糾弾という目的は達成され得る。その場合、その障害定義は、目的を達成するために「有用」であるので、真となるであろう。障害は文化的・社会的に構築されたカテゴリーであり、それゆえに、彼ら/彼女らの痛みもまた、文化的・社会的に構築され、単なる無印の痛みでは説明できない痛みとして経験される。それは例えば、他者が障害者というカテゴリーで一括りにされた者を異質なものとして凝視するとき、自らの障害が浮き彫りにされ、障害として括られていない他者同士が交わす視線からは生まれ得ない障害者特有の痛みが感じられる、というようなことである。この場合の痛みは、障害者を障害者として独自の負の意味づけのもと処遇する社会によって構築された痛みであり、それは精神的/肉体的というような区別のできない痛みとして彼ら/彼女らに襲い来る。

次に、急性の痛み（急性疼痛）と慢性の痛み（慢性疼痛）をどのように語ることが、「有用」であるかを検討する。まず、急性の痛みとは、モリスによると、「それ以上わたしたちが傷つかないように保護してくれるという、誰にでもわかる機能」（Morris=1998: 118）を有している。例えば、熱いストーブから手を放すように警告を発すること等がそれにあたる（Morris 1993: 70）。もっとわかりやすく言うならば、どこかに足の小指をぶつけたとか、転んで骨を折ったとか、はっきりと原因がわかり、医療が効をなすことが多い痛みである。このような急性の痛みの扱い方に、医師はかなり精通しており、彼ら／彼女らは、それに関する大抵の基礎的なメカニズムは理解している（Morris 1993: 70）。

対して、慢性の痛みとは、「生物学的な目的がない」、「何も解決しない。まったくの地獄である」（Morris=1998: 118）、「何か月も何年もつづく痛みはあらゆる人の我慢と善意をすり減らしはじめる」（Morris=1998: 123）等といわれる。モリスはこの慢性の痛みに焦点を当てる。結論から言うと、慢性の痛みが社会的構築と密接な関係があるからである。しかし、興味深いのは、モリスはこの双方の痛みを、本質的に異なるとしながらも（Morris 1993: 69）、完全に分離したものとはとらえずに、「連続体」の両端ととらえるのである。「たいがいの慢性の痛みは、器官の器質的な損傷からはじまっている。ところがこの痛みは、最初の傷や損傷が治癒した後にも長期間持続し、もっぱら中枢性の、脳の指揮下におかれた慢性状態に変化する」（Morris 1993: 166）。この痛みの連続体という考えを、モリスは意味の問題に結びつける。「実際、痛みは、完全な無意味と充実した意味の両極のあいだを移動しつつ存在している」(Morris 1993: 35)。モリスは、痛みの連続体の、充実した意味の側には、慢性の痛みがあり、まったく無意味の側には急性の痛みがあるとするのである。ただし、一時的な打撲や打ち傷もまったく無意味というわけではなく、それらにもきわめて小さな意味があるとする(Morris 1993: 35)。そして、急性の痛みから慢性の痛みへというように、痛みは「変動性」をもつ。痛みは変化しない特性を有しているのではなく、ちょうどその意味が変化をつづけるように、無意味と有意味の両極のあいだを動き続けるのである(Morris 1993: 36)。

これらの記述から、障害定義と関連した、ある「有用」な障害者の痛みへのアプローチが導き出されると考える。まず、二つの極の一方、モリスが批判の対象とした近代医療となじみ深い急性の痛みに着目する。近代医療によって取り除かれるべき無意味な側の痛みとして描かれるこの急性の痛みは、しかしながら、障害者の日常にとって慢性の痛み同様、切実な痛みである。薬物や医療で緩和・解消される痛みを抱える障害者がいることは、誰も否定しないであろう。手術で解消される痛みを抱え、それによって痛みが緩和された障害者や、医学的原因が明確で、そこに直接働きかける薬物の使用で痛みが解消された障害者は数多くいるはずである。もちろんこのような処置を、医療的言説への抵抗、実験的な医学的介入への嫌悪、そのような介入による後遺障害への不安や恐れから認めない人もいるであろう。しかし、一方で、今ある痛みを緩和したいと切実に願う人もいるのである。そうすると、この急性の痛みは慢性の痛みと同程度に適切な説明が与えられるべきものだと考える。それでは、この急性の痛みをどのように語ることが、「有用」であろうか。この急性の痛みは、医療的言説の背景にある自然科学の理論体系から語ることが「有用」であると考える。つまり急性の痛みは「実在」する。だからこそ、その「実在」に医療は働きかける。急性の痛みを社会的構築としてしまうと、医療と折り合いが悪い。急性の痛みが社会的に構築されたものであり、本来存在しないとするならば、なぜ、医療を受けるのか説明がつかないのである。したがって急性の痛みの場合、相互作用論者がその基礎においてそうみなしているように、「障害とは実在である」という定義を用いればよい。そして、ここでの果たすべき目的は、障害に起因する急性の痛みの軽減・解消である。

それでは、次に、連続体の極ではない痛みについてはどのように語るべきであろうか。これは、実在と社会的構築の相互作用であると語るべきであろう。そしてその際の障害定義は、障害とは「実在と社会的構築の相互作用である」という相互作用論者のものとなる。障害者の痛みの連続体の多くは、この痛みの語りと障害定義から説明されるのが「有用」であろう。なぜなら、こういった痛みには、医療による痛みの緩和と、意味構築による痛みの緩和、双方からのアプローチが必要と考えるからである。

最後に、連続体のもう一方の極、障害者の慢性の痛みについてはどのように語るべきであろうか。慢性の痛みは、「必然的に意味と出会わざるを得ない」（Morris=1998: 43）とモリスは考えている。それは、つねに特定の時と場と人に属しており、社会、および、個人の複雑な解釈体系から解放されることはない（Morris 1993: 29, 34）。

神学的であれ、経済的であれ、科学的であれ、心理学的であれ、公式・非公式な思考体系のなかに位置づけられて、痛みは意味を与えられ、解釈される。そして痛みが解釈されるとおりに、私たちは痛みを体験する。私たちが世界の意味を理解するのとまったく同じやり方で、痛みの意味を理解する際には、痛みは私たちが気づかずにもっている信仰や価値をあらわにしてくれることさえある（Morris=1998: 76）。

慢性の痛みは、社会における各人の信仰や価値によって変化する。そうすると、慢性の痛みについてどう語るべきか自ずとみえてくる。障害者の慢性の痛みは社会的に構築される、そう語るべきである。近代以降の医療的言説から、痛みは、解消すべき無意味なものとなった。したがって、慢性の痛みから意味がはく奪された状態が続いている。そのため、慢性の痛みは不可解な痛みとして取り残される。しかし、慢性の痛みは、多様な意味と関連付けられ、それが再構築されることで、解消される可能性のあるものなのである。障害者で慢性の痛みをもつ者は多いであろう。例えば、後述する熊谷も自身が経験した慢性の痛みについて語っている。慢性の痛みは、それから多様な意味が剥ぎ取られたことで、治癒困難であり、「不可視で、計り知れない、現代生活の中核的危機を構成」(Morris 1993: 5) するようになってしまったのである。これらを踏まえると、障害者の痛みの連続体の一方の極である慢性の痛みが、障害者特有の痛み同様、障害者に対する不適切な言説により構築されると語ることは「有用」であろう。その場合、「障害とは社会的に構築されたものである」という障害定義を選択することとなる。

さらに以下では、慢性の痛みの考察の延長線上にある痛みによる孤独について考察を試みる。モリスは以下のように述べる。「痛みはわたしたちの仕事を妨げ、病人の役割を押し付け、友人を遠ざけ、隔離された独房に閉じ込めることもある」(Morris 1993: 14)。痛みによる孤独は、急性の痛みではなく、慢性の痛みに顕著であろう。急性の痛みであれば、何らかの対処をすれば多くの場合緩和され、もしくは、解消される。しかし、慢性の痛みは、医学的処置が効をなさない場合が多い。慢性の痛みによる孤独は、次のように的確に表現される。

> 慢性の痛みの患者がすぐに発見するのは、自分たちの泣き言(痛みと同じで、もしかすると終わりがないこと)がしばしば、家族や友人や主治医を疲れさせ、いらだたせ、最後には遠ざける結果になるということである。したがって、多くの患者は身を守るための孤独に退却することを覚える。彼らは人との交際を断つ(Morris 1993: 72)。

慢性の痛みをもつ障害者は、このように孤独へ陥っていくことがある。もともと、障害者というだけで、社会から孤立を余儀なくされている人もいるであろう。その場合、慢性の痛みは、社会からもたらされた孤独に追い打ちをかけるように、さらなる孤独へと至らしめるのである。そうすると、障害者は、社会的処遇による孤独に加えて、痛みによる孤独という「二重の深い孤独」を抱え込まなければならないこととなる。慢性の痛みが意味と密接に結びついており、社会的に構築されることを踏まえると、この「二重の深い孤独」は同じ社会的なものから生じるという点で、区別ができないほど絡み合って、社会的なものの影響下にある。「慢性の痛みは、しばしば断絶の壁を築きあげるように思われる」（Morris=1998: 124）。この「断絶の壁」を築き上げているのはわたしたちの社会である。もちろん責任を帰せられる社会には障害者自身も含まれている。障害者の中に反映された健常者の価値観も、障害者自身を排除する。ただし、健常者の価値観は健常者由来であることは忘れてはならない。そしてさらに悪いことに、長びいた慢性の痛みは、自己の解体への脅威となり、それは、言葉のない非社会的領域に通じている。そこではあらゆる意思疎通が脅かされ停止させられるのである（Morris 1993: 72, 73）。このような世界で人間が暮らすことはできるであろうか。言葉のない領域で生きることは人間に可能であろうか。どうすれば、このような孤独から脱することができるのであろうか。これがモリスの「私たちが痛みをどう理解するかという責任を取り戻すならば、痛みを緩和する力も回復できる」(Morris=1998: 9) という主張へとつながる。

社会的排除と慢性の痛みによって「二重の深い孤独」に陥った障害者は、意味よって回復できる。慢性の痛みへの意味付けが「二重の深い孤独」をもたらす痛みからの回復へとつながるのである。近代以降の医療によって無意味化された痛みに意味をもたらすことによって、痛みは緩和されるのである。モリスは以下のように言う。痛みがもたらす孤独は否定しようがない。だからこそ、痛みはつねに社会的であると認識することが重要なのだ。今わたしたちは排除され疎外されていると感じさせる文化こそが、おおむねにおいて、わたしたちの感じる痛みを構成し形づくってきたのである (Morris 1993: 38)。この記述は、モリスが無印の痛みに関して考察したとは思えないほどに、障害者の痛みに当てはまる。障害者に排除され、疎外されていると感じさせる文化こそが、障害者特有の痛みを構成し形作ってきたのだ。社会的に排除され、疎外されているからこそ、障害者特有の痛みが生じる。そしてそれによって孤独がもたらされ、社会と断絶するのである。障害者への排除と、痛みの無意味化が相まって、障害者は「二重の深い孤独」に陥るのである。そして排除と痛みの無意味化双方ともに近代以降の医療的言説が大きく影響している。障害者排除への医療的言説の影響は第Ⅰ部でみた。それに加えて、障害者の慢性の痛みにも医療的言説が関係しているのである。これらの言説の転換がなされ、新たな、もしくは、医療化される以前の意味付与がなされることが、障害者特有の慢性の痛みからの回復につながるのである。そしてその結果として、「二重の深い孤独」からの回帰に至るのである。モリスは、これについて次のようにまとめる。痛みの意味は、安心させてくれる説明や魔術的な治療を医学が与えられる限り、問題にならないように思える。しかし、何度やっても治癒しなかったり、説明が明らかにものたりなかったりすると、わたしたちは、以前にもまして真剣に絶望さえしながら、もう一度、潜在的な意味の問題に直面しなければならなくなるのである（Morris 1993: 31）。付与されるのは、当人が納得できれば、神話に由来するような意味でもよい。例えばそれは、頭痛や腹痛等の病の原因は悪魔が憑いているからであり、呪術師が悪魔祓いの儀礼をすることにより癒される（上田 2010）、というようなものでもよいのである。再構築される痛みの意味もまた社会的・文化的影響下にある。重要なのは、障害者の慢性の痛みが私的なものとして構築されたことに注意を向けさせることである。そして痛みを再度社会化し、孤独から回帰することである。慢性の痛みに意味を付与し、それを社会と連関させるのである。現在はまだ、障害者の慢性の痛みは、社会によって私的化され、孤独に至る道を回避できていない。それを回避するためにも、障害者の慢性の痛みは公共化されるべきである。これははじめに提示した社会的に与えられた障害者特有の痛みにも言えることである。というよりも、障害者特有の痛みと障害者の慢性の痛みはもはや区別できるものではない。「痛みを個人の感覚から公のイメージへと変化させる」（Morris=1998: 83）。痛みの語り方の転換が必要なのである。ある種の痛みは個人が抱えるものから、社会的な意味付けをし、また、社会的なケアをすべきものへと変化させなければならない。そしてそのためには、「わたしたち固有の文化に浸透している痛みに関する理解を変化させる働きかけ」（Morris 1993: 286）が重要となってくるであろう。それは、慢性の痛みを与えた社会を糾弾する運動かもしれないし、「草の根運動的対話」かもしれない。障害者の痛みを考えるうえで、痛みの公共性を抜きにすることはできないのである。

3-2-6　障害者の痛みをどのように語っていくべきか――熊谷の場合

ここからは、より具体的に、障害者の急性の痛み、慢性の痛みを検討するために、熊谷の論考をみることとする。まず、熊谷の急性疼痛と慢性疼痛は、それぞれモリスの急性の痛み、慢性の痛みに相当する。「急性疼痛」とは、「組織のある部位に、体の恒常性を乱しかねない『損傷』や『炎症』があることによって引き起こされる痛みのことで、それらの構造的な原因がなくなれば消える」（熊谷 2013: 228）。一方、「慢性疼痛」とは、「組織にそういった構造的原因がなくなったにも関わらず残ってしまう痛み」のことであり、「そのメカニズムについては不明な部分も多いが、大まかにいえば、損傷や炎症からくる痛みの刺激が消失した後にも、神経系の中に『痛みの記憶』が残ってしまう状態のことである」（熊谷 2013: 228）。熊谷は慢性疼痛を、モリスより具体的に、「痛みの記憶」として記述する。ただし、表現方法は異なっても、慢性疼痛が意味と関わっていることは両者が認める所である。主に意味付けられていない記憶こそが、痛む記憶なのである（熊谷

2013: 229)。しかし、ここで言う「意味」とは何であろうか。モリスは「意味」そのものを問う作業にはあまりコミットしていなかったように思われる。一方で、熊谷は明確に「意味」を定義する。

Aという事象の意味は、どのようなときに与えられるのだろうか。事象Aが単体で意味を持つということは考えにくい。少なくとも、Aとは区別しうる他の事象「非A」が認識されていなければ、Aは輪郭を保てない。さらにいえばAの意味は、Aと非Aの差異だけでは十分に与えられず、Aに先立つBという事象と、Aに続くCという系列に挟まれて、「B→A→C」という因果系列を信憑できたときに与えられるだろう（熊谷 2013: 234)。

このアルファベット記号を具体化すると、例えば、事象（A）「動く右手の体性感覚情報」、事象（B）「右手を動かそうと運動指令を出す」」、事象（C）「動く右手の視覚情報」等に置き換わる。（A）の意味は、先行する（B）と、後続する（C）に挟まれて、B→A→Cという因果系列を信じることができたときに与えられるのである（熊谷 2013：235)。また、慢性疼痛に与えられる「意味」とは、「事象間の連鎖が反復して起こるような秩序」の中で見出されることとなる（熊谷 2013: 234)。しかしながら、慢性疼痛に与えられる意味は、何も自然科学的な「予測モデル」によってのみ与えられる必要はないであろう。熊谷の自然科学的な「予測モデル」は、近代以降の医療化された社会では効を奏することが多いであろうが、それ以外の社会では、むしろ神話や宗教的な語りが効を奏することも十分に考えられる。

熊谷の理論に沿って話を続けると、痛みとは、予測モデルを裏切る事象、つまり予測誤差が生じる時に起きるものなのである（熊谷 2013: 242）。ここまでが、差し当たり、身体的変化に限定した慢性疼痛の説明となる。この場合、慢性疼痛を緩和・解消する意味付与は、個人レベルでなされ得る。したがって慢性疼痛に関してより重要なのはここからである。熊谷は、身体構造の条件の変化によって、身体の反復構造が揺らぐという個人レベルの問題だけではなく、自分をとりまく世界や他者が無秩序なものだった場合も、その影響が身体的な痛みとして経験されることがあると、痛む者を取り巻く環境レベルの重要性についても語る（熊谷 2013: 243）。

> 痛みを、身体内部の構造的な原因に還元させてしまう思考パターンの危険性が、ここでは指摘できるだろう。自己身体だけでなく、身体の外にも広がるモノや他者についての予測モデルの不安定性や、それら予測モデルを他者と共有させる構成的体制の不在が、「私の身体」に《痛み＝意味を喪失した断片的な刺激情報》となって襲ってくる場合が確かにあるのだ（熊谷 2013: 245）。

この記述における「構成的体制」とは、「モノや他者との連関パターンにおける、ある程度安定した反復構造や、人々によってゆるやかに共有されたその反復構造についての予測モデル」（熊谷 2013: 240）のことである。痛みは環境についての予測モデルの不安定さや、予測モデルの他者との共有不全によっても引き起こされるのである。それではこの予測モデルと関連付けられて慢性疼痛は、どのように緩和・解消されるのであろうか。慢性疼痛から回復するには、予測モデルの更新を行えばよいのである（熊谷 2013: 248）。その具体的な方法の一つとして、「記憶について他人と語り合うなどして意味をつけていく」（熊谷 2013: 229）ことが挙げられる。この方法は、モリスが社会的・文化的なマクロな言説の修正を目指したのに対して、よりミクロ・メゾの実践と考えられる。熊谷によるダルクの当事者研究を例にとって、その過程を簡潔に述べる。ダルクの女性ハウスの当事者研究では、生理とのつきあい方、痛みとのつきあい方、寂しさとのつきあい方等、これまで自分の身体なのに無視し続け、人前で語ってもこなかった身体の声と向き合う。そしてそれを仲間の前で表現し共有していき、共にままならない身体とのつきあい方を探るのである（熊谷 2013: 257）。この実践において重要になるのが、聴衆の存在である。なぜか。聴衆の存在によって、さまざまな他者の語りやまなざしを、自らの語りやまなざしの一部として取り込むことができ、世界を複眼的かつ巨視的にとらえられるようになるからである。すると、それによって、だんだんと「自分の言葉」と呼べるものが出来上がってくる（熊谷 2013: 260）。この「自分の言葉」が痛みの意味付けにとって重要となる。自分の世界体験や身体体験に見通しと共有を与える「自分の言葉」が、自分の日常に、高い予測力で見通しと意味を与え、それを他者と共有することで痛みを鎮める一要素となるのである（熊谷 2013: 260）。

さて、熊谷のこの論考にしたがうと、障害者の痛みへのアプローチはどのようになされるべきであろうか。基本的にモリスのところで考察したことと同様に、急性疼痛と慢性疼痛でアプローチの仕方を変えるのである。ただし、ここでもモリスの痛みの連続体という考えを下地にするのがよいであろう。それというのも、急性疼痛と慢性疼痛を常に二元論的に分けることは、「実在」と社会的構築を常に二元論的に分けること、ひいては、インペアメントとディスアビリティを常に二元論的に分けることと類似しており、議論が再び好ましくない意味での過去のものへと戻っていくことになるからである。それでは、痛みの連続体を前提とすると、障害者の痛みをどう語ることが「有用」であろうか。まず、片方の極に位置する急性疼痛からはじめると、これは、医療が効を奏することが多いことから、その背景にある実在論の文脈で論じるべきである。熊谷が言うように、急性疼痛が、身体内部で生じた侵害刺激による予測誤差を伴った知覚であれば、痛みを個人化し、身体に治療を施すことは理に適っている。そして、予測誤差は、予測モデルと現実（モノ、身体、他者）との間に生じたズレなのであるから、予測モデルを更新しなくても、現実の方を予測モデルに沿う形へ変化させれば事足りるのである（熊谷 2013: 249）。熊谷の自然科学の語によるこの痛みの説明は、急性疼痛に関して非常に折り合いがよい。双方ともに実在論を背景としているからである。障害者の急性疼痛は「実在」であると語り、医療を勧め、それによって、「予測モデル」ではなく「現実」を変えるという説明を与えるのが適切であろう。この場合、障害に起因する急性疼痛は「実在」し、したがって、「障害とは実在である」と定義付けるべきである。目的である障害に起因する急性疼痛の緩和・軽減に沿うならばそれが最も「有用」な定義と考える。

次に、連続体の極ではないところである。これは、連続体の両極である急性疼痛と慢性疼痛が交じり合った痛みである。この種の痛みについては「障害者の痛みとは、実在と社会的構築の相互作用から生じる」と語ることが適しているであろう。そしてその場合、この語りにしたがって、障害とは「実在と社会的構築の相互作用である」という定義を用いるべきである。この相互作用論による説明は、例えば、医療にも文化的記号が混入していることを主題化し、痛みの軽減・除去にアプローチしたい場合等に「有用」であろう。「実在」としての医療は、障害者の痛みの「実在面」に働きかけ、医療に混入した文化的記号としての意味的ケアは、障害者の社会的に構築された痛みに働きかけると説明できるからである。また、医療が、医師の適切な言葉がけや態度によって左右されることを主題化したい場合も、相互作用論者の理論を基本として、そういった言葉がけや態度は、意味的ケアとして障害者の痛みの構築面に作用すると説明することができる。これによって医師の言葉がけや態度が決して疎かにされていいものではないことが明確化できるであろう。

最後に、慢性疼痛である。慢性疼痛に対する対処法としては、身体内部にもはや侵害刺激の発生源はなく、過去の予測誤差の「記憶」が原因であったり、もはや受傷前の身体に戻ることがないために生じている予測誤差（これは障害に当てはまることが多いであろう）が原因であったりする場合には、予測モデルの方を更新するしかない（熊谷 2013: 249）。そして慢性疼痛は、環境についての予測モデルの不安定さや、予測モデルの他者との共有不全によっても引き起こされる痛み、つまり社会的に構築される痛みであり、予測モデルの更新には社会的な意味付与も重要となるのであった。この慢性疼痛は、例えば、以下のように生じるようなものであろう。健常者であれば何気なく行き来することができる往来があるとする。しかし、障害を抱えて間もない人は、健常者向けに整備された環境により思わぬ物理的障壁に遭遇したり、社会的に不当な言説がもたらした他者の不適切な態度（差別的な言動や視線）にさらされたりする可能性が高い。そのため、受傷前の身体をもとにした予測モデルとの誤差が生じる。この誤差が、他者を含む環境の調整が十分になされないままであるならば、慢性疼痛というかたちで生じ得るのである。したがって、熊谷の以下の記述は強調すべきものである。

ただし、ここで重要なのは、受傷後の新しい身体に合わせて、モノや他者といった物的環境が可塑的に変化して新たな連関構造を取り結び直すことなしに、本人の予測モデルが更新されることはないということである。本人一人が自分の新しい体に合わせて予測モデルを更新したところで、周囲の環境が新しい体を受け入れず疎外し続けるなら、せっかく更新した予測モデルも予測誤差をはらみ続けることになる。本人の予測モデル更新のためには、構成的体制の更新も必要不可欠な条件なのだ。受傷後の身体でも生存可能になるよう環境側に働きかける「社会的サポート」が重要になってくるのは、このような局面においてであろう（熊谷 2013: 250）。

ここで言う「社会的サポート」とは「ある程度の痛みは受容しながら、痛みに振り回されずに社会生活を支援していく」（熊谷 2013: 249）サポートである。つまり、障害者の慢性疼痛への対処法で重要なものの一つは、環境に働きかけることなのである。しかしながら、この環境への働きかけも一筋縄ではいかない。環境側が障害者の慢性疼痛を受け入れ、コミュニケーションが成り立ったかのように装う危険があるからである。聴く者が簡単に応答し、容易には物語に回収できない痛みを、ちょっとわかったふうの物語に組み込んでしまう可能性もあるのだ（熊谷・大澤 2011: 47）。それをされると、当人は「あまり簡単にわかられてしまうと、むしろ空々しいもの」（熊谷・大澤 2011: 44）を感じてしまうこともあるであろう。その場合、他者と共同して行われる慢性疼痛の物語化は失敗に終わってしまうかもしれない。それは環境への働きかけの失敗を意味するであろう。それを踏まえたうえでの「社会的サポート」の重要性を熊谷は述べているのである。「社会的サポート」とは痛みをあえて放置することで、他人からは理解したり感情移入したりできないものとしての中核的な痛みへの「真の共感」が形成される可能性を有するものなのである（熊谷・大澤 2011: 45）。そして、「真の共感」はおそらく「信頼にまつわる問題」とも言えるだろう（熊谷・大澤 2011: 47）。そうであるから、環境に働きかけるとは言っても、不安や痛みを、早急に物語化して鎮痛するのではなく、仲間の声を聴くこと、仲間に声を発することから始めることが大切になってくるのである（熊谷・大澤 2011: 55）。このように障害者の慢性疼痛を語っていくことが、障害者の慢性疼痛の軽減・解消、ひいては、痛みに不適切な意味を与えた社会への糾弾という目的に適うこととなるであろう。その場合、用いる障害定義は「障害とは社会的に構築されたものである」という定義である。

そして、この「実在」と構築の対立をきっかけとして生じた複数の語り・定義から、新たな一つの定義が導き出される。これまでの考察を振り返ると、障害者は、常に痛みの中で生きていることがわかるのではないだろうか。障害に起因する急性疼痛を抱えているときがある。そうでなくても、急性疼痛に怯えて生きているときがある。急性疼痛の心配がない場合はどうであろう。慢性疼痛があるかもしれない。それは社会的・文化的に与えられたものである。慢性疼痛もない場合がある。そうすると痛みはないのか。そうとは言えない。社会的に排除された状態は、いつでも慢性疼痛を引き起こす危険をはらんでいる。実際、慢性疼痛を引き起こさなくてもよい。社会的に排除され、文化的に周縁化されていることが、すでに、潜在的な痛みなのである。偶然的に発症しない痛みなのである。障害を語るとき、常に痛みが見え隠れしている。そうすると、「障害とは痛みである」という一つの定義が導き出されてもよいのではないか。障害者が常に痛みを、痛みの種を抱えていることを、簡潔に述べるために「障害とは痛みである」という定義は、「有用」であると思われる。痛みと障害は切っても切れない関係にある。というよりは、やはり、障害とは痛みなのである。痛みの細かい分析をすることはときに、簡潔に訴える力を奪いかねない。その場合「障害とは痛みである」とまず定義付け、それからその理由を説明することは、障害者の痛みの軽減・除去の必要性を社会に簡潔に訴えるという目的に役立つという意味での「有用性」に適っている。「障害とは痛みである」ならば、障害を取り組むべき問題としてとらえず放置することは、痛みを見て見ぬふりをすることに他ならない。そのような行為が認められないことを、ある程度社会的な共通認識にすることは可能なのではないだろうか。もちろん常に「障害とは痛み」であると定義するわけではない。例えば、痛みが何ら関わらない事例においてその定義は「有用」ではないであろう。ただ、本章のような障害者の痛みに関する議論を行う場合には、障害を痛みという放置すべからざる問題として訴えることで、障害者問題を放置することがいかに残酷なことかを認識させることが可能となるのではないだろうか。もちろん「障害とは痛み」であるという定義が「有用」か否かはこれから検討されるべきであろう。ただ、仮にそれが「有用」な場面があるならば積極的に用いていくことが必要なのではないだろうか。

3-3　小括

本章では、まず、わたしたちが感じる痛みは、多様な社会的要因に左右されることを示し、そこから障害者は独自のカテゴリーに押し込められ、他とは異なる社会的・文化的背景をもっているため、障害者特有の痛みがあると語ることが必要なのではないかという提示を行った。障害者特有の痛みが社会的に構築されているという語りは、障害者に対する社会の不当な言説を糾弾できる点、それによって障害者特有の痛みを軽減・解消できる可能性があるという点で「有用」であろう。したがって、そこから導き出される「障害とは社会的に構築されたものである」という定義もまた「有用」であると結論するに至った。次に、急性の痛み（急性疼痛）と慢性の痛み（慢性疼痛）をどのように語ることが、「有用」であるかを検討した。モリスの痛みの「連続体」という考えを導入し、急性の痛みと慢性の痛みはその両極に位置するものとし、一方の極の障害に起因する急性の痛みについては、「実在」すると語ることが「有用」であると考えた。なぜなら、その「実在」に医療は働きかけると説明することができ、折り合いがよいからである。この場合の目的は、障害に起因する急性の痛みを緩和・解消することである。そして、採用する障害定義は、「障害とは実在である」という定義である。また、連続体の極ではない痛みについては「実在」と構築の相互作用であり、「障害とは実在と社会的構築の相互作用である」と語られるべきであるとした。多くの痛みは、「実在」と意味の双方からのケアを要するであろうことから、このアプローチによるのが「有用」であると考える。さらに、連続体のもう一方の極、障害者の慢性の痛みについては、社会によって構築されると語るべきであるとした。なぜなら、障害者の慢性の痛みは、その意味を再構築することで、解消される可能性のあるものだからである。その場合、障害者特有の慢性の痛みの軽減・解消、慢性的な痛みに不適切な意味を与えた社会への糾弾、障害者に対する「社会的サポート」の正当な要求という目的に照らして、「障害とは社会的に構築されたものである」という障害定義を選択するのが「有用」であり、その障害定義は真となる。この障害者特有の慢性の痛みから、障害者の孤独について考察を展開した。障害者は、社会的処遇による孤独に加え、慢性の痛みによる孤独、絡み合う二重の深い孤独を抱えている。そこで重要となるのは、障害者の慢性の痛みが、私的なものとして構築されたことに注意を向けさせることである。慢性の痛みを再び社会化し、孤独から回復するのである。これに対しても、「社会的サポート」が必要不可欠であった。最後に、これらの考察から、「障害とは痛みである」という障害定義の可能性を提示した。障害者が常に痛みを抱えていることを、簡潔に述べるために「障害とは痛みである」という定義は「有用」であると思われる。痛みであると訴えているのに放置することは許されない。「障害とは痛みである」ならば、障害者問題を取り組むべき問題としてとらえず放置することは、痛みを見て見ぬふりをすることに他ならない。このように障害を痛みという放置すべからざる問題として訴えることによって、障害者問題を放置することがいかに残酷なことかを社会に広く認識させることができるのではないだろうか。

次章では、これまで障害学においてネグレクトされてきたと言われる知的障害者について考察を行う。

第4章　知的障害をどう語り、どう定義づけるべきか

4-1　問題意識と目的

知的障害を適切に語る言葉をわたしたちはもっているだろうか。知的障害や知的障害者の痛みを、知的障害者を当然含んでいるわたしたちはどう語ればいいのだろうか。それ以前に知的障害者の痛みとは何をあらわしているのだろうか。それは、一般的に想定されるような身体の痛みであろうか。それとも何かそれとは違った特有の痛みであろうか。知的障害の特徴とされるものとして「わからなさ」がある。この「わからなさ」と知的障害者の痛みは関係するのではないだろうか。知的障害者の「わからなさ」とはどのようなもので、どう語ることが知的障害者にとって「有用」なのだろうか。そしてその際、知的障害はどのように定義づけられるべきであろうか。知的障害に関してさまざまな疑問がある。これらの疑問を踏まえたうえで、わたしたちは、どこでどのような目的で、どのような理論に依拠した言葉を用い、これらの疑問に答えることが、知的障害者に対する社会的抑圧からの解放という点で、また、彼ら／彼女らが抱える痛みの軽減・除去という点で、「有用」なのかを検討する必要がある。したがって、本章の目的は、知的障害をどう定義し、知的障害者の「わからなさ」・痛みをどう語ることが彼ら／彼女らにとって「有用」であるかを示すことにある。そして、本章もまた、前章と同様、第Ⅰ部でみた障害定義の戦略的・実践的使用の「有用性」についての具体的な検討にあたる。

　後述するように、本書は、知的障害者の「わからなさ」を、身体と世界の関係性から示し、それを痛みに結び付ける。このような考察は、これまでなされてこなかったのではないだろうか。構築主義的な考え方とも、実在論的な考え方とも、相互作用論的な考え方とも異なる、知的障害、および、知的障害者の痛みの語りを生み出す試みは、知的障害に関する論考に新たな知見を加えるであろう。それはまた、知的障害当事者を含めたわたしたちが、いまだ知的障害について語る術を多く持ち合わせていないことを考えると、知的障害を語る新たな術の提示となり、多くの人に知的障害について理解を深める可能性を供するという点で、意義のあることと思われる。

　本章で主に用いる理論は、現象学を下地としたものである。それを用いる理由は、知的障害者の痛みについて、知的障害の社会構築性と身体双方の視点を織り込んだ解釈を可能にするからである。これによって、知的障害に対する相矛盾すると思われている見解を融和させ、新たな知的障害像を描くことができると考える。

　これまでにみた、ポスト構造主義と構築主義の関係であるが、これは「構築主義の用語法にはあきらかにポスト構造主義の言語理論がこだましており」（上野 2001: ii）や、「ポスト構造主義への対応は、社会問題の構築主義にも、身体論の系譜にも影響を与えている。さらにポスト構造主義は、歴史学にも心理学にも、物語論という構築主義のあらたな展開をもたらした」（千田 2001: 12）という言及を参照し、ポスト構造主義というより広範囲のものの影響を受けて、構築主義が成り立っていると解釈することとする。第Ⅰ部では言語に関する哲学を主題としたため、主により広い分野で通用するポスト構造主義の名のもと、障害の社会構築性について扱った。しかし、本章では、社会学とその周辺領域での議論が多いため、その範囲を狭め構築主義の名のもと、障害の社会構築性を扱う。しかしながら、双方の区別は厳密なものではなく、本書の範囲内では、社会的構築を核とするものとしてほぼ共通に理解することとする。

最後に、本章は、「事実」の問題として知的障害とは何かを探究するものではない。知的障害者にとっての「有用性」に照らして真であると思われる定義と語りを一つの案として提示するものである。すなわち、この記述は「事実」をあらわすものではなく、よりよい記述へと至る議論を喚起するためになされたものであることを断っておく。

4-2 分析

4-2-1 社会モデルにおいて周縁化された知的障害者を構築主義的に説明する試み

初期社会モデルは、健常者を基準として社会が築いたマテリアルな障壁に焦点を当て、その除去を訴えることで、障害者の社会参加、障害者への不当な処遇からの解放を求めた。しかしながら、そのような解放の理念の中においてさえ、なお、外部に置かれた存在として知的障害者がいる。これについてチャッペルは以下のように述べる。社会モデルは知的障害者を、研究や文献の中において見落としてきた。多くの研究は、明らかに、社会モデルを、知的障害者の経験や視点を分析する道具として使用することを試みなかった。すなわち、初期社会モデルによる「知的障害のネグレクト」である（Chappell 2001: 45）。なぜこのような「ネグレクト」が起きたのであろうか。その鍵のとなるのが、身体である。「社会モデルは、身体的、そして感覚的障害に、その起源がある」（Chappell 2001: 46）。初期社会モデルは、インペアメントに対するマテリアルな障壁を解消するうえでの戦略として、その基盤に身体をおいた。身体を置くことにより、マテリアルな障壁に由来する不利益をディスアビリティとし、簡潔で力強い説明を提供することができたのである。歩行困難な車いすの利用者が、階段を登れず自由に移動できないのは、足が動かないインペアメントの問題ではなく、エレベーターを付けない社会の問題であり、それにより車いすの利用者はディスアビリティの状態におかれている。このような具合に、である。要するに、身体的インペアメントを前提として、ディスアビリティを導き出したのである。しかし、この基盤としての身体は、知的障害の位置づけを不明瞭なものとした。なぜか。知的障害は身体的なインペアメントなのか否かがわからず、マテリアルな障壁によって作られたと言ってよいのか明確化できなかったからである。つまり、知的障害者が直面する制限は社会的に作られたものか、インペアメントに由来するものか、それとも双方からのものか明確化できなかったのである（Chappell 1998: 216）。このような背景が一因となり、初期社会モデルでは、知的障害は周縁化されてしまった。そして、結局、障害の個人モデルが知的障害者に適用されたのである（Chappell 2001: 46）。これは、初期社会モデルが知的障害を積極的に個人モデルに押し込めたというよりは、問題を放置することで、なし崩し的に、そうなったと解釈する方がよいであろう。ディスアビリティ概念が身体を前提とする以上、知的障害をディスアビリティから明確に説明することはできない。そうなると、不明瞭なインペアメント領域の問題として知的障害を扱うしかなくなってしまったのである。この事態は以下のようにも表現できる。

> 知的障害者たちは、障害者に対する社会的抑圧を析出する障害学のフレームに適合し難い存在、或いは、このフレームの品質の純度を落とし、その「普遍性」を曇らせる存在として、まさに（ロールズ風に言えば）「混乱因子」として他者化されてきたのである（田中 2018: 110）

田中は、このような初期社会モデルによるものも含め、他領域での知的障害の周縁化、他者化を、「二重の他者化」と言う。

「二重」の謂いは、文化的他者として位置付けられた人々や、不遇の自己責任を強調されてきた人々を眼差し、その救済・包摂を使命としてきた哲学、倫理学、社会福祉実践や社会福祉学における人権論や規範論においてもなお、知的障害者が他者化されてきた（いる）という意味においてである（田中 2018: 107）

この「二重の他者化」が初期社会モデルの中においても生じたのである。しかし、この事態に対して、構築主義者は、そもそものインペアメントとディスアビリティの二分法を批判し、知的障害を言説による構築として説明可能であることを示そうとした。二分法を採用した初期社会モデルでは不明瞭であった知的障害の位置づけを、二分法自体を廃止し、一元的にとらえることにより明確化しようとしたのである。要するに、インペアメントとディスアビリティを分けるからこそ、知的障害をどちらに位置付けるかの問題が生じるのであり、それを一元化し、社会的構築として包括的に説明できるのであれば、知的障害者を社会的構築の理論内で説明・解釈が可能、というわけである。ポスト構造主義の影響を色濃く受けているグッドレイらは、知的障害の「本質的」な特徴であると頻繁に理解されている現象は、社会的相互作用の側面としてより適切に理解できるとする（Goodley and Rapley 2002: 127）。グッドレイらにとって知的障害とは、その他の障害同様、社会的・言語的に構築されたものであり、一般に浸透している「自然化」された知的障害は、「本質的」なものではないのである。知的障害は、多様な言説によって、生物学的・物理学的に「仕立て上げられた」に過ぎない、というわけである。このような知的障害者の社会的構築に与する者として、医療、心理学、ソーシャルワークの実践者が挙げられる。これらの実践者は、インペアメントに対して、自然化され、病理化された現象として関わるよう、人間主体に吹き込み、その人間主体を支配するのに役立つ言説的真実を作り出すのである（Goodley and Rapley 2002: 134）。

知的障害の社会的構築については、ラプリーも同様の見解を示している。ラプリーによるとそれは以下のように表現される。

> 知的障害は公の言説、そして、日々の常識双方から、個人を苦しめる回復できない能力の「障害」として構築される、そしてそれは、専門家の診断、治療、管理を要求する（Rapley 2004: 8）。

では、知的障害はどのように構築されるのか。一つの明確な例を取り上げる。一九七三年に、アメリカ精神薄弱協会（AAMD）は、境界性の精神遅滞（borderline mental retardation）のカテゴリーを廃止し、精神遅滞の定義を、ＩＱで平均値を1標準偏差ではなく、2標準偏差まで下回るものと変更した（Trent 1995: 270; Goodley 2001: 214; Bray 2003: 9; Feely 2016: 866）。そうすると、何千という知的障害者が一夜にして、治癒されたのである。知的障害とされるＩＱの範囲が狭まったことにより、逆に言うと、正常とされるＩＱの範囲が広くなったことにより、多くの知的障害者とみなされていた者が、一夜にして、正常の範囲内に入り、知的障害者ではなくなったのである。この記述は、知的障害が「本質的」なものではなく、いかに恣意的に決定されるかを如実にあらわしていると思われる。権威ある機関が、定義を変更しただけで、以前には知的障害であった者が、知的障害ではなくなる。「言説の領域の客体、主体は、言い換えられ、再配列され、操作される」(Goodley and Rapley 2002: 214)のである。これを踏まえると、「知的障害とは社会的に構築されたものである」と定義することは、知的障害を生物学的なものとし、病理化する言説の不当性を暴くという意味において「有用」であることがわかるであろう。フィーリーは次のように言う。「権威的な再意味化を通して、脱病理化をするこれらの活動は重要である。なぜなら、それは、現在、障害(impaired)として価値を貶められている、より多くの身体や精神が、あまり攻撃的ではないやり方で再意味化されうることを示唆するからである」(Feely 2016: 866)。フィーリーのこの記述は、説得力がある。重要なのは、知的障害も他の障害同様、構築主義的観点からとらえることで、知的障害者のネグレクトを阻止できるということである。だからこそ、知的障害の「実在性」に着目する研究者も知的障害の社会構築性を完全に否定することはない。彼ら/彼女らは、知的障害の社会構築性を認めたうえで、なお、「実在」の重要性を訴えるのである。よって、後述するが、問題は、知的障害が社会的構築の観点からだけで説明しつくされるかどうかにある。これは本章の主要な論点の一つでもある。

さて、知的障害がＩＱを基準に構築される様をみたが、次は、それが道徳的観点から構築される様をみる。これには、知的障害者の振る舞いや身体的特徴が関わってくる。

現在、知的障害と呼ばれている人の生の形（form of life）は、心理学的調査の初めから、道徳に結び付けられている。たとえ犯罪、逸脱、遺伝的悪に直接的ではないとしても、さまざまな異なる者（ノーマルとは異なる者）のふさわしくない、不適切な行為に（結びつけられている）。そのような並置（知的障害者の人生と道徳的なものとの並置）は、道徳的な評価と科学的な逸脱の判断の間の強いつながりを暗に示している（Rapley 2004: 58 カッコ内筆者）。

知的障害者の行為や身体的特徴は、ノーマルとされる人々の「道徳」に照らし合わせて判断され、そこに「逸脱」があるならば、それは知的障害者特有の振る舞いや特徴とみなされるのである。そうやって、「道徳」から「逸脱」したものは、知的障害者として社会的に構築される。このような例としては、「行動障害」のため、人のことを叩いてしまう人が、人を叩くことは「道徳」に反する行為であるから、そのような行為をするのは、知的障害のためであるとされる、というようなものが考えられるであろう。ＩＱが知的障害とノーマルの境界に位置している場合に、そのような「道徳」から評価された振る舞いは、知的障害としてカテゴライズするための一因となるかもしれない。一般的に「道徳的」と言われるものから「逸脱」した者を、知的障害とすることによって、そしてそういった実践を反復することによって、知的障害が原因で「非道徳的」な振る舞いをするというように、知的障害の特徴に「非道徳的」な振る舞いがあるかのように作り上げられてしまうのである。もちろんこの例のような単純なメカニズムでカテゴライズされることばかりではないであろう。しかし、知的障害というカテゴリーには、「道徳的」な観点からの評価が付いてまわるのである。「精神遅滞」と診断されることは、直接的に、「道徳的」な特徴と行為に関する社会的に構築された評価を作動させる。つまり、知的障害は、他の多くの適切な医療的状態にあるものには似ておらず、それらよりもずっと、「道徳的」カテゴリゼーションなのである（Rapley 2004: 61）。このように、知的障害は、ＩＱによって作り上げられるだけではなく、「道徳的」観点からも作り上げられることがわかる。

しかし、このような構築に加担するのは、何もノーマルと呼ばれる側の人間だけではない。意識的に、また無意識的に、知的障害者と呼ばれる人たちもその構築に一役買っているのである。それは、知的障害者本人がノーマルとされる人々の価値を内在化することによって行われる。グッドレイ同様、ポスト構造主義の影響を受けたイェイツは、「知的障害は、その真なる性質が言説の外に存在するような本質的な病理ではない…（略）…それは言説によって構築された客体である」（Yates et al. 2008: 253）と述べたうえで、知的障害者が自ら、ノーマルな価値観を内在化し、それに自らの行動を適応させる様を以下のように描写する。人は、単に権力によって、受動的に位置づけられるわけではない。反対に、人は、能動的な様式で自分自身に関係するのである。ある理念と一致するよう、人は、自分自身の行為に意味や価値を割り当て、また自分自身を支配する。そして、その理念は個人によって作り出されたものではなく、むしろ、適切な振る舞い方についての、ルール、意見、アドバイスを与える文化的モデルによって作り出されるものである。そのような理念を通して、個人は、自己や自己の行為を疑問視し、観察し、形作ることができるのである（Yates et al. 2008: 253）。人は、権力による支配的な言説によって、受動的に自己や自己の振る舞いを形成されるだけではなく、能動的にそのような言説にしたがって自己や自己の振る舞いを形成する。この場合、権力による強制ではないので、権力に合わせる形で、自らを自らで統治していると言える。知的障害者であれば、ノーマルなものによる支配的な言説を内に宿すことで、自分を知的障害者として主体化し、意識的にまた無意識的にそれに沿うかたちで知的障害者らしく振る舞おうとするのである。そのような内面化のしるしは、例えば、施設に居住している知的障害者が、強制的な禁止や理想的な振る舞い方について語る際にあらわれることがある。その語りは、話し相手を含む一般の人の総称の「あなた」によってなされる。「あなたは許可を得なければならない」、「あなたはよいはずなのに、よくなければいけないのに」という具合に、である（Yates et al. 2008: 254）。この例からは、彼ら／彼女らの語りが、本人の語りという形式をとってはいるが、社会的な規範を反映させた語りであることがわかるであろう。それが、彼ら／彼女らが、使う総称としての「あなた」によくあらわれている。「あなた」という代名詞によって語られるものは、社会が知的障害者全般に求めているものである。社会規範が知的障害者に求めるものを「あなた」という言葉によって示し、しかしながら、その言葉通り当人たちは「主体化」され、さまざまな制約にしたがって、ある意味では能動的に行動するのである。社会は「あなた」に許可を得て行動するように要求する。それを内面化し、本人は、許可を得て行動することを（もちろんときに反発しながら）受け入れる。「あなた」を内面化し、それに沿って振る舞ってしまうのである。

以上、知的障害者がどのように構築されるかを、ＩＱ、道徳からの逸脱、支配的言説の内在化という代表的な例から記述した。ここまでの記述をみると、知的障害がいかに社会的に構築されたものであるかがわかるであろう。したがって「知的障害は社会的に構築されたものである」と定義づけることは、知的障害を「客体化」し、疑いなく存在するものとして序列を伴う形で「本質化」した言説の不当性を明らかにし、知的障害の社会構築性を暴露するうえで、十分に「有用」であることがわかるであろう。それは当然、知的障害を序列的「本質化」から解放し、彼ら／彼女らを知的障害というカテゴリーでとらえるのではなく、人間の連続体の中での相違としてとらえることにつながるであろう。

そうすると、先ほども言ったように、問題は、この定義が知的障害を説明するうえでどこまで

「有用」かである。この定義一つで知的障害を語りつくせるのか、それとも、この定義では説明しきれない何かがあり、それを考慮しなければ、知的障害者の苦痛・苦悩を十全に汲みつくすことはできないのか、を吟味する必要がある。そこで、次に、構築主義に批判的な立場を取る論者の、「実在」擁護をみることとする。

4-2-2 知的障害の「実在面」に目を向けることの「有用性」

知的障害は実在する。こう語ることは、知的障害者にとって「有用」だろうか。知的障害の基盤は「実在」であり、それが社会的なものと相互作用することで、知的障害者が形成されるとみている相互作用論者であるシェイクスピアの論考からこの問題を検討していく。構築主義的な観点から、知的障害は、その概念自体が疑問視される。これに対してシェイクスピアは、以下のように反論する。たしかに、農耕社会の文脈で、読むことができないことや、複雑な指示にしたがうことができないことは、それほど問題ではなかった。そして、今日の、大部分の人が自立して生きている知識経済（knowledge economy）においては、知的障害者は吟味され、問題視され、過度に守られ、価値を貶められている。しかしながら、このようなアプローチには共感するものの、知能テストの発達の前にも、平均以下の知能をもつ人は異なっているとみなされていたというのは説得力があるように思われる（Shakespeare 2014: 61）。シェイクスピアは、社会的なものの作用を否定する気はない。

しかしながら、それだけで解決できない「実在」が知的障害にはあると訴えるのである。

我々は、生物医学が歴史的、文化的に位置づけられることを認めなければならない。病気や障害(impairment)についての考え方は変化し、時を越えて発達する。しかし、これは、(これらの科学が、粗野に(crudely)捕えようとする)、基礎をなす実在がないと示唆するのとは異なる主張である(Shakespeare 2014: 61)。

シェイクスピアにとっては、あくまで、「知的障害は、存在論的に実在」(Shakespeare 2014: 65)するのである。より正確に言うと、知的障害とは「実在」を基礎に構築された社会的なものなのである。例えば、精神薄弱から知的障害へとラベルが変わったとしても、「言葉が付着する基礎をなす遺伝子型は変化しない」(Shakespeare 2014: 70)のである。シェイクスピアの知的障害を語る方法に複雑なものは何もない。ただ知的障害の基礎をなす「実在」を疎かにしてはならないと言いたいのである。そのうえで「実在」と社会的構築の相互作用を訴えるのである。しかし、知的障害を「実在」として語ることに、何か「有用」な点はあるのだろうか。これが身体障害であれば、障害の「実在性」を強調することは意義がある。なぜなら、障害が「実在」であるとするからこそ、実在論に依拠する医療を受けるための説明が可能となる。そしてそれによって、身体障害に起因する痛みや疲労が緩和・解消され、また、マテリアルな環境の変化が生じ得るのである。

では、知的障害者の痛みとは何なのか。それをどう説明するかが示されなければ、知的障害に実在論を適用することはあまり意味がないように思われる。仮に知的障害者に物理的な痛みがないならば、それを緩和・解消する医療は必要ではない。その場合、知的障害を社会的構築の文脈だけで語る方が、既存の言説の転換という点で「有用」である。知的障害者の痛みとは果たして何なのだろうか。本書は、知的障害者の痛みを考えるうえで鍵となるのは、知的障害者の「わからなさ」ではないかと考える。「わからなさ」は一般に想定されている以上に複雑な説明を要するのではないか。そしてそれが知的障害者の痛みにつながるのではないか。このことを念頭に置いたうえで、さらにシェイクスピアと同様の立場を取るヴィーマスの論考を概観する。

ヴィーマスは、重度知的障害者に関する考察の冒頭において、マテリアリストと社会構築主義者が、（重度）知的障害者について適切に考えることに失敗したと述べる。社会的抑圧や社会的構築としてのディスアビリティの概念は、障害化された（disabled）マイノリティである重度知的障害者について説明する力をほとんど持たない（Vehmas 2010: 263）。ここで言う、マテリアリストとは、社会的抑圧としてのディスアビリティ概念、その概念が英国で展開したこと（Vehmas 2010: 274）、その名の通りマテリアルな側面から社会的抑圧に対抗したことを考えると、初期社会モデル支持者のことを意味していると思われる。しかし次第に社会モデルは、障害構築の文化的、歴史的側面にその適用範囲を伸ばしていった。このマテリアリストと社会構築主義者双方が重度知的障害を適切に説明・解釈するのに失敗したと言うのである。なぜヴィーマスはそう言うのか。それは、非常に簡潔な理由からである。それらの理論においては、「実在」が無視されていたからである。

わたしたちの理論的概念や分類行為は、知的障害（impairment）をもつとラベルされていない人によって、創り出され、適用され、使われたという事実は、わたしたちがこの概念で説明している状態が実在ではない、実際にそこにあるわけではないということを意味しない。言い換えると、極端な社会構築主義的な見方は、物理的実在の重要性を否定し、実在と実在に関するわたしたちの知識をごちゃまぜにしている。それゆえに、社会構築主義は、その極端な形において、認識論と存在論を同一視している（Vehmas 2010: 275）。

この記述で重要なのは、「実在」の重要性のみならず、社会構築主義者の誤りが、認識論と存在論の混同にあることを指摘していることである。たしかに何が「実在」するか、存在とは何か等の問題は存在論の文脈で語られるものであり、ある存在がどのように理解されるか、どのように説明されるか等は認識論の文脈で語られることであろう。この理論間の相違を意識していないところが障害学における社会構築主義者の失敗なのである。知的障害は認識論的には「実在」しないと言えるかもしれないが、存在論的には「実在」するのである。これは、どちらが正しいということではなく、依拠する理論の違いに過ぎない。ヴィーマスは存在論と認識論の混同を理解させることを一つの目的とし、そのうえで、存在論、なかでも実在論を採用しないとどのような不利益があるかを述べる。「知的障害者のケアや治療は彼のインペアメントと全体的なできなさ（incapacity）が経験的事実であるという観念に基づいている。もし、それが『神話』であったなら、彼の実際のニーズに見合うような適切なプランをわたしたちは作ることができない」（Vehmas 2010: 275）。

しかし、問題はここからである。知的障害者が実際に医療で緩和されるような物理的痛みをもっていたならば、実在論は「有用」であるが、多くの知的障害者は「わからなさ」を自らの困難として語る。もし、物理的痛みがなく、「わからなさ」が生活するうえでの主な困難であったならば、果たして実在論の文脈は役に立つのだろうか。もちろん、知的障害者の中にも、それに由来する物理的痛みに対応する必要がある人もいるかもしれない。その場合、実在論は不可欠となり、「知的障害は実在である」という定義は「有用」である。知的障害を「実在」とすると、そこに「本質」を期すこととなり、社会的な問題を個人的な問題にすり替えることになりかねない。そういった反論もあるだろうが、痛いと訴えている者を放置して、社会の不当性だけを糾弾することは、物理的に痛んでいる知的障害者を切り捨てる残酷な行為であり、許されることではない。また、これを痛みに含めるかどうかは議論の余地があるかもしれないが、例えば自閉症の人の知覚の過敏性についても実在論の文脈は「有用」であろう。なぜなら、このような、過敏性に対して、音刺激や光刺激は直接的に身体を傷つける暴力のようなものであるかもしれないからである。その場合、それを回避するため、また、それを癒すために、「知的障害は実在する」と定義することで、マテリアルな環境の整備が可能となる。したがって、知覚の過敏性からくる不安や混乱等には、実在論の文脈で、対処することがよりよいように思われる[1]。では、物理的な痛みや知覚の過敏性を持たない知的障害者はどうなるのであろうか。社会的構築から十全に説明しつくされるのであろうか。その人たちには、「知的障害とは社会的構築である」という定義だけを使用するように提案すればよいのだろうか。この障害者の痛み、困難さに敏感な研究者の一人として田中がいる。田中は、「障害学においては未だこの『知的障害者の困難さの独自性』を解明し得ていない」（田中 2018: 110）と述べる。さらには、「〈知的障害〉の言説のどのような変更によっても解消しきれない、知的障害者たちの〈痛み〉が取りこぼされていく」（田中 2008: 55）とも述べる。田中は、社会モデルによっても、構築主義によっても、説明・解釈しきれない知的障害者特有の痛みがあると主張するのである。では、このような痛みに焦点を当てさせるものは何か。それは、臨床現場における知的障害者の痛みの実感である。

社会モデルによる（構築という点が問題となっているので、これには構築主義も含むであろう）

社会的支援の臨床では、知的障害者の生活の困難性はニーズとして把捉され、それを組織的支援システムから、さらには一定の社会的方策による対応へと位置づけようとするが、その生活の困難性がすべて社会に起因するとは断じられないリアリティを、臨床は常に経験するのである。このような臨床のリアリティをその射程に再度包摂し得ないのであれば、社会モデル（構築主義）は、臨床の構想を語る上で、これらの人々を排除せざるを得ないだろう（田中 2008: 47, カッコ内筆者）。

臨床の現場で経験する知的障害者の「リアル」が、知的障害を社会的構築から十全に説明できるという構築主義に疑いを向けさせるのである。「一体、〈知的障害〉の構築性の暴露が、より重度と称される知的障害者の〈生きづらさ〉のリアリティにいかほどの恩恵をもたらすのか」（田中 2008: 53）。構築主義の記述する知的障害者の痛みとは、社会的に構築されたものである。ここで言う社会には、単に物理的環境にとどまらず、「（他者との）関係」も含意されている（田中 2018: 112）。しかし、構築主義者の使う「社会との関係」、「他者との関係」という概念には欠けているものがないだろうか。「社会と『何』の関係」、「他者と『何』の関係」の「何」の部分が欠落しているように思われるのである。つまり、社会の糾弾、他者の糾弾を目的とするあまり、知的障害者の「身体」が抜け落ちているように思われるのだ。知的障害の痛みには、知的障害者の「身体」が積極的に関与しているにも関わらず、その痛みは社会から受動的に与えられているような印象をもたらす。この知的障害者の「身体」の脱落が、田中の言う、社会モデルや構築主義者による、臨床現場での知的障害者の痛みのリアリティの排除と関連性をもつのではないだろうか。知的障害者の痛みは、知的障害者の「身体」が、積極的にそこに現れるような痛みなのではないか。社会同様、知的障害者の「身体」も、痛みと関係している。痛みからも知的障害者の「身体」を排除するのであれば、それは、もはや、根源的な知的障害者の排除ではないだろうか。だからこそ、知的障害者の痛みは社会と「身体」の双方から語らなければならない。社会と「身体」の双方から語って初めて、知的障害者の「多様性に対する繊細」（田中 2018: 112）な考察が可能となるように思われる。言い換えると「個々の『関係』が抱え込まされている痛みや辛苦」が「それぞれに質感、色合い、意味合いが異なる」（田中 2018: 115）ことを理解できるのではないかと思われるのである。

以下、社会・世界と知的障害者の「身体」の相互作用（これは相互作用論者の相互作用とは異なる。なぜなら相互作用論者の場合、知的障害者の痛みはあくまで「実在」であるが、本書の以下でみる知的障害者の痛みは身体と世界との相互作用であるからである。つまり相互作用論者は痛みを主に「実在」とし、それに関しては相互作用に訴えてはいない）、および、知的障害者の「わからなさ」が、知的障害者の痛みを語るうえで重要となってくる。そこでここからしばらくは知的障害者の「わからなさ」に関連するものに焦点を絞って考察を行う。

4-2-3 disappearance と dys-appearance

「わからなさ」をどのように説明するのが、知的障害者の痛みを示すうえで「有用」であろうか。前項での田中の議論を批判的に検討した三井によると、知的障害者が直面しているように思える痛みは、社会モデルが良く使うような「できない」からではなく、「わからない」という観点からとらえることが必要であるとする。そしてその前提として、障害を関係の中でとらえる視点の重要性を訴える（三井 2011: 228）。このとらえ直しは重要である。本章もこのとらえ方を基本として展開するつもりである。しかしながら、三井の論考には不十分な点が二点あると考える。

まず一つ目として、「わからなさ」とはどのようなものかを十全に説明していないように思われる。三井は、「『わからなさ』は、よく考えれば複雑な構造をしている」（三井 2011: 229）と言う。その複雑な構造とは「わからない」には、「わからない」ことはわかっている単純な「わからなさ」と、何が「わからない」かすら「わからない」ような、把握することが困難な「わからなさ」がある、ということのようである。しかしこの複雑な構造は、一般的に想定される「わからなさ」の域を出ていない。つまり、知的障害者が「わからない」と言うときに、どのような事態が生じているのかの詳細な説明がなされていないのである。なるほど、「わからなさ」は「複数の主体の間に、その相互行為の中に存する」（三井 2011: 230）と言うことで、「わからなさ」を関係性の不全に落とし込むことはできる。しかし、本書はその先、その関係性の不全から生じる「わからなさ」が、なぜ痛みとなるのか、その連関を説明することを望んでいる。これを説明するためにも、三井の知的障害者に生じている「わからなさ」では不十分なのである。

二つ目としては、「『わからない』や『伝えられない』という事態は、かかわる両者に一定の痛みやしんどさをもたらす」や、「本来は、周囲にいる人間（たとえば私）も、『わからない』を構成する一端を担っている」としながらも、知的障害者を「痛みやしんどさを一方的に押し付けられている」存在、「『わからない』という痛みやしんどさ…（略）…を一方的に自分自身の責任とされる」存在として（三井 2011: 230）、受動的に描き出している点である。両者の「当事者性」を問題としながらも、知的障害者からみた他者の責任を追及するあまり、知的障害者当人の「身体」が抜け落ちてしまっているのである。そして、広くは、「『知的障害者』というレッテルがこの社会で持つ意味や、ある種の振る舞いに対する排他的な態度などこの社会の構造全体が影響を与えている」（三井 2011: 231）という言及によって、社会の責任が追及され、知的障害者は受け身な存在として描かれてしまうのである。誤解のないように言うと、他者や社会の帰責性を問題視することに異議があるわけではない。そうではなくて、関係性を前提とするならば、知的障害者の「身体」やその「身体」による能動性を疎かにすることはできないと言いたいのである。これは、田中が社会モデルや構築主義に感じた、知的障害者の痛みの軽視に通じるところがあるのではないだろうか。痛みは社会、もっと言えば、世界から、常に一方的に与えられるようなものではない。そこには、知的障害者の生き生きとした「身体」が積極的に関与しているのである。知的障害者の「身体」が世界に積極的に関与するからこそ痛みが生じると語らなければ、知的障害者の生はいつまでも受け身なものとして規定されかねないのである。

そこで、以下、知的障害者の「わからなさ」を「身体」と世界との関係性の中で記述し、知的障害者の「わからなさ」を痛みと連関させることで、知的障害を社会的なものからだけで説明することが、いかに「有用」ではないかを示す試みをする。そのためにはまず、わたしたちの身体が、日常において、どのような状態にあるかを知ることからはじめなければならない。これは、レダーによる記述が比較的わかりやすいであろう。日常の世界において、わたしたちの身体は、「身体それ自体の意識的知覚やコントロールから退いている(fall back)」(Leder 1990: 69)。言い換えると日常生活において、わたしたちの「身体」は、「消失している(disappear)」(Leder 1990: 69)のである。どういうことか。わたしたちは、通常何気なく生活しているとき、意識的に「身体」に注意を向けることはない。例えば、一人で馴染みのある道を散歩しているとき、何か「身体」に違和感を覚えたりしない限り、「身体」に注意を向けることはないであろう。黙々と目的地を目指すか、景色を楽しむか、物思いにふける等して、あえて「身体」に焦点をあてることはない。それは、「たいていの行動において、内臓がわたしたちの注意から退いている」(Abrams 2016: 119)のと同様である。つまり、日常生活において、わたしたちは、何か「身体」に不都合がない限り、「身体」に注意を向けることはなく、「身体」は意識から遠のいている。もっと言えば「消失」しているのである。もちろん、「身体」に焦点を当てていない、「主題化」していないからといって、「身体」と世界が相互作用をしていないわけではない。「身体」はあくまで意識から退きながら、世界と相互作用している。このような日常の慣れ親しんだ世界はシュッツ風に言えば、「（日常）生活世界」（Schütz and Luckmann=2015: 43）となる。「生活世界」とは、人びとがいつものとおり決まったように繰り返しながら関与する現実の領域であり、人びとがそのなかで自らの身体をとおして作用することによってそれに介入し、それを変化させることのできる現実領域である（Schütz and Luckmann 2003: 29）。わたしたちは、「身体」を「消失」させながら、「生活世界」に埋没しているのである。以下、このように「生活世界」を解釈し、それを起点として論を進めていく。「生活世界」において「身体」は、隠れている、もしくは、「消失」している。しかし何らかのきっかけがあれば、「身体」はその姿をあらわすのである。この「身体」の現れのきっかけとして最もわかりやすいものの一つに痛みがある。先ほどの散歩を例に取ると、生活世界に埋没して散歩をしている最中に、腕に激しい痛みを感じたとする。それによって何が起きるであろうか。わたしたちは、おそらく、痛んでいる箇所、腕に意識を集中させるであろう。そして、そうすることによって、それまで「消失」していた腕という「身体」が現れるのである。もし、その痛みが普段馴染みのない痛みであったなら、なおさら、腕という身体が明確に「主題化」される。もはや腕は、世界や他の身体部位と調和のとれた関係を保つことはできない。この事態は、レダーによって以下のように記述される。

普段の機能・動作（functioning）を特徴づける（身体の）『消失』（disappearances）と対照的に、私は、これを、dys-appearance の原理と呼ぶ。つまり、身体は、主題化した焦点（thematic focus）として現れる、しかし正確には、dys の状態――dys はギリシャ語の接頭辞からであり、それは、『悪い』、『厳しい』、『有害な（ill）』を表し、〝dysfunctional〟のような英単語の中でみられる――として現れる）（Leder 1990: 84, カッコ内筆者）。

痛みを伴う腕は、「悪い」状態を引き起こす。disappearance は、dys-appearance の状態に移行したのである。痛む腕は自分の「身体」でありながら、まるで、腕という「対象」になりかわってしまったようである。言い換えるならば、痛む腕は、まるで「客体化」されてしまったようである。そして、さらに悪いことには、痛む腕は、「回復への意図的な要求を新しく開く」（Leder 1990: 86）。つまり、痛みによって「客体化」された腕は、わたしたちに回復を求め、より強く自らに焦点を合わせるよう要求する。それによって腕という「身体」は、より明確に「主題化」される。腕は「主題化」されればされるほど、馴染みのない異質なものとして現れ出る。それでも、腕を触りながら、入念なチェックを続けたとする。科学者が研究対象をみるように「客体化」された腕を調べる。しかしながら、痛みの原因がわからない。焦りによって動悸が激しくなるかもしれない。そうすると、腕の痛みから連鎖して、今まで隠れていた心臓や、汗をかく額、汗の流れる背中等の「身体」が現れてくる。心臓や額や背中が今までとは違った違和感をもって迫ってくる。「身体」が連鎖的に立ち現れる。ここまでくると、dys-appearance を説明するためには、「悪い」「厳しい」、「有害な（ill）」という言語だけでは、不十分となる。腕の「客体化」、「主題化」は、より適切な言語を必要とする。そこで dys がその他の意味も包含することが明らかとされる。dys には、先ほど述べたように、「悪い」、「厳しい」、「有害な」という意味の他に、ラテン語の dis を起源にもつ、「離れている（away）」や「異なっている（apart）」という意味があると言う。それを踏まえてレダーは、dys-appearance が、わたしたちが身体に対する通常の支配、それは健康な身体とも言えるが、そういった状態（disappearance）から「離れている」、もしくは、「異なっている」ときに生じる傾向があるとする。そしてそこには、はく奪の感覚、通常・望ましい状態に対する逆転の感覚があり、dys-appearance は、肉体の「主題化」を引き起こすと言う（Leder 1990: 87）。要するに、dys-appearance とは、通常時の身体が disappearance ＝「消失」している状態から「現れ」同時に「離れた」ときに生じるものなのである。加えて、dys-appearance のときに、身体が、常にではないにしても、自己から「離れている」もの、「異なる」ものとして感じられることがままある（Leder 1990: 87）。先ほどの例で言うと、痛む腕は、自分のものとは思えない（離れている）腕として経験される。

これらを簡潔にまとめると、dys の観点からは、dys-appearance は、「悪い」「厳しい」状態として「立ち現れ」、かつ、そこから「離れている」状態となる。また、「離れている」の観点からは、dys-appearance は、通常の状態からも、それを土台とする自己からも「離れている」のである。

先に述べた disappearance のモードにおいて、身体は直接経験から離れている。これは一次的な不在（primary absence）と呼ぶことができる。最初に、身体が世界へ開くことを可能にするのは、この自己消去（self-effacement）である。dys-appearance では、身体は折り返されている。この自己存在は、二次的な不在（secondary absence）を構成する。つまり、身体は、通常、望まれる状態、身体それ自身から離れている、そしておそらく経験される『私』から（離れている）（Leder 1990: 90, カッコ内筆者）。

こうして、disappearance と dys-appearance は、一次的状態と二次的状態として関連付けられる。さらに、この関係は以下のように説明される。

健康と病は二つの補足的な極の例とみることができる。両者は身体からの疎外の要素を示す。健康の場合には、一次的に、注意が世界に向けられているという disappearance のために、身体が疎外されている。病のはじまりとともに、これは、dys-appearance に道を譲る。身体はもはや、忘れられたものとしての疎外ではなく、自己を脅かすような、正確に思い出されたもの、鋭いもの、探究的な存在として（疎外されている）。一方は沈黙のモード、他方は語りのモード、しかし、それらは相補的で相関的な現象である（Leder 1990: 91, カッコ内筆者）。

この記述によって、disappearance と dys-appearance の関係性がより明確化される。そして、重要な言葉が提示される。「疎外」である。この「疎外」によって、disappearance と dys-appearance は、共通点をもつことが明らかとなる。disappearance と dys-appearance 双方の状態において、「身体」は「疎外」されているのである。これまでの説明では、disappearance は「消失」と描かれており、これが「疎外」であることがはっきりとしなかった。しかし、この「消失」も「疎外」であり、disappearance と disappearance の双方の状態において、異なる様式で、「身体」が「疎外」されているのである。そうすると、通常慣れ親しんだ世界においても、また、違和感をもった世界においても、身体の「疎外」が起きていることがわかる。「身体」とは、たいていの場合「疎外」されているのである。しかし、誤解してはならないのは、この「疎外」はあくまで「身体」を前提としているということである。「身体」が「疎外」されていることと「身体」が存在しないことは違う。また、社会構築主義のような「身体」の軽視とも違う。「身体」を基礎とした、「身体」の様相としての「疎外」としてこれらの記述はとらえられなければならない。「身体」は「疎外」されながら世界と密接に相互作用をしているのである。

先ほどの散歩の例に戻ると、焦りや不安、いら立ち等が加わって、「身体」は連鎖的に立ち現れ、「主題化」される。「身体」は、慣れ親しんだ世界からも自己なるものからも「離れて」しまった。身体は「消失」ではなく、「現出」することによって、同時に「疎外」されている。もはや、周囲の世界が、混乱した意識のもとで違和感とともに立ち現れてくるかもしれない。あれほど親しみをこめて、何の疑問もなくその中で行動していた「生活世界」が、不可解なものとして立ち現れる。「身体」と世界の相互作用に不具合が生じ、調和が保てなくなる。腕の痛みだけではなく、馴染みのない世界に放り込まれた痛みに苦しめられなければならない。ひょっとすると、散歩中の身体の痛みが、「生活世界」を変容させ、痛みをもたらすような事態にまで記述の範囲を拡大すると、説明に説得力がなくなってくるかもしれない。しかし、日常から「離れる」きっかけが身体の痛みではなく、「わからなさ」であったならばどうであろうか。詳細に検討する必要がある。けれども、その前に、一度、上記の記述を身体障害の例に落とし込む。なぜなら知的障害といくらかの共通点をもつ身体障害の例を介在させることで、その後の知的障害の「わからなさ」と痛みの関係性の議論が理解しやすくなるからである。

4-2-4　disappearance と dys-appearance から身体障害を語る

パターソンとヒューズは、日常生活において、いかにインペアメントが dys-appearance するかを描くために、言語障害をもつ脳性麻痺の人を例に取る。その人は筆者の一人であるため、以下、本人の語りとして記述する。

わたしは、一人の見知らぬ人とリフトに乗っている。そのとき、その彼女が、大学について質問をしはじめた（わたしは大学に在籍している研究者かなにかかもしれない）。それは、不都合な状況であった。なぜなら、わたしたちの一人が目的地に到着し、リフトから降りなければならないときまでに、話す時間がないとわかっていたからだ。コミュニケーションをする機会は、リフトの移動時間によってだけではなく、コミュニケーションに必要な持続時間が私の身体が必要とする持続時間と等しくないために制限される。わたしは会話に入らなかった。それというのも、会話は短く切られ、わたしたちの一方か双方が閉口し、さらに悪い場合、コミュニケーションは、ドアがマニュアル通り開けられっぱなしにされた屈辱的な状況で終わってしまうかもしれない。そしてそれは、他のユーザーの非難を買うこととなる。リフトは彼らのために、非常に厳格で機械的なタイムフレームで動くのである。その結果、慣例的なコミュニケーションの外へと迷い込むこととなるであろう。そしてわたしは、こういった慣習によって管理され、満足のいかない相互作用へと至るであろう。わたしの選択は、笑顔か、お辞儀かにならざるを得ず、わたしは自分の身体を思い出すのである（Paterson and Hughes 1999: 606）。

この脳性麻痺による言語障害の事例を、先ほどの disappearance と dys-appearance の観点から解釈することを試みる。まず、わたしが、リフトに一人で乗っていれば、おそらくそのリフトは馴染みのあるリフトであり、馴染みのある道を通り、馴染みのある目的地に着くであろうから、脳性麻痺という障害をもつ「身体」は「消失」=disappearance していると考えられる。しかし、事態はそうではない。見知らぬ他人が乗り合わせている。すでにこのことで、脳性麻痺という障害が視覚的に訴えるものであれば、その障害がきっかけとなり、「身体」は dys-appearance の状態に陥っているかもしれない。しかし、「身体」が disappearance から「離れる」、「疎外される」のは、他者の問いかけからであろう。わたしは、言語障害をもっている。リフトを制御するノーマルな時間にわたしの時間は対応しきれない。その衝撃が脳性麻痺という障害を「主題化」、「客体化」する。disappearance から dys-appearance への移行が生じる。dys-appearance の状態の中では、障害は前面に現れてくる。障害をともなう「身体」は、通常時の「身体」から「離れ」、自己なるものからも「離れ」、「疎外」されたものとして、強烈にその姿を押し付けてくる。ノーマルな基準に合わせた世界において、障害をもつということは、ノーマルなものとの不調和からくる衝撃を引き金とし、障害を「主題化」する dys-appearance へ至りやすいということである。これは何も、このようなスピーチの例だけではない。身体を「主題化」するきっかけとなるものの範囲は、「じろじろみられることや、路上わきに避けられること、子供として扱われること、酔っていないのに酔っているとみなされることから、障害差別的な名前で呼ばれることにまで及ぶ」(Paterson and Hughes 1999: 605)。しかし、なぜ障害者は dys-appearance に陥りやすいのか。それは、大多数の他者や世界がノーマルなるものを基準として動いているからである。「コミュニケーションのノームも、身体間の相互作用のノームも障害者ではない行為者の身体的ニーズの産物であり、反映である」(Paterson and Hughes 1999: 604)。このような状況下では、ノーマルから逸脱しているとされる障害者は、障害が「主題化」される事態に遭遇しやすいのである。しかし、こう言うと、やはり障害は社会的なものから十全に説明がつくではないかと誤解を与えるかもしれない。けれども、ノーマルなものと不調和を起こすのはあくまでも「身体」である。社会的なものが刻まれ、かつ、自然的なものから構成される「身体」なのである。そして世界も、社会的なものからだけ構成されているのではなく、「身体」からの作用をもその構成要素とするのである。つまり「身体」においても世界においても厳格に自然的なものと社会的なものを分けることはできない。

さらに、もう一つ、障害とノーマルとの齟齬によって dys-appearance に至る例をみる。先の例がコミュニケーションの困難さという点で、知的障害者と共通点をもつように、以下の例では、子ども扱いされることがあるという点で共通点をもつ。同様にわたしの語りとして記述する。

配達員が荷物をもって到着し、わたしがドアを開けたときに言った。

「あー、お母さんは中にいないの？」

彼女は明らかにわたしが責任を負える大人ではないと思っている。そして、それゆえに、彼女の仕事を果たすために協力する相手として、わたしはふさわしくないと思っている。もし、わたしが二〇代後半で、障害者でなかったら、おそらく、彼女が、そんな結論に至ることはなかっただろう。責任からのそうした排除は、身体的なヒエラルキーという抑圧的な論理を強烈に思い出させる。つまり、それは、型にはまった審美的判断にもとづく、（わたしの）「社会的能力」の明白な拒否である。わたしの「社会的能力（の欠乏）」についてのこの仮定／結論は、わたしの身体への具現化された反応である。この即座に児童とみなす判断は、わたしの経験では、ごく普通の反応であり、明確に、わたしの身体、その動きや話し方への（考えなし）の反応である（Paterson and Hughes 1999: 607）。

この例は、dys-appearance の観点からどのように解釈できるであろうか。わたしは、配達員による児童化によって、dys-appearance の領域に入ったのである。その児童化は、わたしの障害を「主題化」させ、目の前に現れさせた。障害に意識が向けられることにより、障害は「消失」していた状態から「客体化」したのである。しかし、解釈するに、先ほどのリフトの例ほど、程度において障害は「主題化」されていないのではないか。なぜならこのようなことは日常茶飯事であり、「慣れている」からである。先ほどの例では、見知らぬ他人から突然話しかけられる新奇性があった。この配達員も見知らぬ他人ではあるが、しかし、配達は珍しいことではないであろうし、その対応も「慣れた」ものであろう。突然話しかけられるという出会いほど「主題化」は起きないはずである。だからといってこれが disappearance の状態というわけではない。dys-appearance には、その度合いにおいて強弱があるように思われる。馴染みのある家で、馴染みのある配達という行為への対応は、突然出会った会話と比べて、弱い dys-appearance への移行なのではないか。

二つの例を通して、障害がいかにノーマルなものの中で「主題化」、「疎外」されやすいかを示した。ノーマルなものに囲まれている分、「身体」が「主題化」される機会は、健常者に比べ障害者の方が多い。健常者ももちろん dys-appearance に至る場合がある。しかし、ノーマルなものに囲まれているために、健常者と障害者は、dys-appearance に至る頻度と強度が異なると考えることができるのではないか。だからといって、社会モデル等のようにノーマルなものを障害者に適切に作り変えることですべてが解決するとは言い切れない。なぜなら、そこには、社会的なものからだけでは判断不能な個々の「身体」が関わっているからである。したがって、社会的なものの改良を行いながら、個々の「身体」も疎かにしない、相互作用としての障害という記述が必要となってくるのである。

われわれの身体上の動きは生活世界に関与し、その世界における諸対象とそれらの双方向的な関係とを変化させる。それと同時に、それらの対象はわれわれの行為に対して、克服するかさもなければ受け入れねばならない抵抗を課してくる。それゆえ生活世界とは、われわれが行為をとおして変様させる一方でわれわれの行為を変様させる、そうした現実なのである（Schütz and Luckmann=2015: 49, 傍点筆者）。

ここまできて、ようやく、知的障害者の痛みの語り方、またその際の知的障害の定義をみることができる。

4-2-5　知的障害者の「わからなさ」は、身体と世界との関係でとらえたとき痛みとなる

知的障害者の痛みを検討するに際して、これまでの記述を補足するためにある概念を導入する。シュッツの「準拠図式」である。「準拠図式」とは、以下のように説明されるものである。

世界についての解釈は、そのいずれの段階にあってもつねに、以前なされた経験の集積に基づいて行われる。ここで以前なされた経験とは、自分自身の直接的な経験であったり、共在者たち、とりわけ両親や先生などから伝えられた経験であったりする。それら伝えられた経験と直接的な経験のすべてが、ひとまとまりに統合されて知識の集積という形態をとることによって、世界を解釈す

る際のすべての段階で準拠図式として利用される。生活世界における経験はすべて、そうした図式に準拠している(Schütz and Luckmann=2015: 49)。

つまりわたしたちは、直接的・間接的経験が統合された「知識の集積」を、世界を解釈する際の「準拠図式」として使用しているのである。ここで言う経験は伝聞も含む広い範囲の経験である。この経験には、さらに、伝聞された言葉同士が複雑に関係することで生じる信念も含めていいであろう。それというのも、すでにある「準拠図式」によって、直接経験も伝聞による経験も組み替えられるであろうからである。そういう意味で、直接的経験、間接的経験、そして多くの人工的なものが統合された「知識の集積」を、わたしたちは「準拠図式」としていると言った方が、より理解がしやすいであろう。これについては第I部で検討したクワインの理論体系・信念体系に関する考察が参考になるであろう。そして、この「準拠図式」は、「そもそも私の意識によってとらえることができない」(Schütz and Luckmann=2015: 62)。これはわたしたちが言葉を解釈する際に依拠する理論体系・信念体系の全体をとらえることができないのと同様である。

さて、この「準拠図式」を知的障害者の事例を検討するための出発点とする。まず、知的障害者の「わからなさ」とはどのようなものかを記述するために、他者とのコミュニケーションにおける「わからなさ」に焦点を当てる。なぜなら、知的障害の「わからなさ」は、他者とのコミュニケーションにおいて生じるものでもあるからである。先ほどみたように、知的障害者を含めたわたしたちは、普段、身体をdisappearance=「消失」させて世界の中で、世界と作用しあって暮らしている。それを成立させているのが「準拠図式」である。この「準拠図式」があるために、わたしたちは、それから逸脱したものに出会わない限り、身体に意識を向けずに生活できるのである。しかしながら、「それまで疑いなく妥当なものとされてきた準拠図式にうまく収まらない新奇な経験」(Schütz and Luckmann=2015: 52) が生じた場合どうなるであろうか。例えば、知的障害者の前に、いつまでも理解できない難解な言葉を、憤りの表情で繰り返す他者が現れたとしたらどうであろうか。その他者はこちらに向かって話しかけているようだ。しかし、これまでの「準拠図式」からは、相手の行為は逸脱している。相手はまるでこれまでの慣れ親しんできた人間とは思えないほどである。話しかけられている知的障害者はそれにショックを受ける。相手の言っていること、なしていることが「わからない」のである。「私の経験を習慣的な準拠図式へとルーティン的に組み込むことが矛盾に直面したのである」(Schütz and Luckmann=2015: 56)。この「準拠図式」に組み込むことができない経験は、単なるコミュニケーション不全として片づけられるようなものではない。このショックをきっかけに、それに続く動悸や焦燥感、不安等を通して、disappearance=「消失」していた知的障害という「身体」が現出するのである。disappearanceの領域からdys-appearanceの領域に入り込み、「身体」は「主題化」、「疎外」される。「わからない」から端を発し、今や身体は「通常」から「離れ」、自己なるものからも「離れ」てしまった。「ショックという特別な経験が日常の意味構造を突破して…（略）…現実のアクセントを別の意味領域に移行」（Schütz and Luckmann=2015: 101）させたのである。わたしたちは通常「わからない」ということを単純な言葉で語るが、知的障害者にとっての「わからなさ」は頻度と強度において特異なのではないか。誤解のないように言っておくと、ここでこのように語るのは、それが「事実」だからではない。彼ら／彼女らが「わからない」ときに示す苦悶の表情、ときに自分を一定のリズムで叩いたり、皮膚を引っかいたりする様子を語るためにこの記述が「有用」なのではないかと考えるからである。構築主義の言葉も、相互作用論者がベースとする実在論の言葉も、このようなときに示される知的障害者の表情や態度を記述するには不十分に思われる。構築主義では身体の説明ができない。実在論では、社会的、文化的なもので満ちた世界を説明することができない。「身体」は社会的であり、社会的なものは「身体」の影響を被っているとすることで、彼ら／彼女らの「わからなさ」や痛みを適切に説明できるのではないかと考えるのである。そして、知的障害者の痛みを特有なものとすること、わたしたちと彼ら／彼女らと記述することで、両者に境界線を引くつもりも毛頭ない。知的障害者を含めたわたしたちは、程度こそ違うが、「わからない」ときには同様に苦痛を味わう。しかしながら、知的障害者が示す激しい反応を軽視しないためには、頻度と強度においてはその痛みが特有であるとすることが必要なのではないかと考えるのである。わたしたちの痛みは連続しており、同時に、頻度と強度において異なる。同じわたしたちでありながら、彼ら／彼女らの痛みを軽視しないためにもこう語る必要があるのではないだろうか。

話を続けると、知的障害者の「身体」は「主題化」され、dys-appearance の領域に移行している。そこでは、もはや他者は、同じ世界を共有する、自分と同じような存在としては経験されない。「他者を、意思疎通と行為とからなる共通の相互主観的な世界を私と共有している意識を備えた共存者として経験すること」（Schütz and Luckmann=2015: 102）はできない【ただし、この共存の状態は、「わたしたちが一つに溶け込んでいる」ということではない。「わたしと他者はいつもお互いの視点から距離のある、離れた - 関係」を保っており、「しかしながら、またこの分離がわたしたちにお互いの視点を補い合うことを可能にする」関係なのである（Leder 1990: 94）】。この領域での、他者は、馴染みのない、異質なものとしての他者である。さらにそのような他者は「身体」の「主題化」、「疎外」を加速させる。他者はわたしの行動を吟味し、判断し、わたしの身体を監獄に押し込め、身体に痛みや他の形の妨害を与える。病気や他の有機的な力に対する身体の感受性だけでなく、この他者の意図に対する身体の感受性は、dys-appearance のメカニズムである（Leder 1990: 98）。このような dys-appearance の領域において、知的障害者は何を行うであろうか。当然、馴染みのある世界へ戻ろうと「準拠図式」を「再解釈」するはずである。「再解釈」とは、新奇な経験を解釈するために、これまでの「準拠図式」を、修正することである。これは、主として意識的に行われるものであるが、軽微な修正等は無意識的に行われることもあると思われる。先ほどの例を用いると、こちらに行動を起こしてきているもの（話しかけてきている他者）は、これまでの「準拠図式」からは解釈できない。しかし、これを長く観察する、これと何らかのコミュニケーションをとってみる等の行為を通して、このよく「わからない」ものを、「人間」として、よく「わからない」音声と動きを、「会話」とそれに伴う「身振り」として類型化する。これによって「準拠図式」は修正され、再度同じ状況に遭遇しても修正した「準拠図式」で対処可能となるのである。しかしながら、状況の新奇性、「身体」の「主題化」、他者の「他者化」の度合いが強ければ強いほど「再解釈」は困難な作業となるであろう。状況は悪く、すでに、「身体」や他者だけではなく、自分を取り囲む世界が違和感をもって立ちあらわれているかもしれない。世界がよそよそしく馴染みのないものとして迫ってくる。「わたしがその中に自らを見出す社会的世界ないしは文化的な世界」（Schütz and Luckmann=2015: 47）は、物質的世界、「客観的」な世界、「対象化」された世界として経験されるかもしれない。一刻も早く、この「破綻した」事態を「再解釈」しなければならない。

このショックから「再解釈」の一連の流れを本書は痛みととらえたいのである。もっと正確に言えば、最初のショックからこの再解釈の流れを反省的にとらえることで、知的障害者を含めたわたしたちはこれらを痛みとして理解するととらえたいのである。この「再解釈」を行うために、例えば重度知的障害者は、苦悶の表情を浮かべたり、震えたり、声を上げたりしながら、いつもより

「激しい」常同行動（それは自傷的かもしれない）をするのではないだろうか（ここで『激しい』とカッコ付けするのは、通常慣れ親しんだ世界で行っている『穏やかな』常同行動と区別するためである）。「激しい」常同行動は、馴染みのある世界に戻るための、まさに「常に同じ」を目指した行動であると説明できないだろうか。悲壮で泣き出しそうな表情をしながら行われる「激しい」常同行動は、それほどまでに、通常慣れ親しんだ「以下同様」であり、「わたしは‐それを‐繰り返し‐行うことが‐できる」（Schütz and Luckmann=2015: 50）世界への回帰の欲求を身体で表現しているのではないだろうか。しかし、これは一方で、馴染みのない世界に対して自らを「閉ざす」行動であり、その行動が、馴染みのない世界から緊急避難する閉ざされた場所の構築と説明することも可能かもしれない。その場合、「激しい」常同行動にあらわれる悲壮な様子は、慣れ親しんだ世界への回帰を願いながら、ひたすら自分を閉じることで耐えていることを表している。どちらの説明にせよ、「激しい」常同行動は、今いるdys-appearanceの領域からdisappearanceの領域に戻りたいという気持ちの表れと解釈できる。「以下同様」であり、「わたしは‐それを‐繰り返し‐行うことが‐できる」という二つの理念のもとで行動していたdisappearanceの領域に戻るための行動としてとらえることができると思われるのである。すると普段の「穏やかな」常同行動はどう説明するのか。以下のように説明することできるのではないか。知的障害者はdisappearanceの領域においても、わたしたちよりも不安定さを抱えている。そのために、このまま常に同じであるという安定を望む行動、もしくは、dys-appearanceへのあらかじめの防衛として自らを閉じる行動と記述できるのではないか。これは「事実」の問題ではなく、こう解釈することによって、知的障害者の「激しい」常同行動も「穏やかな」常同行動も無視しない記述ができるのではないかという試みである。

発達心理学の観点から、浜田は、自閉症の人たちの常同行動について（本書の常同行動は自閉症に限定されたものではないが）、例えば、分厚い電話帳をぺらぺらめくる行動を繰り返す行動について次のように述べる。自閉症の人たちが、「無意味の海のなかにいて、不気味なものがあふれているなかで、意味のあるものがポッポッポツ浮いているような世界にいると、そこにこだわるのは当然と思えてくる」（浜田 2016: 123）。ここで言う電話帳は、無意味の海の中で浮いている意味のあるものであり、それをぺらぺら繰り返しめくるのは、その意味にしがみついていると言っているのであろう。そして、浜田は、これらの常同行動について、「私たちには分からなくても、彼らには彼ら独自の意味がある」（浜田 2016: 123）とする。ここから先ほどの話へ戻すと、常同行動の意味はわたしたちからはわからない、しかし、そこには無意味の海の中で、しがみつくべき彼ら／彼女ら特有の意味がある。したがって、「事実」としてそれを記述することは困難であるが、もし、その行動に特有の意味があるのだとしたら、知的障害者の意味のある常同行動を無意味なものとしないという目的にとって「有用」であるかどうかに照らして、それらを語る術を模索していかなければならないのではないかと考えるのである（ただし絶対にその語りを強制してはならない）。

では、次に、人の関わらないところでも、知的障害者の「わからなさ」は痛みを生じさせることを示す試みをする。例示する対象は、先ほど同様、架空の、しかし、現実のさまざまな重度知的障害者と共通点をもつ重度知的障害者である。彼／彼女は、日中、何らかの福祉施設に通っているとする。その施設の目的はさしあたり重要ではない。重要なのは、彼／彼女が、その施設に長年通っており、「慣れている」ことである。その施設の活動の場は、余計なものがほとんどなく、こざっぱりとした空間となっている。あるとしても目立たない装飾や、必要最低限の机、椅子等であり、他の雑多なものは別な部屋にしまい込まれている。活発中動いてもケガをしないよう意図されたつくりである。彼／彼女は、その空間で低い唸るような声をあげながら、いつものように「穏やかな」常同行動をみせている。苦悶の表情や悲鳴のような甲高い声を上げるようなことはない。いつもの固定された位置、仮に活動の場の隅っことするが、そこで、いつものおもちゃを決まった手順で反復し、触っている。この状態は、disappearance の状態と言ってよい。彼／彼女は、自らの身体を意識することなく、周囲の世界と溶け込んでいる。奇妙な感覚をもって「主題化」されたものは何もない。彼／彼女の目的に世界は調和している。彼／彼女の「準拠図式」から逸脱したものは何もないのである。例えあったとしても、それは dys-appearance の領域に至るような新奇なものではなく、微小な「準拠図式」の調整ですむか、もしくは、調整する必要もないようなものである。彼／彼女の触れるおもちゃは、特定の個所をいじると音が鳴るという目的を果たす道具として、彼

／彼女の「準拠図式」のなかで、有意味なものとして、しかし、特別意識を向けることなく、彼／彼女の身体と関係している。しかし、日中の活動を終えた後、彼／彼女はいつも通り家に帰ることができない。何らかの理由で、他の福祉施設で一夜を過ごさなければならない。そしてこの施設を利用するのはこれがはじめてである。彼／彼女はそれがどのような場所か、十分な説明はなされているが「わからない」。活動を終えた後に、なされるがまま「見慣れない」場所へと連れていかれるのである。その移動の際の描写は省略するが、彼／彼女は、突然、「奇妙な」場所に自らの「身体」を開かなければならない。施設に着くと見知らぬ人が数人現れ、居室に連れていかれる。これらの人、物、空間は、彼／彼女の「準拠図式」から逸脱している。連れていかれた居室には見慣れないベッドが置かれている。見慣れない椅子が置かれている。見慣れない生活用具が置かれている。彼／彼女にとってこれらの物は、先ほどのおもちゃのように、何らかの目的をもって配置されているとは思われない。何らかの結果を生み出す自分の「身体」と連関する道具として理解することはできない。物は「客体化」され、たんなる「対象」として関係してくる。このような状態は、以下で示す disappearance の状態にとって二次的なものである。

存在のあり方として、人間存在は、自分自身を日々のタスクを達成するために使われる物で満ちている領域に拡張している。これらの物、そしてこれらの物が向かっているタスクが現存在（簡潔に言うと人間存在）の世界を作り上げる（Abrams 2016: 122, カッコ内筆者）。

これを具体化すると、使用という状態におけるおもちゃは、空間 - 時間のかたまりに還元できない。それは、遊びにおいてあらわれているものとしてのおもちゃなのである。要するに、disappearance の状態で、目的をもって使われていたおもちゃは、自分の「身体」の拡張した領域のものであるが、dys-appearance の領域での、ベッドや椅子、生活用具は目的と「離れて」、空間 - 時間に位置する「客体化」された「もの」として認識されているのである。前者の状態は「意味に満ちている」（Abrams 2016: 122）、意味が連関しているが、後者の状態は、意味の連鎖が断たれているといえるであろう。これは、おもちゃが壊れたときに、そのおもちゃが「対象」として立ち現れるのと同じような状態である。その場合「これらのものはその有効性や実用性において閉じている」（Abrams 2016: 122）のである。

彼／彼女の「準拠図式」から外れた新奇な状況[2]は、彼／彼女を dys-appearance の領域に至らせる。「新奇な状況にともなう不安が肉体的 dys-appearance を引き起こす」（Leder 1990: 85）のである。新奇な状況によるショック、それに続く不安、焦燥感、それに伴う動悸等が、身体を「主題化」し、「疎外」し、物が「客体化」され、同時に世界がよそよそしく現出する。異質でよそよそしい空間、時間が現れる。身体と世界は「離れて」しまった。彼／彼女は馴染みのない世界で混乱をきたす。異質で奇怪な、それでいてよそよそしい世界から、馴染みのある世界へ戻ろうと、握りこぶしで頭を一定のリズムで激しく叩き続ける。高い金切り声をあげる。見慣れない人がそれを止めようと何らかの行動を起こすが、それによって、さらに混乱は増し、彼／彼女は、その人の腕を噛む。自傷行為を止めようとすればするほどその行為は激しさをます。彼／彼女の「身体」は、馴染みのある世界や自己なるものから「離れ」立ちあらわれている。

この見知らぬ状況が生じさせたショックから、身体が「離れ」、「準拠図式」を再構成するまでの流れが痛みである。自傷行為において、「身体」は物理的に「痛んで」いるが、それと同時に、新奇な状況へ適応するために、彼／彼女は「痛んで」いる。ここに他者とのコミュニケーションは関わらない。新奇な状況との関係で彼／彼女は痛みを覚えているのである。再三述べるがこれが「事実」であると主張するつもりはない。問題は、知的障害者の痛みを語る言葉の必要性である。彼ら／彼女らの苦悶の表情、自傷行為、他者を傷つける行為、延々と続く「激しい」反復行動、これらを痛みからくるものとして、語る言葉をわたしたちは持たなければならないのではないか。

ここまで、知的障害者の「わからなさ」から痛みを導き出すために、他者とのコミュニケーションによる「わからなさ」、新奇な状況による「わからなさ」を検討した。「わからない」ということは、普段わたしたちが単純に「わからない」と言っているものとは違う複雑な構造をもっている。ただし、普段使われている「わからなさ」と複雑な構造をもつ「わからなさ」はやはりつながっている。それというのも、通常使われている「わからなさ」という言葉を前提としなければ、その複雑な構造を導き出すことはできないからである。知的障害者の「わからなさ」は「わからない」から工夫をして「わかりやすい」ようにしようというような単純な発想ではとらえられない。「わからなさ」と痛みは連関している。そしてこの痛みは、わたしたちも感じる可能性のある痛みであることは先にも述べた。その点で、知的障害者と私たちの「わからなさ」による痛みは連続している。そして、ときにそのように語る必要がある。それは、「哲学的伝統」が「知的障害者に『人間』としての倫理的地位を完全には与えてこなかった」（田中 2018: 107）ことを踏まえると、当然のことである。同じ人間として、共通した「わからなさ」からくる痛みをわたしたちはもっている。「わからなさ」による痛みは連続体をなし、わたしたちはそのどこかに状況に依存して位置する。しかし、その一方で、その連続体としてとらえられる痛みが訪れる頻度とそれがもたらす強度において知的障害者は特有であると語ることも必要であろう。dys-appearance の領域に入る頻度とそこで感じる痛みの強度は知的障害者に特有である。そう語らないと、知的障害者の苦悶の表情、「激しい」反復行動、他害、自傷を無視してしまうこととなる。「わからなさ」による痛みを、わたしたちと連続していながら、特有であるとすることで、わたしたちは同じであるがゆえに知的障害者の世界を推測することができ、特有であるがゆえに、わたしたちとは異なる、痛みの厳しさを強調することもできるのではないか。言葉は場面ごとに目的に合わせて選択できる。多様な言葉を多様な目的に合わせ使用することで、知的障害と知的障害者の痛みを適切に伝えることができるのである。

4-2-6　知的障害をどう定義し、その痛みをどう語ることが「有用」かの検討

まず、はじめに、「知的障害とは、社会的に構築されたものである」という定義についてである。本章は、これに批判的に思えたかもしれない。しかし、この定義は必要不可欠な定義である。IQや道徳的振る舞いによって、知的障害者が社会的に構築されたとすることは、社会の不正を糾弾するうえで、なくてはならない語りである。不当な言説の内実を明らかにし、それを変えていくことを目的とする場合、この定義は「有用」であろう。その場合、相互作用論者がベースとする実在論や世界と「身体」の関係性に訴える必要性は、あまりないと思われる。

一方で、仮に、知的障害者が、通常そう思われているように「わからなさ」だけで苦しんでいるのではなく、物理的な痛みによっても苦しんでいるならば、その緩和を目的として、実在論による言葉を使うべきである。前章で詳しく述べたが、その言葉は、実在論に依拠する医療等を要求する際に折り合いがよい。知的障害者の痛みは、社会が変わればなくなると構築主義者が言ったとしても、知的障害者当人が痛いと言うのであれば、それを無視することは不当なことである。したがって、実在論による定義を完全に捨て去ることは、「有用」ではない。その場合には「知的障害とは実在である」という定義を用いるのがよいであろう。

次に、知的障害者の「わからなさ」による痛みについてである。この痛みを語るうえでは、「知的障害とは、身体と世界の不調和である」という定義が「有用」ではないかと考える。これは、構築主義の身体の軽視と、実在論の社会的なものの軽視の双方を補い、「わからない」ということがどういうことかを説明できる点で「有用」であると思われる。知的障害者の痛みの出発点である「準拠図式」は、社会的なもの・文化的なもの、そして「身体」双方がなければ成立しない。「身体」が入り込む世界、社会的なものが入り込む「身体」、双方がそろうことなしに知的障害者の痛みの説明は成り立たないのである。これによって、社会が変われば、知的障害者の痛みがなくなるという、大雑把な解釈に陥ることなく、「身体」を伴う個々人の痛みをその頻度と強度によって把握できる。すなわちカテゴリーとしての知的障害者の中に、個々の人間がいることを、世界との不調和の程度を強調することで示すことができるのである。その一方で、社会的なものを軽視する実在論の文脈ではとらえきれない、社会に依存的な「わからなさ」と痛みの関係をとらえることができるのである。加えて、本章で導入した「わからなさ」に起因する痛みの連続体という考えは、知的障害者とわたしたちが連続していることと、知的障害者特有の痛みがあることの双方を説明できる。

このように、さまざまな場面ごとに適した言葉を使い分けることが重要である。そしてどこでどの言葉を使うかは、当事者を中心とした「対話」によって決められることとなる。当然このように言うと、これらの言葉を選択するための「対話」に、重度知的障害者は参加できるのであろうかという疑問が生じると思われる。これについては、まず、前提として参加できると言わなければならないとはっきりさせておく必要がある。「事実」として参加できるどうかではなく、参加できると語らなければ、知的障害者を排除してきた歴史を繰り返す事となりかねない。重度知的障害者が言語を使えるか否か、それを理解しているか否かというような事実問題としてこの問題を議論するならば、おそらく収束点がみつからないであろう。だからこそ、重度知的障害者も「対話」できると、「有用性」に訴えて答えるべきなのである。彼ら／彼女らの社会参加という目的を果たすために役立つという意味での「有用性」に照らし判断するならば、彼ら／彼女らが「対話」できることは真である。本書は「有用性」のフェーズで議論しているので、それで十分と考える。

4-3 小括

本章の目的は、知的障害をどう定義するか、知的障害者の「わからなさ」・痛みをどう語るべきかを、知的障害者に「有用」であると思われるかたちで提示することであった。これは前項で示したように果たされたと考える。そのうえで、これまでの考察から導かれた理論は、身体と世界（社会的なもの）の双方を視野に入れないと、「わからなさ」による痛みは導き出すことはできないという点で、構築主義的な理論を乗り越えるものであった。また、事実問題にしないという点で、実在論を基礎とする相互作用論を乗り越えるものでもあった。ただし、仮に、知的障害当事者による「対話」から、「わからない」ことは痛みと関連しないという結論が導き出されるならば、これまでにみたような知的障害の記述を使用する必要はない。その場合は、構築主義や相互作用論の言葉を場面に合わせて使い分ければよいのである。しかし、「わからなさ」を痛みとするのであれば、「知的障害とは身体と世界の不調和」であるという定義は「有用」であると考える。これによって「身体」も社会的なものも取り入れたうえで「わからなさ」による痛みを考察できる。受動的な知的障害者でも、社会とのかかわりのない知的障害者でもない知的障害者とその痛みを記述できるのである。わたしたちは、知的障害者との「対話」を通して、これからいっそう、その世界を記述する言葉を創りだす努力をしなければならないであろう。知的障害とは何かという唯一の「真理」にとらわれないからこそ、さまざまな知的障害者にとって「有用」な語りが生み出される可能性があるのである。

次章では、障害者運動を主題とし、アイデンティティポリティクス、その弊害を乗り越える運動体、運動体以前の「差異」等を論じながら、運動体の乗り換え・移行という新たな可能性について論じることとする。

■註

1　ただし、仮に、この過敏性が、「わからなさ」と結びつくのならば事態は別となる。例えば、知覚過敏の知的障害者が、駅のアナウンスや雑踏の音、作業所での利用者たちの会話、光刺激等に、慣れたマテリアルな痛みとしてではなく、新奇な、理解できない、「わからない」状況として遭遇したとき、単にマテリアルな環境の整備によって対処できると説明するのは難しいように思われる。これについては、後述する。

2　新奇な状況には、ときに知覚過敏の知的障害者に対する新奇な音の刺激や光刺激によるものも含まれるかもしれない。それによって、身体は「主題化」され、「疎外」される。

第5章 障害定義を使い分け、障害者運動を乗り換え・移行する

5-1　問題意識と目的

障害のアイデンティティポリティクスは、運動体を構成する障害者たちにとって、果たして「有用」なのであろうか。それが、仮に「有用」だとしたら、どのような目的を達成するために「有用」なのだろうか。アイデンティティポリティクスとは、その構成員が、あるアイデンティティを共有することで成り立っている。障害のアイデンティティポリティクスであれば、障害者というアイデンティティを共有することで成り立っている。障害という特性・性質を共有し、その「同一性」のもとで、構成員は運動体を形成するのである。そうすると、障害のアイデンティティポリティクスが「有用」かどうかは、障害を「同一性」から語ることが「有用」かどうかとリンクする。

近年、これまで考えられてきたアイデンティティというもの自体を疑い、そこから障害のアイデンティティポリティクスをも批判する論考が多くみられる（Tremain 2001; Davis 2002; Galvin 2003; Mcruer 2006; Mallett and Runswick-Cole 2014; Shakespeare 2014 等）。それらの論考によれば、障害のアイデンティティポリティクスには多くの弊害がある。では、その弊害とはどのようなものであり、それを乗り越えるにはどうしたらよいのだろうか。障害のアイデンティティポリティクスに代わる障害者運動はあり得るのだろうか。仮にそのような運動があるのならば、そのとき、どのように障害を定義すべきか。さらに検討しなければならないことがある。本章は運動論を主眼としているものの、そもそも運動体に加わることを拒絶する障害者もいる。また、運動体に参加しながらも、そこから逸脱する障害者もいるであろう。したがって、そのような人たちにとって「有用」な障害定義も模索しなければならない。

これらをまとめ、本章の目的を描き出す。まず、一つ目は、障害を「同一性」から語る障害のアイデンティティポリティクスは、どのような目的を達成するために「有用」であるかを、「青い芝の会」とＵＰＩＡＳの分析を通して、明らかにすることである。二つ目は、同様に「青い芝の会」とＵＰＩＡＳを通して、アイデンティティポリティクスの弊害を明らかにしたうえで、それを乗り越える運動を模索し、その際に、どのような障害定義を用いるのが「有用」かを示すことである。この新たな運動体の考察には、バトラーの論考を用いる。バトラーの論考は、アイデンティティの社会構築性を暴露し、アイデンティティを拡散させる運動に示唆を与えてくれる。また、Treatment Action Campaign（以下ＴＡＣ）による運動等を介して、マクドナルドの「経験運動（experience movement）」（McDonald 2004）【ただし、長谷川はこれを、同一の空間で自己が他者と出会う『経験共有運動』と訳すように促す（長谷川 2020: 23）】を素材とした青木の社会運動論や、それらを総括した長谷川の社会運動論も用いる。ここで言う「経験運動」とは、集合的アイデンティティを欠き、各々の違いを身体的に感じつつも、同じ空間を共有し、他者と出会う経験をともなうような運動である（濱西 2016: 45, 48）。またそれは、仲間集団的であり、つかの間の流動的な性格を有する（長谷川 2020: 23）。これらもその運動の性質上、新たな運動体に重要な示唆を与えてくれる。三つ目は、アイデンティティポリティクスにも、新たな運動体にも馴染まない人たちにとって「有用」な障害定義をみつけることである。別段運動をしなければいいだけではないかと思うかもしれないが、ことはそう単純ではない。運動体に関わりたくても関われない人や、運動体内で逸脱してしまっている人も中にはいるのである。その場合、運動と潜在的に、また、すでに関わっているとみなすことができ、本章の運動論の射程に入る。したがって、そのような人が語る「有用」な障害定義を探る必要がある。この考察では、ドゥルーズの「差異」に関する論考が役立つ。なぜなら、ドゥルーズの述べる「差異」は、普段わたしたちが、一般的に考える「差異」（例えば、健常者／障害者の差異や障害種別による差異）とは異なり、上記のような人々にとって逃げ場や拠り所となる「差異」について考えるきっかけをもたらしてくれるからである。最後は、これら二つの運動体、および、運動体以前の「差異」の関係性を明らかにすることである。これら二つの運動体と「差異」は、なにも他を排斥して、ただ一つだけを選択するようなものではない。目的と状況に合わせて使い分けることができると考える。この運動体の乗り換え・移行という考えを検討することが最後の目的となる。これには、ドゥルーズを下地とした千葉雅也の論考の「切断」と「接続」という概念が参考となる。なぜなら、運動体の乗り換え・移行において、アイデンティティの「接続」・「切断」が欠かせないからである。千葉の「接続」・「切断」の概念は、それに対する考察の手がかりを与えてくれる。

前章までは、主に「実在」と構築の軸で、障害定義の戦略的・実践的使用をみてきた。本章では、主に「同一性」と「差異」の軸で障害定義をどのように使用していくべきかをみていく。また、運動体が求めるものは、「承認」（例えば、障害者文化を健常者文化と同様に承認する等）と「分配」（例えば、金銭的な再分配等）に大きく分けることができると考えることも可能であるが（Fraser 1995）、本章は、「承認」に大きく関与する「支配と抑圧の概念」こそが、「分配」に主に関係する「社会正義の概念」の出発点になるべきだというヤングの考えにしたがい（Young 1990）、「承認」に焦点を当てることとする。加えて、本章の「障害のアイデンティティポリティクス」は、障害という特性・性質をアイデンティティとし、それに基づいて集団を形成、運動を行うというような広い意味で用いる。このアイデンティティポリティクスの簡潔なとらえ方は、運動の基礎にアイデンティティを据えるかどうかという点で、アイデンティティを拡散させる運動や、障害を「差異」から語るものと対比する際に、理解を容易にするであろう。

本章の学術的新しさは、障害定義、障害の語り方を変えることによる、状況や目的に沿った運動体の乗り換え・移行という可能性を、議論の俎上に載せることにある。障害のアイデンティティポリティクスに関する論考は多数あり（田中 2005; 横塚 2007; 山下 2008; 廣野 2009; 定藤 2011; 横田

2015; 荒井 2017; 2020; 石島 2018 等)、障害のアイデンティティポリティクスに対する批判も多数ある (Tremain 2001; Davis 2002; Galvin 2003; Mcruer 2006; Mallett and Runswick-Cole 2014; Shakespeare 2014 等)。また、障害のアイデンティティポリティクスを乗り越えた運動への示唆もある (Mcruer 2006)。そして、障害者運動以前の平等についての議論もある (Bickenbach et al. 1999; Davis 2002; Hughes 2007; Shakespeare 2014)。しかし、上記のような運動体の乗り換え・移行に関する議論は寡聞にして知らない。

本章の意義である。障害者運動が障害領域の研究において、大きな役割を果たしていることを踏まえると、障害者運動に新しい知見をもちこむことは、まず意義のあることであろう。そして、目的と状況に合わせて障害者運動を乗り換え・移行することができる可能性を示唆することは、新たな障害者運動のあり方を提示することである。もしそれが、成功しているならば、これからの障害者運動のあり方について、一定程度の貢献をしたことになるであろう。そうであるならば、障害領域における研究として実践的意義は少なくない。なぜなら障害者運動の新たな展開は、障害者への不当な社会的圧力の軽減・緩和へつながるからである。

本研究全体における本章の位置づけは、前章に引き続き第Ⅰ部で考察した障害定義の戦略的・実践的使用の「有用性」の具体的な検討となる。障害者運動を事例として、障害定義、障害の語りの使用法を提示し、それを議論の俎上に載せる。

5－2　分析

5－2－1　「青い芝の会」からみるアイデンティティポリティクスの「有用性」

障害のアイデンティティポリティクスの「有用性」をみるうえで、二つの障害者団体に着目する。一つは、「青い芝の会」、もう一つはＵＰＩＡＳである。なぜこの二つに着目するのか。「青い芝の会」は、その過激とも思われるラディカルな理念から、当時の、そしてそれを振り返る今の障害者運動に大きな影響を与え、障害学や社会福祉学領域で多くの研究がなされている。また、ＵＰＩＡＳはイギリスを発祥とするが、今や世界的に影響を与える社会モデルの土台を作った運動として、日本の障害学や社会福祉学領域においてその名を知らぬものはない組織となっている。つまり、両組織は、近年のラディカルな障害者運動の起点であったということができる。加えて、両組織共に「障害者」であることにこだわり抜き、障害のアイデンティティポリティクスに係る先駆的議論を展開した。したがって、これらの運動は、それが与えたインパクトによる大きな変化という点、その後の豊富な研究成果という点、そして何より、アイデンティティポリティクスのメリットとデメリットを顕著に示しているという点から、アイデンティティポリティクスとしての障害者運動を分析する上で適していると考える。このような理由から、本書は、「青い芝の会」とUPIASによる運動に着目することとする。

まず、「青い芝の会」についてであるが、日本で、すでに多くの研究がなされている（田中 2005; 山下 2008; 廣野 2009; 定藤 2011; 荒井 2017; 2020; 石島 2018 等）。したがって、これについて若干の説明をしたうえで、アイデンティティポリティクスの観点からこの運動体の記述を試みる。

「青い芝の会」は、日本ではじめて開設された公立の肢体不自由児学校「東京市立光明学校」の卒業生だった山岸厚・高山久子・金沢英児という三名の脳性マヒ者を発起人とし、東京都大田区で結成されたものである（本来ならば、「脳性マヒ」と「CP」の表記を統一すべきであろうが、「青い芝の会」の横田・横塚らが文脈によってそれを使い分けており、固定していないことに倣い、あえてその都度引用にしたがうこととした。ただし引用と関わらないところでは「CP」の表記を用いる）。この団代が、一九七〇年代に至ると、一躍全国的に名を知られる団体になるのであるが、それは、一九六九年に結成され、その後の障害者運動に多大な衝撃を与えた「青い芝の会神奈川県連合会」によるところとされている。「神奈川県連合会」は、それまでの障害者団体とは一線を画しており、従来の団体が陳情・啓発・親睦・互助といった活動に力を入れていたのに対し、障害者差別に対する直接的な抗議行動を数多く繰り広げ、社会に衝撃を与えた。それは、従来の障害者や障害者運動のイメージを覆す画期的な取り組みであった（荒井 2020: 35, 38, 40）。

この「青い芝の会」の運動が、アイデンティティポリティクスであったことは、これからみるさまざまな文脈から読み取れるが、中でも、同会が出した「行動綱領」の中にそれが明確に示されている。荒井によると、この「行動綱領」には、二つのヴァージョンがある。横田弘が記したオリジナルなものと、その後加筆修正されたものである（荒井 2017: 29）。最初にオリジナルの㈣項目のうち、はじめの二項を引用する。なぜ二項しか引用しないのかと言うと、その二項が「青い芝の会」がアイデンティティポリティクスであることを、明確に示していると思われるからである。

一、われらは自らがＣＰ者であることを自覚する。
われらは、現代社会にあって「本来あってはならない存在」とされつつある自らの位置を認識し、そこに一切の運動の原点をおかなければならないと信じ、且つ行動する（横田 2015: 112）。

一、われらは強烈な自己主張を行う。
われらがＣＰ者である事を自覚した時、そこに起こるのは自らを守ろうとする意志である。われらは強烈な自己主張こそそれを成しうる唯一の路であると信じ、且つ行動する（横田 2015: 112）。

まず、一項目の、「自らがＣＰ者であること」、そしてそれが「現代社会」において「本来あってはならない存在」と「自覚」することが「一切の運動の原点」であるという記述は、「CP者」というアイデンティティを運動の原点とすることを宣言しているととらえることができる。また、二項目は、「強烈な自己主張」によってこそ、「自らを守る」ことができ、その「自らを守ろうとする意志」は、「CP者」であることを「自覚」したときに生じると宣言しているので、「CP者」への「自覚」が「自己主張」の土台となっていることを意味する。そうすると、「CP者」というアイデンティティがあればこそ、運動体として「自己主張」が可能となるのである。次に、この「行動綱領」が「全国青い芝の会総連合」全体の「行動綱領」として採択されるに至る際に加えられた五項目にも（荒井 2020: 56）、アイデンティティポリティクスをみてとることができる。

一、われらは健全者文明を否定する。
われらは、健全者の作り出してきた現代文明が、われら脳性マヒ者を弾き出すことによってのみ成り立ってきたことを認識し、運動及び日常生活の中からわれら独自の文化を創り出すことが現代文明への告発に通じることを信じ、且つ行動する（荒井 2017: 171）。

この五項目では、「健全者」【『健全者』とは、障害者の単純な対義語ではなく、『障害者と対立関係にある者』や『障害者と共生が難しいもの』といったニュアンスを帯びる言葉である。障害者（マイノリティ）の立場から、障害者でない人たち（マジョリティ）を可視化するための役割を果たす（荒井 2020: 88, 92）】と「脳性マヒ者」が、「われら」という言葉によって、区別されるものとして描き出され、「脳性マヒ」をアイデンティティとする者たちが「独自の文化を創り出すこと」の必要性が述べられている。「脳性マヒ」というアイデンティティによってつながった「われら」と、「健全者」の明確な区別は、障害のアイデンティティポリティクスでよくみられる障害者と健常者という二分法ではなく、「われら」の範囲を「障害者」から「脳性マヒ者」に狭めた二分法と理解できるであろう。

しかしながら、この「われら」の範囲に関しては、「青い芝の会」の中でも、意見は一致していなかったようである。荒井は、行動綱領の「われら」に関して次のような問いを発する。この〈われら〉の範囲はどれほどのものなのだろうか？　そしてその答えが、横田と話した経験や記憶や手持ちの資料を総動員して推測される。結果として、横田だったら「差別される存在であることを自覚したCP者達の集合体」と答えるかもしれないという答えが導き出される（荒井 2017: 47）。実際、横田自身も、実母による脳性マヒ児殺害事件について議論した「青い芝」七月例会の記録の要旨を引用した後に、以下のように述べている。

「親は子どもに対し責任をもつべきだ。」
「一方的に言うとカドがたつ。親の立場もわかるが我々の立場はこうだと言ったほうがよい。」

これらの発想は、明らかに障害者の、脳性マヒ者のそれではない。まったくの健全者の発想であり、健全者の世界に追いついていこうとする意識の現われに他ならない（横田 2015: 40）

この記述で重要なのは、上記のような発想を、「健全者の発想」であり、障害者の、「脳性マヒ者の」発想ではないと戒めているところである。横田は、「障害者の」と一度記述したうえで、改めて「脳性マヒ者の」、と記述し直しているのである。これは横田の「われら」が、障害者では大きすぎる、あくまで「われら」とは、「脳性マヒ者」のことであるという気持ちの表れととらえることはできないだろうか。横田にとってあくまで、アイデンティティポリティクスの土台となるのは「われらＣＰ者」であったのではないか。だからこそ、「行動綱領」の第一項に「われらは自らがＣＰ者であることを自覚する」と、あえて障害者ではなく「ＣＰ者」と書いたのではないか。そして横田が常々、「この第一項が一番大切なんだと言い、これがなければ脳性マヒ者による運動なんてありえないんだと、語気を強めていた」（荒井 2017: 122）ことを考えると、やはりここでの表現は「ＣＰ者」でなければならず、「ＣＰ者」こそ「われら」であったのではないだろうか。

しかし、一方で、横田は、「『革命』の中で確立した『障害者』の位置づけがなされない限り、はっきり言うならば、寝たきりで食事から排せつまで人手を煩わさなければならない人たちを人類の中にどう位置付けるか、という作業がなされない限り、その『革命』はすでに堕落への道を歩み始めたと言っても過言ではないだろう」や、「『障害者』の位置を確立する作業がなされた時点でこそ始めて『障害者』と『健全者』の連帯はなされる」（横田 2015: 121）等の記述をしてもいる。そうすると、結局、横田にとって「われら」は「CP者」と「障害者」どちらをあらわしていたのであろうか。もしくは、どちらに重点を置いていたのであろうか。これに関しては、横塚の「青い芝の会」をみることである程度の解釈ができるように思われる。

横田と横塚の相違について、荒井は以下のように述べている。横田弘と横塚晃一という「青い芝の会」を牽引した二人の伝説的な運動家の最大の相違点は、自分のことをポジティブにとらえようとする発想があるかないか、という点にあった（荒井 2017: 185）。この自分をポジティブにとらえるか否かという点が、両者の運動のあり方に影響したのではないだろうか。自分をポジティブにとらえる横塚には、運動は大きい方がよいという発想があったようだと、生前の横田から聞いた話として荒井は記述する（荒井 2017: 188）。実際、横塚は、一九七六年に結成された、障害の種別を超えた、全国の障害者解放運動を進めていた団体の連絡会議である「全国障害者解放運動連絡会議」（以下『全障連』）の初代代表幹事に就任している（荒井 2017: 189, 195）。横塚の、運動は大きい方がよいという発想とこの「全障連」の初代代表幹事就任を結び付けると、横塚という人が、「われら」というものを常に「CP者」に限定していたとは考えにくい。実際、横塚が、『全障連結成大会報告集』において、「障害者解放運動の現在的視点」というタイトルのもと記述した文章では、一貫して「障害者」という主語が用いられている（横塚 2007: 325）。そして、何より、横塚は以下のように言っている。

このように組織形態の異なるもの、また運動過程が異なるものたちが一堂に会して討論し、一定の方向性の下に運動していくということは、今まで例をみなかったことであり、それ相当の困難が伴うことである。が同時にまた、そこから得られるものも大であることを、今、私はひしひしと感じている（横塚 2007: 326）

このように横塚は、障害者の連帯を望ましいこととしてとらえている。また、次のようにも述べているのである。

今まで個々に運動してきた障害者においては、ともすれば、お山の大将的な面がなきにしも非ずであったが、全障連という大きな組織に結集し、その組織活動の中で様々な人たちと励まし合い、しのぎをけずり合う中から大きく成長することができるであろう（横塚 2007: 333）。

この記述での、個々の障害者運動の「お山の大将的な面」の指摘は、例え、これが『全障連結成大会報告集』である事を差し引いたとしても、横塚が「われら」を「CP者」に限定せず（例え『CP者』を主語にすることがときにあったとしても）、より広くとらえようとしていた証拠と考えられるのではないだろうか。

一方、横田はどうであったか。横塚と比べると横田の「われら」はやはり「CP者」であったと考える。一九七八年七月に横塚が亡くなり、翌年二月「全国青い芝の会総連合会」が「全障連」を脱退する前の（荒井 2020: 200）、一九七八年九月、『青い芝』No.104の「第2回全国委員会議事録」における横田の発言が参考となる。

今日の全国的な様々な問題、全国でおこっている様々な問題原因はいろいろあると思います。しかし、私としてはその大きな原因として、自分達が脳性マヒ者ということを、いつか障害者という言葉に置きかえてしまった。障害者一般という形で、自分達の立場を忘れてしまった。障害者は、本来あってはならない存在ではなく、障害者の中で脳性マヒ者が本来あってはならない存在なのだということです。行動綱領の中で、自らをCP者として自覚すると言っておきながら、言葉も意識も障害者一般におきかえられているところこれは非常に大きいと思うんです。私はこの際もう一回青い芝が、青い芝原点に立ち帰って、障害者の中でも、抑圧、あるいは殺されていく対象としての脳性マヒ者であり、CP者であるというところからもう一回、生きるとは何かを考えたい（社会福祉事業団体日本脳性マヒ者協会全国青い芝の会総連合会編 1978: 33)。

この発言をみれば、横田の「われら」があくまで「CP者」であったことが明確にわかるであろう。横田は横塚とは違う。あくまで、「われら」は「CP者」という特定の範囲を指していなければならなかったのである。自分をポジティブにとらえようとする発想がある横塚は、より大きな「われら」の運動を目指した。対照的に、自分をポジティブにとらえようとする発想がない横田は、「CP者」を「われら」とすることにこだわった。荒井は、この横田という人の闘いについて、あの激しい運動を通じて横田が闘っていたものは、実は、自分自身だったのではないか。正確に言うと、あれだけの激しさをもって断ち切らなければならなかったのは、自分自身の中に存在する、自分自身を否定する心だったのではないか、と言っている（荒井 2017: 260)。横田という人は、自分をポジティブにとらえられないからこそ、思考は内に向かい、自分を凝視することとなり、自己否定と闘わざるを得なかったのではないだろうか。究極のところ、横田の「われら」は「CP者」から「自己」へと収束していくものであったのではないか。それは、外に目が向き、「われら」を「CP者」から「障害者」に発散させることを試みた横塚と対照的である。横田、横塚双方が「われら」「CP者」から出発し、内と外、反対方向へ向かっていく。そして、内に向かうほど「われら」の範囲は狭くなり、外へ向かうほど「われら」の範囲は広くなるのである。横田、横塚は「青い芝の会」を牽引した人であった。そうであるならば、多様な人間が集まった「青い芝の会」の「われら」は、横田、横塚が描いた軌道、「自己」から「障害者」への軌道を、「CP者」を回帰する場所としながら、往来していたのではないだろうか。ただし、厳密に言うと、「自己」に収束してしまっては、「われら」であることはできない。したがって、「青い芝の会」の「われら」は「自己」に収束しないぎりぎりの位置から「障害者」までを、「CP者」に幾度となく戻りながらゆれ動いていたと解釈できるのではないか。ゆれ動く「われら」を集団のアイデンティティとして、「青い芝の会」は、運動を繰り広げたのである。しかし、このようなアイデンティティポリティクスに、どのような意味があったのであろうか。「青い芝の会」のようなアイデンティティに訴える運動の「有用性」を考えてみる必要がある。

「青い芝の会」からアイデンティティポリティクスの「有用性」を考察する際に、鍵となるのは、「殺されるかも」、「自覚」、「個性・文化」の三点ではないかと考える。まず、「殺されるかも」からみていく。一九七〇年五月に、横浜市で、重度脳性マヒをもつ女児を母親が殺害するという、障害児殺し事件が起きた。そして事件からほどなくして、この母親の住む町内会の人たちが、母親への減刑嘆願のための署名集めをはじめた。加えて、障害児を抱える親たちの会「神奈川県心身障害児父母の会連盟」も、横浜市長宛に抗議文を提出したのである。これに対して「青い芝の会神奈川県連合会」は減刑嘆願反対を唱えて、横浜地裁や横浜地検に意見書を提出し、街頭でのビラ配り等をおこなった。その意見書の要旨は次のようなものである（荒井 2017: 99, 101）。多くの障害者の中にあって脳性マヒ者は、重いハンディキャップのゆえに、生産第一主義の現社会において社会の片隅におかれ、人権を無視され、ひいては人命迄もおろそかにされがちである。このような風潮の中では脳性マヒ者は「本来あってはならない存在」として位置付けられる。たとえ寝たきりの重症児でもその生命は尊ばれなければならない。本事件の原因を施設が足りないこと、福祉政策の貧困に帰してしまうことは簡単だが、そのことによって被告の罪が消えるならば、即ち無罪の判決が下されるならば、その判例によって重症児（者）の人命軽視の風潮をますます助長し、脳性マヒ者をいよいよこの世にあってはならない存在に追い込むことになる（横田 2015: 40; 荒井 2017: 101）。ここで記されたことから、「脳性マヒ者」が、「人権を無視され」、「人命をおろそかにされ」、「本来あってはならない存在」として「殺されるかも」しれないことへの恐怖感を抱いていることを読み取ることが可能である。「脳性マヒ者」達は、この「殺されるかも」という恐怖をどうにかするためにアイデンティティポリティクスを行わざるを得なかったのではないか。この減刑嘆願反対運動で使用されたビラには、「私達は生きたいのです。人間として生きることを認めて欲しいのです。ただそれだけなのです」（横田 2015: 49; 荒井 2017: 103）と書かれている。そしてまた、裁判で重症児殺しを容認するような判決が下されれば「全国の重度障害児（者）達は明日、いや、たった今から生命を脅かされ続けなくてはならないのです」（横田 2015: 49; 荒井 2017: 103）とも書かれている。このような生命を脅かされる危機感の中で、アイデンティティに疑いを向け、アイデンティティポリティクスの弊害を、ある意味アカデミックに語る批判者の見解は妥当であろうか。同一のアイデンティティをもつ者同士が、もしくは、同一のアイデンティティをもとうとしている者同士が、連帯することでしか自分たちの生命を守ることができないと考えるのは当然ではないだろうか。「同じ」であるという強い結びつきで集まることによってしか、回避できない、回避できると考えることができない危機があるのではないだろうか。「今痛い人間」は、その痛みを伝えるために、どういった言動がふさわしいのかなど判断できない。場合によっては、全身全霊で「とり乱す」しかないのである（荒井 2017: 45）。今「殺されるかも」という危機感を強烈に感じている人間は「とり乱し」、アイデンティティによる連帯の弊害など考える余裕もなく、堅く凝集することで、殺そうとする側から身を守り、抵抗するしかないのではないか。横田は、「青い芝神奈川県会報」である『あゆみ』No.10の編集後記で、「『生きる』という自覚がない限り今度の運動を自分の物、自分の問題として執える（ママ）ことはできないのだ。苦しみの中に、悲しみの中に『生きる』ことを見出そう。そして大声で叫ぼう。『我等は決して殺されはしない。』」と叫んでいる（小山編 1989: 88）。「青い芝の会」のアイデンティティに訴えた運動は、生命の危機に瀕している状態から「生きる」、「殺されはしない」という「自覚」がなければ成立しなかった。逆に言うと、「生きる」「殺されはしない」という「自覚」のもと抵抗をするためには、アイデンティティポリティクスが「有用」であったのである。差し迫った生命の危機に対処するには、凝集力が強い方がよい。ふとした瞬間に切れてしまう「緩いつながり」では対応できない。「誰も脳性マヒ者のことなんて守ってくれないんだ」（荒井 2017: 227）という絶望的な状況に追いやられたならば、他ならぬ「脳性マヒ者」同士で連帯するしかないのである。

次に、「自覚」という点から、アイデンティティポリティクスの必要性について検討する。横田が起草した「行動綱領」の一項目には、「CP者であることを自覚する」ということが記されていたのであった。これは、自分たちは、差別され、排除され、いじめられている存在であり、それが事実である。それを「自覚」しろ。その痛みを感じろ。それが運動の第一歩である、ということである（荒井 2017: 46）。しかし、「CP者であることを自覚する」ことと、アイデンティティポリティクスは何の関連性があるのだろうか。それを理解するには、「CP者」の「自己」とはどのようなものか、どのような状態にさらされていたかを理解することからはじめなければならない。横塚は以下のように述べる。

> 私達が、自己主張するには先ずその自己がなければなりません。そういえば私達は今まで自己というものをもっていたでしょうか。体はわるくても心は美しくとか、心まで障害者にならないようにというように、心と体を分断するような教育をされてきた私達の意識は全く自己喪失であったと

いうことに気がつきました（横塚 2007: 64）。

さらにこうも述べられる。

周囲の者に感謝することを強要され、他人の顔色を伺うことのみを身につけさせられた我々障害者は、主体性など始めからもたされてはいない。いや、もつことを禁じられてきたのである（横塚 2007: 328）。

「CP者」・「障害者」の自己は、健全者社会によるさまざまな意識的、無意識的強要によって喪失状態にあった。だからこそ横田も横塚も「自覚」や「主体性」にこだわった。自己を喪失状態から回復しなければ運動はできない、いや、自己喪失から回復するために運動が必要だったのである。アイデンティティポリティクスは、集団の成員が共通に分かち合うアイデンティティがなければならない。しかし、そのアイデンティティは喪失した状態にある。したがって、運動をするためには、まず自己の喪失を徹底的に「自覚」しなければ、「主体性」奪われていることを徹底的に凝視しなければならなかったのである。「殺されるかも」しれない自己、「本来あってはならない存在」としての自己を「絶望の果て」に自覚するのである。

やはり障害者運動は障害者が主体となり、障害者の主体性が発揮されるかたちでなされなければならない。この一点は横田の中で絶対にぶれなかった。障害者運動の核となるべき障害者の主体性。それを手に入れるためには何が必要なのか？　横田に言わせれば、それは障害者としての〈自覚〉だった。どうしたって自分は差別され、殺される脳性マヒ者なんだ。それを〈自覚〉するところからはじめなければならない。それがすべての原点だ、ということになる（荒井 2017: 126）

もしこの「自覚」がなければ、「『健全者』の世界に同化することを夢みたり、『健全者』に理解を求めるとかを考えること」となり、「自らを疎外、抑圧の道を歩む」こととなってしまう（横田 2015: 116）。だからこそ徹底的な自己凝視、「自覚」をすることで、「自己」と「CP」・「障害」という特性・性質を同一化させ、「健全者幻想」を打破し、健全者社会のさまざまな実践に「主体性」をもって抵抗する必要があったのである。つまり、「CP者であることを自覚」し「主体性」を獲得するために、CPという特性・性質と同化するアイデンティティポリティクスは必要不可欠であり、また、「健全者社会」への抵抗は、「自覚」の果てに獲得された「主体性」をもったアイデンティティポリティクスによって、なされなければならないのである。

最後に、「個性」・「文化」の観点から、アイデンティティポリティクスの「有用性」をみていく。

横田と横塚はこの「個性」・「文化」に対して意見を異にしている。横田は、「障害も個性」という言い方が好きではなかったらしい。この言い方だと「障害」というものが「ついていてもよいオプション」、もしくは「ついていても仕方がない付属品」みたいに聞こえなくもないからである（荒井 2017: 116）。このように横田は障害個性論に反発を示す。一方で横塚は、以下のように言う。

> 私達脳性マヒ者には、他の人にない独特のものがあることに気づかなければなりません。そして、その独特な考え方なり物の見方なりを集積してそこに私達の世界をつくり世に問うことができたならば、これこそ本当の自己主張ではないでしょうか（横塚 2007: 66）。

この記述から、横塚が「脳性マヒ者」ならではの独特な思考や視点を生かして、「脳性マヒ者」の世界・文化を作ろうとしていたことがわかる。もちろん常に横塚が障害をこのようにとらえていたと言うつもりはない。しかし、横塚には、障害を独特なものと肯定的にとらえる面があった。彼は「健全者」の価値観とは異なる障害者の独自性や可能性を強調した（荒井 2017: 186）。これは、「脳性マヒ」や障害を個性・文化としてとらえたということに外ならないのではないか。ここにおいても横田の「青い芝の会」と横塚の「青い芝の会」は異なっている。そして「青い芝の会」のメンバーもこの二人の「個性」・「文化」についての理解の間で（もしくはそれを超えて）ゆれ動いていたのであろう。障害を「個性」・「文化」ととらえるか否かの問題についての横塚の姿勢は、一部の聴覚障害者が自分たちを独特の文化の担い手として定めたことと似ているように思われる。ウェンデルは、多くの聴覚障害者達は、自分たちが創った独自の文化を保存することを望んだため、耳の聞こえる人の社会に同化することを望まなかったと言っている（Wendell 1996: 75）。そして、オリバー・サックスの文献から、聴覚障害の学生の以下のメッセージを引用する。「わたしたちは、自分達自身の文化と言語をもつユニークピープルである」（Sacks 1988: 28）。この学生のメッセージは、例え横田が、「障害者の存在を否定する社会の常識があるのだとしたら、それに対して何か別な物を作り出して対抗するのではなく、その発想そのものが差別なんだ」（荒井 2017: 187）と言ってみたところで、その価値を失うことはないであろう。この学生は健全者文明への対抗という意味よりも、独自の文化を保存することに重点を置いていたかもしれないのである。すべてを健全者との対抗ととらえず、障害を「個性」・「文化」ととらえる発想も、それを望む人がいるならば、尊重すべきである。そうすると、障害という「個性」・「文化」を保存するために、アイデンティティポリティクスに訴えることもときに「有用」なのではないか。他者と連帯するための核として、障害を「同一性」から語ることは、この聴覚障害の学生のように、独自の「文化」を保存することを目的とする場合、「有用」であると言えそうである。誇りをもってそれを「個性」「文化」と訴える人の言い分を無視してまで、障害個性論、障害文化論を否定することは意味がない。以上「青い芝の会」を例にとり、「殺されるかも」、「自覚」、「個性・文化」という観点からアイデンティティポリティクスの「有用性」を検討した。

5-2-2　UPIASからみるアイデンティティポリティクスの「有用性」

はじめに、UPIASとはどのような組織であったかを簡潔に記す。UPIAS（『隔離に反対する身体障害者連盟』）は、一九七二年、「障害者自身による組織」の結成を呼びかけるポール・ハントのガーディアン紙への投稿記事に賛同した二十数名のメンバーによって結成された英国の小さな障害者組織である。結成当初のコアメンバーには、ポール・ハント、ヴィック・フィンケルシュタイン、デイビス夫妻等がいる。そしてこのUPIASこそ、社会モデルの起源に位置付けられている（田中 2017: 2, 12, 92）。

では、UPIASは、一体誰を「われら」としたのであろうか。「青い芝の会」が「われら」という表現をしたのに対し、以下のUPIASの記述の大部分をそれに負う田中の文献が「われわれ」という表現によって、UPIASの組織目的と方針を表したUnion of the Physically Impaired Against Segregation: Policy Statement（以下PS）を訳しているので、以下、「われら」と同義で「われわれ」を用いる。

UPIASの内部回覧文書であるICから（田中 2017: 17）、ポール・ハントが「われわれ」をどのようにみようとしていたかを知ることができる。ポール・ハントは、ＩＣ２号において、ＵＰＩＡＳの会員資格は身体障害者であり、積極的に組織活動に参画できる者に限定する旨を述べている（UPIAS 1973a: 7）。この記述からは、ポール・ハントが明確に「われわれ」を身体障害者に限定していることがわかる。さらに、同号で、あるメンバーが、「ある人々を特定のカテゴリーへ分類することは実行不可能であるだけでなく、望ましくない」（UPIAS 1973a: 5）という反対意見を述べると、ポール・ハントは、現時点で、他のカテゴリーの障害者たちをユニオンに包摂することは、おそらく混乱をもたらすだろうと述べながらも、わたしたちが、身体障害者以外のすべてのスティグマ化され、抑圧された人々――その抑圧の解消に自ら取り組んでいる人々――の集団と協働していくことはわたしたちのアプローチにとって基本となると述べている（UPIAS 1973a: 7）。つまり、結成当初においてＵＰＩＡＳは、混乱を避けることを理由に「われわれ」をあくまで「身体障害者」に絞ったのである。しかしながら、その「われわれ」は他の「抑圧された人々」との連携を拒んでいるわけではない。これは、一見すると「われら」をあくまで「ＣＰ者」に絞ることを意図していた横田的発想ではないように思われる。そうかといって、「全障連」に加わり、「われら」を「ＣＰ者」から「障害者」へ広げようする側面をもっていた横塚的発想かと言うと、この結成当初の時点では、そうとは言い切れない。ＩＣ２号でのポールの「抑圧された人々」との連携は、あくまでも、現時点で、他のカテゴリーの障害者たちをユニオンに包摂することは、おそらく混乱をもたらすだろうという言及を前提としたうえでのことであり、実際、会員資格は「身体障害者」に限定されていたからである（UPIAS 1973a: 7）。そうすると、結成当初のこの時点では、外部との連携を否定するものではないが、「われわれ」は「身体障害者」であり、それ以外は「われわれ」の外部であったと考えるのが妥当と思われる。よって、「CP者」と「身体障害者」という規模は異なるが、自らが抱える障害に限定し、障害種別を超えたより広い「障害者」を「われら」とする発想はなかったという点で、ポールの「われわれ」は、横塚より横田の「われら」に近かったのではないだろうか。このことは、結成後、一八か月間の討議と全メンバーによる議決を経て成文化されたPSにおいても変わらなかった。PSは、UPIASという名称を正式に名乗り、その目的と方針を明確化した文書であるが、その「会員資格」の項目には以下のように記してある（田中 2017: 92, 186）。

ユニオンの正会員資格は、重度身体障害があり、ユニオンの方針と綱領に賛同する英国内の施設入所者に対して開かれている。ユニオンは、われわれ障害者が社会変革に向けて積極的に取り組むことによってのみ、真の前進があるという確信に基づいており、ゆえに、正会員はユニオンの活動に積極的に参画することが求められている（UPIAS 1974d: 7）。

また、「他の被抑圧者集団」の項目は、以下のように記されている。

例えば「精神障害者」、或いは「精神病者」と呼ばれる人々は、明らかにわれわれと同様の扱われ方をされている。しかし、われわれユニオンの正会員資格は、シンプルに身体障害を有するという事実を基礎に置いている。このことの理由は、われわれが現時点において、身体障害と結びついたわれわれの問題状況を明らかにすることが重要であると確信しているからである。しかし、自らの尊厳ある生を実現するために闘っている他の被抑圧者集団とともに闘い、それを支援することは、われわれのアプローチの基本である（UPIAS 1974d: 7）。

ＰＳが出された時点においても、やはり「われわれ」が身体障害者（重度身体障害者）であり、例えば、他の障害者は、「他の被抑圧者集団」とされ、「われわれ」に対する「他」とされていることが読みとれる。

しかし、ＵＰＩＡＳが多数の問題（例えば一般メンバーがコアメンバーの抽象的な議論についていくことができないという問題）により組織的な危機をむかえ、その中でポール・ハントというＵＰＩＡＳにとって大きな精神的支柱の急逝により、組織の再生への道を模索しはじめた時期には（田中 2017: 254, 255, 266）、「われわれ」に関する意識もまた変化したようである。ポールの死により模索されはじめた再生の道とは、連帯であった。ＵＰＩＡＳは結成後、一八か月間の組織内議論を経て、自らのディスアビリティに係る基本的立場を示すPSを成文化するまで、あえて外部組織との関わりを禁欲していた。しかしこの再生の道において、ディスアビリティの解消という志を同じくする国内の外部組織との交流にはじまり、やがてそれらの組織との全国連合組織結成へと向けた取り組みへ、さらには、「国際障害者年」を契機とした「国際障害者連合組織」への参画へと展開してゆくことになる（田中 2017: 269）。この記述からも初期のＵＰＩＡＳが、外部組織との関わりを禁欲し、「われわれ」を狭い範囲に設定していたことがわかる。しかしながら、組織的な危機から組織の再生へ至る過程で、ＵＰＩＡＳは連帯を志向した。これは横塚と「全障連」の関係と似ている。横塚もこの時期のＵＰＩＡＳも、それぞれ「ＣＰ者」、「身体障害者」を土台としながら、より大きな「われわれ」へ向かっているように思われる。少なくとも、「われら」を「ＣＰ者」に限定することに拘った横田的な発想ではない。もしこう言ってよいならば、ＵＰＩＡＳは、横田的な「青い芝の会」から横塚的な「青い芝の会」へシフトしたのである。もちろん双方の「われら」、「われわれ」をある時点における、また、ある人物における静的なものととらえるべきではない。「われら」「われわれ」は運動の過程の中で、変化し続けていたととらえるのが適切であろう。「青い芝の会」が横田的なものと横塚的なものとの間をゆれ動いたように、ＵＰＩＡＳもまた状況により「われわれ」を変化させ、変化させられたのである。「われら」も「われわれ」もこの変化の中でとらえることが重要であると考える。

しかしながら、「われら」と「われわれ」には大きな相違があったのではないだろうか。これを見落とすと、両者のアイデンティティポリティクスの違いを見逃すこととなる。田中は、UPIASの「われわれ」に関してこのように書いている。「『われわれ』の立場の明確性、すなわち、孤立化や社会参加からの排除によって負わされている『われわれ』のディスアビリティと対峙する立場の明確性」（田中 2017: 228）。この記述で重要なのは、「われわれ」が孤立化や社会参加からの排除によって「負わされている」ことを「ディスアビリティ」として明確に概念化していることである。どういうことか。社会モデルの源流であったことからもわかるように、UPIASには、障害の発生を全面的に外部に帰す「ディスアビリティ」という概念的道具があったのである。一方、「青い芝の会」はどうか。横田も「現在の社会体制下はもとより、人類社会そのものによって『本来、あってはならない存在』と規定されているCP者の位置を私たちは、強く確認しなければならない」（横田 2015: 116）と、「CP者」が現在の社会体制下、人類社会によって規定されたことを認めている。そして「青い芝の会」の運動は、そのような社会体制、人類社会においてマジョリティであり続ける健全者に対する抵抗でもある。しかしながら、横田的「青い芝の会」においては、そこから、外部の責任を問うというよりも、内面世界へ、内面的な「自覚」の領域へと向かっていったように思われる。「各々の立場性を十分に把握し、そこから何をなすべきか、を捉えなければ真の意味の自己解放への門は開かれないだろう。繰り返し言うが、今私たちに最も必要なことは、人類社会に『あってはならない存在』とされる自らのCP者であることとの確認だろう」（横田 2015: 116）、という具合に、自己の問題としてとらえられるのである。もちろん横田が社会の責任を一切問わないというわけではない。それは、「障害児殺害事件に対する減刑嘆願反対運動」や、「優生保護法改悪反対運動及び『胎児チェック』反対運動」、「川崎バス闘争」、「養護学校義務化阻止闘争」（荒井 2020: 41）等の活動からもわかる。しかし、それでも横田はあくまで「自己」へと潜り込んでいくのである。「私たちが、『本来、あってはならない存在』とされている自己を認識した時点で、では、一体何を行うべきであろうか。自己の存在、それは何ものにもかえ難い自己そのものなのである。肉体の差異、精神の在り方などは全く関わりのない自己の『いのち』そのものなのである」（横田 2015: 116）と、語り続けるのである。この横田の姿勢は、一見すると以下の記述に通じるようにも思われる。ＩＣ３号においてＵＰＩＡＳのコアメンバーの一人であるヴィック・フィンケルシュタインは、「障害者問題の本質は個人的な問題でも医学的な問題でもなく、それは『社会的抑圧のかたちとしてのディスアビリティ』の問題だと主張したうえで、障害者たちが簡単に陥り易い間違いとして、『ディスアビリティの心理についてのアカデミックな議論に関わること』であると言う（UPIAS 1973b: 13; 田中 2017: 139）。横田は、「アカデミックな議論」とは言わないが、この障害者たちが「陥り易い間違い」と同様のものに陥って、ディスアビリティを主として心理面からとらえてしまったのだろうか。

横田にとって、〈自分のあり方をわきまえること〉と〈みずから迷いを断ってさとりに到達すること〉は、矛盾なくつながる概念だったんだと思う。〈さとり〉に至るためには、〈みずからの迷いを断〉つことが必要だ。そのための第一歩が、自分は〈本来あってはならない存在〉とされていることを〈わきまえる〉（＝よく理解する）ことだったわけだ…（略）…自分自身が生きるためには何が必要か。徹底的に考えて、考えて、考え抜け。そんな思いが〈自覚〉の一言には込められている（荒井 2017: 282）。

「CP者」を「本来あってはならない存在」として規定したのは、健全者社会であることを横田は痛いほど理解している。よって単純に心理面からのみ自らの「CP」をとらえていたわけではないであろう。横田の思考は内部へ向かい、かつ、外部を糾弾する複雑な運動をみせている。それでもなお、横田が向かったのは、社会の責任を問いながらの「自覚」だったのではないか。これを踏まえたうえで、横田的な「青い芝の会」の「われら」とUPIASの「われわれ」を比較すると、前者は、健全者社会に規定されていると理解しながら、それでもあくまで「本来あってはならない存在」であることを自覚することであらわれる「われら」であり、後者は、あくまで健常者社会によって「負わされている」「われわれ」であり、主として向かうべき方向が異なっていたのではないか。これはディスアビリティという明確な概念があるかないかが少なからず関与していると思われる。横田的な「青い芝の会」の「われら」とUPIASの「われわれ」は、「われら」、「われわれ」をどのようにとらえるかという点で異なっていた。前者は主として複雑な思考の運動の中でなお内向きに、後者は明確な概念があったがゆえに全面的に外向きに、「われら」、「われわれ」をとらえたと考えられる。では先に、後期のUPIASの「われわれ」は、横塚的な「青い芝の会」の「われら」に類似していると述べたが、それはどうであったのだろう。やはり、これも、より広範な「連帯」に開いていたという点では類似しているが、「青い芝の会」にはディスアビリティという明瞭簡潔な概念的道具がないという意味では異なっていたと考える。実際、横塚が、UPIASのように全面的に社会（外部）に責任を帰したとは想定しにくい。何と言っても、「本来あってはならない存在」としての「CP者」の自覚に重きを置く行動綱領を採択しているのである。これはその背後に社会を糾弾する意図があったとしても、やはり横塚も、横田同様に自らの思考を全面的に社会の責任へ転換することはなかったと考えられるのではないか。「自覚」するということから、内面へ沈殿する思考が全くなかったとは想定しづらい。例え、差別からの解消を訴え、社会モデルに近い思想があったとしても、それを明確に表現できるディスアビリティ概念があるかないかで、社会の帰責性を訴追する程度に違いがあったように思われるのである。それほどまでに「青い芝の会」にとって「CP者」というカテゴリーに対する自覚は重いものだったのではないだろうか。

「ＣＰ者」であることを自覚することが社会の責任を問うことであったとしても、単純にそれを社会の問題としてとらえるには、「青い芝の会」という組織の「内面」は複雑だったと考える。だからといってＵＰＩＡＳの「思考」が単純であったというつもりはない。本来は複雑であったその「思考」をディスアビリティという明確な概念によって単純化し向かうべき方向を示したのである。したがって、ＵＰＩＡＳの「われわれ」は、「青い芝の会」の「われら」と類似点もあったが、ディスアビリティ概念の有無によって、小さいとは言えない違いがあったと考える。以下では、ＵＰＩＡＳを通して、「主体性」という鍵概念を用い、アイデンティティポリティクスの「有用性」について検討する。

ＩＣ2号において、ポール・ハントは、会員資格を、身体障害者であって、かつ積極的に参画する者に限定することを提案したのであった（UPIAS 1973a: 7）。ここで重要となるのは、その資格に「積極的に参画する者」という条件があったことである。なぜこれが重要なのか。田中は、ポール・ハントのこの条件が、ＵＰＩＡＳへの参加を希望する身体障害者達に対して、他者依存の習慣から脱せよ、という強いメッセージでもあったと述べる。そして、このメッセージは、自尊心と自信を喪失してきた多くの身体障害者たちにとって、少なからぬ不安を覚えさせるものであった（田中 2017: 107）。これは、「青い芝の会」が、施設等の健全者社会の実践によって奪われた「自己」を、「本来あってはならない存在」としての「自己」として「自覚」することで、「主体性」を手に入れようとしたことと似ている。双方ともが喪失した「自己」や「自尊心」「自信」を取り戻すためにアイデンティティポリティクスが必要だったのである。実際、UPIASのメンバーにとって、UPIASの目的と方針を成文化したPSに関する、設立から一八か月間に及ぶ議論は、彼/彼女らにその依存的体質からの脱却を求め、主体意識の覚醒を促す過程であったとも言えるだろう（田中 2017: 111）。ポール・ハントはこの「主体性」のために、UPIASの運営において、可能な限りメンバーたちの主体的参画による底辺民主主義を貫こうとした（田中 2017: 113）。しかし、改めてこの「主体性」をどのように理解すべきであろうか。また「主体性」とは運動によってどのように築かれるのであろうか。この問いによって、「青い芝の会」とUPIASの相違がみえてくる。「青い芝の会」の横田にとって、「一番大切なのは〈自覚〉という問題だった」（荒井 2017: 281）。そして「自覚」の果てに獲得される「主体性」であった。一方、ポール・ハントにとっても大切なのは「主体性」であった。「青い芝の会」も、最終的に「主体性」に言及している点で、双方は似ている。しかしながら、ポール・ハントのUPIASにとって「主体性」とは、「視点の転換」と強く結びついている。

このように、「身体障害者である『われわれ』だけが正会員である」ということは、UPIASに加わった身体障害者達に対して、「ディスアビリティの政治」における主体的役割を求めてゆくことになるのだが、個々のメンバーにおけるこの役割習得は、彼らにディスアビリティに対する新たな視点をもたらすことになり、さらに、この新たな視点は、メンバーたちの基本的な思考の構えや感受性、より具体的に言えば、「身体障害者として生きること」をめぐる反省的思考を輪郭づけてゆく思考の構えや感受性そのものの転換をも促してゆくことになったと言える（田中 2017: 110）。

この記述から、あくまで、ＵＰＩＡＳのメンバーの「主体性」は、ディスアビリティへと視点を転換することに向けられていたことがわかる。運動の過程で獲得される「主体性」は、障害者たちを専門家の教育や指導の客体から、あるいは、チャリティの受動的対象から解放し、ディスアビリティを再生産してゆく社会を変革する主体として位置づけ直すことに向けられるのである（田中 2017: 237）。ＵＰＩＡＳの「主体性」は、運動のはじめから、社会へ方向づけられている。受動的で客体化された「身体障害」から、社会によって不当に作られたディスアビリティとしての「身体障害」へと視点を転換するよう方向づけられているのである。一方で「青い芝の会」、特に横田的な「青い芝の会」はどうであろうか。「青い芝の会」もＵＰＩＡＳ同様、運動の過程自体が、「主体性」を取り戻すための実践であった。しかし、その「主体性」は、何によって獲得されるのか。それは「自覚」によってである。つまり、「主体性」を獲得するためには、一度内面に深く潜り込む必要がある。ＵＰＩＡＳが「主体性」の獲得においてむしろ内面に潜り込むことを禁じたこととは反対に、横田的な「青い芝の会」の「主体性」は、内面への潜り込みなしでは獲得されないのである。しかしながら、これを「自覚」の後に獲得された「主体性」によって健全者社会に抵抗する、というような単純な図式でとらえてはならないように思う。そのような単純なとらえ方では、横田の苦悩を反映することはできないであろう。横田的「青い芝の会」の「主体性」の獲得とは、「自覚」という内側への運動と、健全者社会へ抵抗という外側への運動が複雑に絡み合い、危うい均衡を保っていたのではないだろうか。つまり、健全者社会の価値観を内面化した「内なる健全者幻想」を否定し続け、なおかつ「本来あってはならない存在」としての「CP者」であることを「自覚」し受け止めながら、同時に、外部の健全者社会に抵抗するという、矛盾したようにも思える内省と外部への活動を通して、横田的「主体性」は獲得されるのである。「内なる健全者幻想」を否定するならば、「本来あってはならない存在」であることも否定すればよい。しかし、横田は、そうはせずに、あくまで、「CP者」であることは「本来あってはならない存在」であると「自覚」する。「内なる健全者幻想」を否定することで、「CP者」という自己を肯定することはしないのである。この絶望的とも言える内省を、外部に対する運動と同時に行うことは、とても困難であることが想像される。しかし、横田的「青い芝の会」はこのような形で「主体性」を獲得するのである。これに対して、UPIASは、「主体性」を獲得するために、内省的に「身体障害」をみるのではなく、外部の健常者社会に「身体障害」をみるよう視点の転換を迫る。ふとすると内側に向かっていくだろう思考、障害を個人的な問題としてとらえる思考を、徹底的に戒めるという点で、UPIASの「主体性」獲得も、また強い葛藤にさらされていたと考える。両者の比較から、UPIASの視点の転換という戦略と、横田的「青い芝の会」の「自覚」、どちらが「主体性」を獲得するうえでより優れているかなど問うてはならない。そのような序列をつけることに意味はない。重要なのは、運動体のメンバーが「主体性」を獲得するには、さまざまなルートがあるということである。個々人が置かれた状況の中で、能動的にまた受動的に、ときに偶然に左右されながら、ルートを選択し、「主体性」を獲得すればよいのである。

以上、これまでの考察から、少なくとも、「青い芝の会」やUPIASのようなアイデンティティポリティクスが、「主体性」を獲得するために、「有用」であることが提示できたのではないだろうか。最後に、本項を終えるにあたり、「青い芝の会」、UPIASのアイデンティティポリティクスから導き出された、障害のアイデンティティポリティクスが「有用」であると思われる場合を三点挙げる。

①障害という特性・性質によって「殺されるかも」という切迫した状況から身を守る場合。

②障害を「自覚」することによって、また、障害に対する「視点の転換」をすることによって、「主体性」を獲得する場合。

③障害というアイデンティティを個性・文化として保存することを望む場合（ただしこれは、U

ＰＩＡＳのような主にディスアビリティによってつながるアイデンティティポリティクスの場合には当てはまらないであろう。なぜなら、ＵＰＩＡＳのアイデンティティポリティクスは、社会的構築としてのディスアビリティをもとに成立しており、ディスアビリティはあくまで解消されるべきものであって、個性や文化をそれに基づいて築くようなポジティブなものではないからである）。

本書では少なくとも、以上の三点の場合に、障害のアイデンティティポリティクスは「有用」なのではないかと考える。そして、これらの場合、障害は、運動体のメンバーを結び付けるために、核として共有する「同じ」ものという意味で、「同一性」の文脈から語ることが必要であろう。「青い芝の会」においては、「ＣＰ」（ときに『障害』）という、「同じ」ものを共有する者たち、ＵＰＩＡＳにおいては、「身体障害」という「同じ」インペアメントを共有する者たち、また、「身体障害」という「同じ」ディスアビリティを共有する者たち（ＵＰＩＡＳの場合こちらがメインではあるが）として、障害を「同一性」から語る必要があったのである[1]。

5-2-3　アイデンティティポリティクスの限界

アイデンティティポリティクスには限界がある。近年多くの障害領域の研究者がそう述べている。それを以下でみていくこととする。まず、マレットとランズウィック・コールの論考である。そこで描かれるアイデンティティは、一般的に想定されているアイデンティティとは異なり、とても複雑で、ときに矛盾し、固定されていない。それらは多様な歴史的、地理的文脈の中で、絶え間ない流動、転換、変化の状態にある。わたしたちは、それぞれが複合的でシフトし、なおかつ、相互に連結するアイデンティティをもっているとも言える（Mallett and Runswick-Cole 2014: 87, 97）。アイデンティティとは、一般的に固定されたもので、それが確立されることで、「一人前」の大人になるというイメージでとらえられているのではないだろうか。しかし、アイデンティティとは、一つに固定され、確立されるようなものではない。アイデンティティとは、社会的・文化的に構築されたものであり、時代や場所により容易に変化するものなのである。例えば、ある人は、学生、研究者、活動家、男性、女性、専門家、親、ケアラー、子ども、障害者等さまざまなアイデンティティをもち（Mallett and Runswick-Cole 2014: 86）、それを状況によって使い分けている。アイデンティティがゆらいでいることこそが当たり前なのである。親とケアラーというような「簡単に互いにフィットする」ものから、男性と女性のように一見すると「矛盾している」ものまで（Mallett and Runswick-Cole 2014: 86）、さまざまなアイデンティティは乗り換えられ、組み合わされ、変化している。おおむねアイデンティティに対してこのような理解のもと、アイデンティティポリティクス批判が展開される。以下、アイデンティティポリティクスの批判点を、いくつか抜き出してみる。まず、一つ目は、「本質化」という問題である。マレットとランズウィック・コールは、アイデンティティについての主な議論は、アイデンティティがあらかじめ与えられた「本質」によって、前もって決定されているか否かに集中していると言う。本質主義のポジションから議論している人たちは、アイデンティティをナチュラルで、固定されていて、先天的なものとしてみる。他方、本質主義ではない立場から議論している人たちは、アイデンティティは流動的であり、社会的条件の結果、また、文化様式の結果とする（Mallett and Runswick-Cole 2014: 88）。そしてディスアビリティに関して以下のように述べる。

> ディスアビリティの運動を、身体や精神の本質主義者的理解に置くことは、人間の「タイプ」の間にリアルな生物学的相違があると主張し、それらの相違は障害者のための権利や資源のためのグループ構成やアドヴォカシーの基本を形作ることができるし、そうすべきであると主張する運動に言及することである…（略）…この本質主義者的アプローチは、障害者を彼らの身体や／または精神の「相違」に位置付けることに関連している。十分に認められ、受け入れられている知の「医療的」方法を利用することによって、彼らは、多くのアイデンティティの議論の複雑性や「流動性」を避ける（Mallett and Runswick-Cole 2014: 95）。

本質主義的な立場から障害をみると、あたかも、その相違は、先天的で、生物学的で、固定されたものと判断される。それが単に医療的言説にのっとったものであろうとも、相違を繰り返しそのように語ることで、その相違が「本質化」されてしまうのである。そしてその「本質化」は、医療的言説がこれまでそうであったように「健常／障害」「健康／病」のような序列化を伴う。「青い芝の会」の「われら」「CP者」の「CP」はこの医療的言説を借りているとみなすことができるのではないか。例え、健全者社会との闘争、健全者の「自覚」を促す関わり合いをしていても、そして「本来あってはならない存在」としての「CP者」が健全者社会に由来するものであると理解していても、「CP」が生物学的なものではなく、単なる社会的構築物であるというところまで踏み込むことはできなかったのではないか（そうすることを望んでもいなかったのかもしれない）。特に横田的な「青い芝の会」は、UPIASの社会モデル的な外部に向かう発想ではなく、内に向かう傾向がみられた。そしてその向かう先は「CP者」という生物学的な相違を抱える「自己」であった。皮肉なことに、「CP者」としての自己を反省することを繰り返せば繰り返すほど、「CP」は「本質化」されてしまう。そして、「CP」者としての「自己」を「自覚する」ことから「主体性」をもって運動するということは、その運動が反復されればされるほど、「われら」「CP者」と、健全者との相違は、先天的なもの、生物学的なものとして「本質化」されてしまいかねないのである。これは、横田弘と立岩真也、そして臼井正樹の対談において横田が語っていることからもみてとれる。立岩がおおよそ「CP者」の社会構築性に触れたと思われる個所に次いで、横田はこう述べる。

障害者の仲間も、けっこう、健常者もそうだけど、障害者も、健常者も同じ人間なのにと、わめいていいるよね。女も男も、同じ人間じゃないかといってたって、同じなんだといったって、やっぱり、男と女は、違うんだよ。障害者と健常者だって違う。僕たち障害者は、そのことをわかるべきなんだ（横田ほか 2016: 195）。

この横田の言葉、とくに「男と女は、違うんだよ」という言葉は、男と女を生物学的に別なものとしてとらえる発想のように思われる。つまり、この断定口調には、性の社会構築的側面の理解が欠如しているように思われるのである。もしこの考えが妥当であれば、「CP」にも社会構築性を一定程度認めながらも、その基礎にはあくまで生物学的相違があったのではないかと考える。そして「自覚」とはその生物学的な相違に基づいた「CP者」であることの「自覚」だったのではないか。そうなると、そもそもの「CP者」というカテゴリーが医療的言説によって構築されたものであるという背景を問うことはできない。カテゴリーの崩壊に至らせることは困難である。「CP者」は「CP者」ではあるかもしれないが、他にさまざまなアイデンティティを使い分けることができ、それ以前に「CP者」というアイデンティティ自体も一時的なものに過ぎないという理解に行き着くことができないのである。これはアイデンティティポリティクスの弊害であり、一つの限界であろう。

それならば、UPIASのアイデンティティポリティクスは、この限界を有さないのではないか。なぜなら、彼ら／彼女らは、「身体障害」の社会構築性を訴えているのである。しかしながら、本書はこのUPIASの運動もやはりこの限界を乗り越えてはいないと考える。それは、一つには、インペアメントをも社会的構築としなかったことに由来する。UPIASは、インペアメントも社会的構築として、さまざまなアイデンティティをもつ者（例えば障害者以外の社会的抑圧を被っている者）も含めて「われら」として運動したわけではない。そうすると、必然的に「われわれ」「身体障害者」と、それ以外の間に明確な境界線が引かれてしまう。例えその境界線が社会的に作られたものであると訴えたとしても、「同じ」「インペアメント」をもつ者同士が集まり運動をしていれば、インペアメントによって「本質的」に相違する者たちとしてとらえられてしまうであろう。もしインペアメントをも社会的構築とするならば、「われわれ」そのものをゆらがせる別な形の運動形態が必要となるだろう。したがって、「青い芝の会」もUPIASもアイデンティティポリティクスである限り、序列を伴った「本質化」という弊害を乗り越えることはできなかった。そもそも「われら」「われわれ」とそれ以外に境界線を引くことが、アイデンティティポリティクスのさまざまな弊害のもととなるのである。運動やそれが行う主張によって、「われら」「われわれ」が反復されればされるほど、境界線は確固たるものとなってしまう。そしていつしか、もしくは最初から、

「本質的」に異なる劣った存在としてヒエラルキーの中で人々から把握される事態になってしまうのである。よってこの「本質化」はアイデンティティポリティクスの大きな弊害の一つであろう。

次いで、アイデンティティポリティクスの弊害の二つ目である。それは「境界線の引き直しによる障害格差」という弊害である。この弊害をマレットとランズウィック・コールは、以下のように描写する。

> アイデンティティポリティクスが、マイノリティグループのために達成できることには限界がある。それというのも、アイデンティティポリティクスは、「われわれ」の境界線を引き直すことにだけに従事し、「われわれ」と「かれら」というカテゴリーの存在自体を波立たせることに失敗するからである。「われわれ」の境界線が引き直されるときはいつでも、「かれら」の境界線もまた引き直され強化される[2]（Mallett and Runswick-Cole 2014: 103）。

これは何を言っているのであろうか。マレットとランズウィック・コールの例をベースとし、それを改変し説明を試みる（Mallett and Runswick-Cole 2014: 103）。

例えば、ここに仕事を求める身体障害者がいるとする。雇用主は彼ら／彼女らに仕事ができることを示すよう、明示的であれ、暗示的であれ求めてくるであろう。しかしながら、社会的障壁により本来できるものができないとみなされた結果、彼ら／彼女らは雇用に至らなかったとする。これは不当なことである。そこで、彼ら／彼女らは「われわれ」「身体障害者」を雇用するよう求める運動を展開する。この運動が成功したとしよう。結果、仕事ができる「かれら」の中に身体障害者が入り、仕事ができない「われわれ」と「かれら」の境界線が引き直される。身体障害者は、「かれら」の側に移行するのである。だが、これは根本的な問題解決にはならない。そもそも問うべきはずのカテゴリーを作り出した背景自体に目が向けられていないのである。その結果、「われわれ」「かれら」のカテゴリーは、再度境界線を引き直された状態で残存する。そして、仕事のできない「われわれ」には、重度知的障害者のようなより厚い社会的障壁に阻まれた者たちが残されるのである。(Mallett and Runswick-Cole 2014: 103)。しかしながら、「青い芝の会」は、この障害格差には敏感であったという。

働ける程度の軽度障害者は働くことに生きがいを見出し、どうしても働けない重度障害者はそれ以外の事柄に生きがいを求めればよいのではないか。そう考える人もいるかもしれません。しかし青い芝の会はそうした考え方を採りませんでした。彼ら自身の経験で、こうした考えが「差別」を再生産することを知っていたからです…(略)…「働く＝善」という価値観は、障害者たちの間に、「誰がより『健全者』に近いか」といった序列化の力学を持ち込んできます。したがって、彼らの運動は、障害者も労働し得る職場・雇用環境の改善を求める方向へは進まず、むしろ「労働」という概念自体を覆し、再定義する方向へと進みました(荒井 2020: 67)。

「青い芝の会」は、自らを最も重い障害と位置付けていたことからもわかるように（荒井 2020: 66）、「取り残され」、「見下される」存在として、障害格差をとても警戒していたようである。だからこそ、マテリアルな、例えば労働環境等の改善で満足することはなく、労働という価値観そのものを問い直した。いくら労働環境がよくなろうとも、働くことができない以上、労働を善とする価値観自体を疑問視することが必要だったのである。これを踏まえると、「青い芝の会」のようなアイデンティティポリティクスは、「境界線の引き直しによる障害格差」という弊害は、それほど生じなかったのではないか。しかし、後述するが、「青い芝の会」も、「境界線の引き直しよる障害格差」ではない格差問題は避けることができなかったのである[3]。

これら二つのアイデンティティポリティクスの弊害は、ともにより大きなアイデンティティポリティクスの弊害と密接に関係している。その大きな弊害というのが、障害者等の「われわれ」カテゴリーと、健常者等の「かれら」カテゴリーがそもそも社会的に構築されたものであることを問えないということである。これをアイデンティティポリティクスの弊害の三つ目、そして最も重要な弊害と考える。なぜなら、背景を問えないことによって、いつまでも、障害や障害者が序列を伴って「本質化」され、「格差」が生じ続ける。そしてさらに悪いことに、アイデンティティを基礎とした運動は、「障害の構築に与する言説実践を広げることを意味する」（Liggett 1988: 271）のである。以上の考察をさらに深めるため、次にデイヴィスのアイデンティティのとらえ方と、そこから導き出されるアイデンティティポリティクスの弊害をみていく。デイヴィスにとって、ディスアビリティは、他のアイデンティティとリンクするアイデンティティに過ぎない（Davis 2002: 13）。言い換えると、ディスアビリティとはアイデンティティを構成するさまざまな要素の一つに過ぎず、それは、他の諸要素と「リンク」しているのである。さらに、アイデンティティを構成するさまざまな要素の一つに過ぎないディスアビリティは、「それ自身不安定なカテゴリー」（Davis 2002: 23）でもある。デイヴィスにとって、アイデンティティとはそもそも不安定なものであり、その要素であるディスアビリティというカテゴリーもまた不安定なものなのである[4]。このようにとらえると、当然、アイデンティティポリティクスは成立しない。なぜなら、不安定なものを核として連帯することは困難だからである。さらにデイヴィスは続ける。「アイデンティティをリメイクしようとする試みさえ、必然的に、最初に抑圧をつくるために使われたカテゴリーに依存することに終わってしまう」（Davis 2002: 19）。これは、例えば、知的障害がさまざまな名前でリメイクされたにもかかわらず、最初の抑圧的なカテゴリーに対する処遇と劇的に変化したわけではないことからもわかるであろう。いくらその名前がリメイクされたとしても、「最初の抑圧をつくるために使われたカテゴリーに依存」している以上、その処遇に大きな変化は見られないのである。結局、アイデンティティの社会構築性を問えないという点が、アイデンティティポリティクスの一つの限界なのである。このアイデンティティポリティクスの三つ目の弊害を「問題の背景への不覚」と名付ける。アイデンティティは固定的なものではなく、順応性・展性のあるものである（Davis 2002: 26）。なぜなら、社会的、歴史的文脈がアイデンティティを構築するからである。そして「われら」「われわれ」と「かれら」が社会的に構築されたものに過ぎないならば、その境界もまた社会的に構築されたものに過ぎない。境界が「本質的」なものでないのならば、それを取り除くことも、それを通過することも、理論的には可能である。デイヴィスは以下のように言う。「アイデンティティポリティクスによって私たちに与えられる問題は、いわゆる特別なアイデンティティを取り巻く排他性の明確さである」（Davis 2002: 29）。この「排他性」の問題も、境界の社会構築性を示すとき解消されるのである。境界の存在を繰り返し訴えることで、それを挟んだ両者の存在が「本質化」されるのならば、境界の「社会構築性」を繰り返し語ることで、境界は「まやかし」に過ぎないという理解が定着するであろう。もちろんそれはある種の「本質化」に他ならないと考えることもできる。つまり、境界が「まやかし」に過ぎないということが、「本質化」する事態を招く可能性は十分に考えられる。それは障害が社会的構築であるという言明が繰り返されれば、それが「本質化」される事態と同様である。最初の目的とは異なり、障害を社会的構築であると訴えているうちに、障害が社会的構築であるという言明がまるで「事実」であり、「本質」であるかのような錯覚に陥り、それを疑わなくなってしまうような事態である。そうならないためにも、アイデンティティをさまざまに乗り換え、そもそもアイデンティティとは何であるかという問いを拡散させ、境界そのものを常に不明瞭な状態におくような言説や運動が必要となる。

そして、障害を「実在」と社会的構築の相互作用とするシェイクスピアもまた、障害のアイデンティティポリティクスの限界を指摘する。シェイクスピアは、アイデンティティポリティクスには、多様性がないことを批判する。

> マイノリティエスニックコミュニティは、ときに、マジョリティな人々によって支配されている障害者グループによって無視されていると感じている。レズビアンやゲイの障害者はホモフォビアを経験しているし、また、(その人たちは)、急進的な観点を有しているが、セクシャルな政治の観点ではとても保守的であるかもしれない障害者による組織の中で歓迎されていないと感じている(Shakespeare 2014: 100)。

アイデンティティとなる特性・性質は障害に限定されず多様である。個々人はめったに一つの純粋なカテゴリーに分けられることはなく、ジェンダー、人種、障害、年齢、セクシャリティー、そして、クラスが、複雑で多様なやり方で相互作用するのである(Vernon 1999: 391)。しかしながら、障害のアイデンティティポリティクスを行う場合、それによって連帯を保つ以上、障害という特性・性質を主たるものとして押し出さなければならず、他の特性・性質が疎かにされてしまう。女性であること、性的マイノリティであること、肌の色が違うこと等による多様な抑圧の経験が、障害アイデンティティのもとに隠されてしまう。これをシェイクスピアは「分離主義」として、その危険性を訴える。このグループ内の「分離主義」、多様なアイデンティティを支配的なアイデンティティの持ち主が抑え込む、もしくは、みないようにするアイデンティティポリティクスの弊害は、「青い芝の会」(少なくとも神奈川県連合会)にもみられたようである。

「青い芝の会」の支部組織で「婦人部」が存在したのは「神奈川県連合会」だけだ。女性たちが集まって独自の部門をつくっていたわけだけど、これは別に「神奈川県連合会」の女性たちがつよかったというわけじゃない。実態はむしろ逆で、女性が「神奈川県連合会」と名乗ることに対して、出過ぎた真似だと快く思わない風潮があったようなのだ。「青い芝の会」全体で考えると、指導的立場にいてバリバリ運動に関わっていた女性もいるので、このあたりの事情は各支部によって違うんだと思う。もちろん、女性たちは女性たちで「青い芝の会」の理念を大切にし…(略)…数々の運動にも参加してきた。女性たちが率先して動いた抗議活動だってある。ただ、やっぱり「神奈川県連合会」では、「男は外で、女は内(家)」「女は一歩さがって……」というような雰囲気があったと(横田弘の妻)淑子さんは話してくれた(荒井 2017: 290、カッコ内筆者)。

「青い芝の会」は先ほど述べたように、障害種別による障害格差には敏感であった。しかし、多様なアイデンティティによる格差にまで目が行かなかったようである。もちろんこれは時代的なものが強く影響しているだろう。しかし、シェイクスピアが言うように、「急進的な観点を有しているが、セクシャルな政治の観点ではとても保守的であるかもしれない障害者による組織」（Shakespeare 2014: 100）であることを「青い芝の会」もまた免れ得なかった。これがゲイやレズビアンのようなセクシャルマイノリティとなると、さらに深い沈黙を強いられたことが容易に想像できる。アイデンティティポリティクスは一つの特性・性質を前面に打ち出すために、その他のアイデンティティとなる要素を無視しかねないのである。

この問題はＵＰＩＡＳもまた免れることができなかった。ＵＰＩＡＳも障害のアイデンティティポリティクスである以上、そのような危険性を常にはらんでいたのである。田中によると、一九八〇年代に入ると、「二重のディスアビリティ」にさらされている女性障害者の問題に対する議論がＵＰＩＡＳ内で活性化したと言う（UPIAS 1980: 17; 田中 2017: 278）。ここで言う「二重のディスアビリティ」とは、障害者であることと、女性であることで被る二重の社会的障壁である。ただし女性障害者の「二重のディスアビリティ」は、むしろ「複合差別」とした方が適切であろう。ここで言う「複合差別」とは、「たんに複数の差別が蓄積的に重なった状態」をさすのではなく、「複数の差別が、それを成り立たせる複数の文脈のなかでねじれたり、葛藤したり、ひとつの差別が他の差別を強化したり、補償したり、という複雑な関係にある」状態をさす（上野 1996: 204）。例えば、女性障害者は、女性のみが受ける暴力とも、障害者のみが受ける暴力とも異なる、より増幅され複合化された暴力にさらされることが知られている（DPI 女性障害者ネットワーク編 2012; 瀬山 2014; 小林 2017）。この「複合差別」の顕著な例が、UPIASの内部回覧文書であるIC47号での、UPIASのコアメンバー、ポール・ハントの妻ジュディの報告から持ち上がった議論にみられる（ジュディは健常者であり、正会員ではなく賛助会員である）。同号においてジュディは、その結成会議においてUPIASがコーディネーター役を担い、初代会長にUPIASのコアメンバー、ヴィック・フィンケルシュタインが就任した、イギリス国内の障害者の連合組織 British Council of Organizations of Disabled People（以下BCODP）に関してある報告を行っている（田中 2017: 271, 272, 273, 279）。BCODPが事務所として間借りすることになったビルの一角を、アウトサイダーズ・クラブという性差別主義者のグループが占めていると言うのである。ジュディは、アウトサイダーズ・グループが出版した書籍を紹介しながら、このクラブの女性蔑視に対し強い非難を浴びせ、このビルにBCODPが間借りすることを懸念する（UPIAS 1981: 13; 田中 2017: 279）。これに対して、IC49号で、このクラブのメンバーでもあったUPIASのある男性会員が、「ある種の女性たちは、搾取されることを楽しみ、男性から支配されることを好む」とし、ここから、UPIAS内において、特に女性会員を中心として激しい議論が交わされてゆく（UPIAS 1982a: 5）。同号で、ある女性会員は、「ある種の女性たちは搾取されることを楽しむ」という男性会員の主張は「ナンセンス」であると指摘する（UPIAS 1982a: 6）。また、その次の号では、別の女性会員からも、アウトサイダーズ・クラブが出版したものは、「間違いなく、女性を性の対象としてみることを男性に促すもの」であり、それは「女性に対する侮辱」であること、さらに、「女性の解放への闘争に反対する明確なポジションを擁護することは、あらゆるかたちの抑圧に反対するＵＰＩＡＳの基本的なポジションに完全に反していること」等が主張された。そのうえで、この女性会員は、アウトサイダーズ・クラブに加入している男性会員が、この団体の擁護を続けるのならば、彼はＵＰＩＡＳから「退会するべきだ」と主張したのである（UPIAS 1982b: 5, 6）。このように、ＵＰＩＡＳもまた、「われわれ」内部の多様なアイデンティティの問題において危機に陥っている。障害アイデンティティによる連帯を確保するために、男性・女性というアイデンティティの要素が無視され、結果として、それが注目されるときには論争という形で表面化してしまったのである。ヴァーノンは、これについて、次のように言う。

障害者運動はこれらの問題（多様なアイデンティティの問題）を、ある一つのグループの経験を周縁化しようとするよく考えられた試みから無視したというわけではない。むしろそれは、他の社会運動によって完全に見過ごされた一つの問題――すなわち社会がいかにインペアメントをもつ人たちをディスエイブルしてきたか――に集中するためのプラグマティックな決定だったのである（Vernon 1999: 391）。

たしかにヴァーノンの言うように、熟慮の結果、例えば女性障害者を無視したわけではないかもしれない。しかし、それが浅慮の結果だから許されるという問題ではないであろう。「青い芝の会」の中の「男は外で、女は内（家）」、「女は一歩さがって……」という声や（荒井 2017: 290）、UPIASの中の「ある種の女性たちは、搾取されることを楽しみ、男性から支配されることを好む」という声（UPIAS 1982a: 5）は、明確に差別と位置付けられるようなものである。それは、例えアイデンティティを一つに絞る戦略のうえであっても認められるようなものではない。熟慮であろうと浅慮であろうと、結果的にネグレクトという差別があったことに変わりはないのである。このように多様なアイデンティティを無視することによりいつしか表面化する格差の問題を、「われわれ内部の多様なアイデンティティのネグレクト」の問題と名付けるならば、この四つ目のアイデンティティポリティクスの弊害は、「境界線の引き直しによる障害格差」の問題とは異なる。双方の問題が、「われら」「われわれ」と「かれら」の間に境界線を設けることで生じるという点では共通している。そして、境界線を引いた最初の時点から抱え込まねばならない問題であるという点でも同じである。しかしながら、前者は、「われら」の内部の問題ではあっても、障害アイデンティティティと同時に成立している他のアイデンティティをめぐる格差の問題であるのに対して、後者は、「われら」の内部の問題であっても、そこで主とされる障害アイデンティティの中の格差の問題であるという点で大きく異なる。

本項を終えるにあたり、障害のアイデンティティポリティクスの五つ目の弊害に触れる。田中はこの弊害について、以下のように記述する。不正を被っている当事者としてその不正に気づき、その不正と闘う主体者たれという規範的指示が「未だ目覚めぬ当事者」や「闘えぬ当事者」を切り分けていくという弊害である（田中 2017: 337）。先述したように「青い芝の会」もＵＰＩＡＳも「主体性」の獲得にこだわったのであった。しかし、「不正と闘う主体者たれ」と言われて、苦悩の末、「主体性」を確保できる者たちだけで運動体は成り立っているわけではない。横田、横塚のような人はある意味では「強い障害者」であったのである。横塚は、横田世代の人にとっては、エリートが入る施設といったイメージの整肢療護園で（荒井 2017: 164）、鋭い洞察力、思考力、実行力をもち、子供会会長を務めるような人物であった【矢田龍司『横塚氏を思う』（横塚 2007: 360）】。また、横田も若い頃の詩こそナイーブで抒情的なものが多いけれど、文章のリテラシーは高かった（荒井 2017: 89）。さらに、「青い芝の会」の創立メンバーは、障害児の東大と呼ばれた光明学校で教育を受けていたし（荒井 2017: 79）、東京の「青い芝の会」で活躍した寺田純一は、入所者個々人の主体性と自治を重んじていた、東京久留米園出身であった（荒井 2017: 91）。もちろんこれらの人たちをひとまとめに「優秀な人たち」と括ることは望ましくない。しかし、教育や文章リテラシーが「主体性」の獲得に影響することを否定することはできないであろう。彼ら／彼女らは、自らの苦悩を通してより確固たる「主体性」を獲得した。もしくは獲得しようとした。そのような彼ら／彼女らであったからこそ運動を牽引することができ、自己喪失の状態にある多くの障害者に「主体性」の獲得を訴えることができた。このこと自体は、何ら否定すべきことではない。それは自己喪失の状態にある障害者を、また、ある程度「主体性」のある障害者を大いに励ましたであろう。しかし、そのような、ある意味で「強い障害者」だけが障害者なのではない。横田、横塚のような歴史に名前を与えられた障害者だけが障害者ではないのである。ときに、横田、横塚は英雄視され、偶像視さえされることがある（本人たちはしかし、そのような人物になることを望んだであろうか）。「青い芝の会」が何かある種のヒーローを生み出したかのように、もしくは、数名のヒーローたちが生み出した「青い芝の会」というように語られることがある。だが、「青い芝の会」にも、また、その周辺にも、まったく語られず、歴史に名を与えられなかった人たちが、「主体性」を獲得できず、もしかしたら「主体性」がどういうことかを思い描くこともできずに、運動に関与していたということも十分にあり得る。「でも、やはり頭が動かなくて、口が達者でないという障害者も、沢山」いた（横田ほか 2016: 195）であろう。田中が指摘した弊害は、まさにこのような事態を指すのではないか。「闘えぬ当事者」、「臆病な当事者」も数多くいるのである（本書も例外ではなく、横田、横塚に焦点を当てながら「青い芝の会」を語っている。もし、「青い芝の会」研究を主とするならば、この態度は戒めなければならないであろう）。油田は、この「強迫的・排他的な強い障害者像」について、興味深い考察を行っている。「脊髄性筋萎縮症」を有する油田は、中学生の頃から地域のＣＩＬの人々と関わりはじめた。その関わりを通して油田は、「あるべき障害者」の姿と自己を同一化させていく（油田 2019: 30）。しかし、大学入学後の一人暮らしで体験した二つのことが、そういった障害者像に疑念を抱かせる。一つ目は、介助者が誰かによって自分の「やりたいこと」がダイナミックに変化し、なおかつ、その欲求が、その介助者を前にしてはじめて自分の中に湧き上がってくるという体験である。これは、それまで当たり前のように、「自分」というものが、「確固たる個」として存在し、「自分のやりたいこと」は自分の純粋な欲望として自分のなかに存在していると、一切の疑いなく思っていた油田に困惑を与える。油田にとって障害者の「主体性」とは、「介助者に影響されてはならない」という信条の下に成り立つものであり、このような状態は「自分のなさ」として体験されたのである（油田 2019: 32）。二つ目は、介助者に指示を与えなければならないことへのいら立ちという体験である。油田にとってこれまで、「自立する障害者」の使命とは、「介助者という人的資源を利用しながら、彼らに自分のやりたいことを伝え、自分の生活を組み立て、地域で生きていく」ことであった。しかし、この「自立した障害者」像に反して、自分は介助者への指示出しを面倒に感じている。油田は、介助者に指示出しを行なうためのコトバを使うことさえ億劫に感じる自分を目のあたりにし、自分が「地域で自立生活をする障害者」として「失格」ではないかと思う（油田 2019: 33）。これらの体験を通して、油田はある疑問にたどり着く。「従来の自己決定論や介助者手足論がそのベースとしているような『確固たる主体性』など存在するのか」（油田 2019: 35）。この疑問に対する考察が以下のようなものである。一九七〇年代からの運動家たちに象徴されるような、近代的な主体観に支えられた「確固たる主体性」を有する「強い障害者観」は相対化されねばならない。従来の自己決定論や介助者手足論が要請するような「強い障害者像」は、現代の障害のある人々にとって強迫的で排他的な理想として迫り、障害のある人々の悩みや苦しみの語りを抑圧してしまう可能性がある。「強い障害者像」が当事者に絶対的な規範として伝達されてしまうと、それらの理念が、「障害者としてこの基準を外れてはならない」という過度な同一化を要求してくるという意味で「強迫的」、かつ、この基準を満たさない者には「ダメな障害者」という烙印が捺され、そこらか逸脱するようなあり方を認めないという意味で「排他的」な理想となりうる。そして、「強い障害者像」を絶対的な理想として、それに拘泥することは、そこから逸脱するような自分のあり方や感情の否定につながり、当事者の悩みや苦しみの語りを妨げ、抑圧してしまうことにもつながる。「他者との関係のなかで変化する自分」を出発点にして、障害者の「主体性」や「自己決定」を再考する必要がある（油田 2019: 35, 38, 39）。このマイノリティの中での分断を、油田は「二重の抑圧的な事態」（油田 2019: 39）と表現する。この「二重の抑圧的な事態」

は、別段アイデンティティポリティクスでなくとも起こり得るのではないだろうか。そういった疑問が生じるかもしれない。しかし、これは、「強い障害者」と「自己」を同一化させることによって起きる事態であると考える。「強い障害者」というアイデンティティをベースとした運動体であるからこそ生じる事態なのである。ただし、これらの考察をさらに一歩進め、「強い障害者像」から逸脱した者を大きく二つに分ける必要があるであろう。つまり、「強い障害者」と「自己」を一度は同一化させた者、もしくは、ほぼ同一化させた者と、「自己喪失」の状態から抜け出せなかった者である。この二者では、取るべき戦略、障害の「有用」な語り方、障害の「有用」な定義の仕方が異なる。上でみた油田は、次のように言っている。「このように、権利を有する主体として自分をエンパワーしてくれ、また自分の将来を明るく照らしてくれる〈強い障害者像〉を、当時の私は自分自身のなかに求め、それに自分を同一化させようとしていた（そして、おそらくその試みはある程度達成されていたのだろう）」。この記述のカッコ内からもわかるように、油田本人は、「強い障害者」と一度は同一化した、もしくは、ほぼ同一化していたのである。このような場合は、油田も言うように、「『他者との関係のなかで変化する自分』を出発点にして、障害者の『主体性』や『自己決定』を再考する」（油田 2019: 39）ことができる。一度確立した自己だからこそ、それを疑い、相対化できるのである。この場合、変化するアイデンティティを前提に、アイデンティティやカテゴリーの社会構築性を暴露するような運動体を形成でき、アイデンティティポリティクスの弊害を乗り越える運動に訴えることができるのである。一方で、このような自己が確立していない者、「強い障害者像」に、ただただ強迫され、排斥されている者もいるであろう。その場合、疑う自己、拡散させる自己がいまだ確立されていない以上、アイデンティティを拡散させる運動は困難である。そうかといって、アイデンティティポリティクスに訴え続けても、「主体的な自己」が確立される保証はない。では、このような、ある意味で「弱い」、しかしながら、きっと多数いるであろう「自己喪失」の状態にある人たちを無視してもよいものだろうか。あるいは、あくまでもその人たちを叱咤するアイデンティティポリティクスを続けることを認めてよいものだろうか。歴史から名を与えられなかった多くの人がこの立場に属しているとしたら、そのような人が取る戦略も考える必要があるのではないか（これについては後述する）。

この五つ目のアイデンティティポリティクスの弊害を、「われわれの規範からの逸脱」と名付ける。「弱い障害者」というものを一つのアイデンティティとみなすならば、これは先に見た四つ目の弊害「われわれ内部の多様なアイデンティティのネグレクト」と同じとみることもできる。しかし、「強い障害者」をアイデンティティとしたアイデンティティポリティクスにおいて、ある者はアイデンティティそのものに疑いを向け、ある者は、アイデンティティを依然として確立できなかった。これらの「強い障害者」というアイデンティティから「離れた」人のことを踏まえると、アイデンティティという観点からではない名付けが必要であると考え、別のものとしてとらえることとした。また、多様なアイデンティティ、例えば女性というアイデンティティも規範からの逸脱と考えると、「われわれ内部の多様なアイデンティティのネグレクト」は「われわれの規範からの逸脱」とやはり同一ではないかと思われるかもしれないが、先にみた文脈では、女性は、女性というアイデンティティ自体を疑ってはおらず、それが無視されたことに抵抗していることから、規範からの逸脱ではあるものの、こちらはむしろアイデンティティの視点を強調することが必要であると考え、両者を区別することとした。しかし、実際は、これら二つは明確に線引きできず、重なるところがあるものとしてとらえるのがよいであろう。さらに、「弱い障害者」と「強い障害者」から、これは障害格差であり、二つ目の弊害「境界線の引き直しによる障害格差」に含まれるのではないかという疑問には、この「強い」、「弱い」は同じ障害種別でも十分生じることが見込まれ、さらに境界線の引き直しにかかわるものではないので、この二つは区別して差し支えないと考える。

以上のことを踏まえて、「青い芝の会」で生じたであろうこの弊害は、同じアイデンティティポリティクスであるUPIASでも生じたのかを確認してみる。UPIASは、この「われわれの規範からの逸脱」に対して敏感だったようである。UPIASは、結成当初から参加主義的デモクラシーや底辺民主主義への強い志向があったと田中は述べている（田中 2017: 96）。ここで言う、「参加主義型デモクラシー」とは、あらゆるヒエラルヒーは、一部の人間に他を支配する権力を与え、全員の能力を発達させる機会を与えないがゆえに悪であるという思想につながるものであり、自らの生活に関わる決定には全員が参加すること、貢献はすべて平等に有効であること、を強調するものである（Freeman 1979: 177）。また、底辺民主主義とは、分権的で直接的な民主主義を強力に実現していくことであり、下部（底辺）から遊離しないように、議員や党の役員に選ばれた人びとを底辺が常にコントロールすることを意味する（丸山 2004: 203）。ＵＰＩＡＳはこのように、ヒエラルキーや排除を避け、全員が意思決定に参加することを運動の根幹の一つに据え、身体障害者の「主体性」の獲得を目指したのである。だからこそ、ポール・ハントはＩＣ２号において、会員資格を、積極的に参画する者に限定したのであろう（UPIAS 1973a: 7）。これは、ＵＰＩＡＳへの参加を希望する身体障害者たちに対して、他者依存の習慣から脱せよ、という強いメッセージでもあったのである（田中 2017: 107）。しかし、この参加主義型デモクラシー、かつ、底辺民主主義による「主体性」の獲得が、かえって、「弱い障害者」を逸脱させる結果へとつながる可能性をはらんでいた。実際、このポールからのメッセージは、自尊心と自信を喪失してきた多くの身体障害者たちにとって、少なからぬ不安を覚えさせるものだったのである（田中 2017: 107）。参加主義型デモクラシー、かつ、底辺民主主義であるからには、議論に参加する積極性、「主体性」が求められる。しかし、健常者により受動化、客体化され、自己を喪失した身体障害者すべてが、運動の過程で「主体性」を獲得することができたわけではないであろう。ＵＰＩＡＳのコアメンバーは、そのことを非常に気にかけていたようである（田中 2017: 112）。それでも、「主体性」を求める、規範的な言説によって、「弱い障害者」を置き去りにしてしまう可能性は常にあった。そして、実際、ポールや数名のコアメンバーたちと、他のメンバーたちとの間には、その主体意識においても、また知的経験においても大きな落差があり（田中 2017: 112）、抽象的な議論に、その他のメンバーたちはついていくことができなかったのである（田中 2017: 254）。「主体性」を奪われたものに「主体性」を取り戻させるには、コアメンバーのような「主体的」なメンバーの牽引が必要である。しかしながら、それを遂行すると、少数の知的メンバーによる政治になってしまい、それでは参加主義型デモクラシーや底辺民主主義とは言えない。そうかといって参加主義型デモクラシーや底辺民主主義を貫き、メンバーに「主体性」を要求すれば、「主体性」の獲得されていないメンバーが議論に参加できず逸脱しかねない。このとき、「主体的」な障害者に自己を同一化させるアイデンティティポリティクスの弊害が顔を覗かせるのである。UPIASが求めた「主体性」のある障害者像（それは油田の言う『強い障害者像』と同様である）は、ある種の規範として働き、依然として「主体性」を獲得できないままの者が結果的に逸脱することにつながりかねない。もちろん、ポール・ハント等のコアメンバーが、意図的な排除を行ったわけではないことは明白である。しかし、「主体的」な身体障害者という規範は、それに適応できない者たちを取り残してしまう可能性を有する。「主体的」な身体障害者をアイデンティティにするアイデンティティポリティクスは、その弊害として、「主体的」な身体障害者を望まない、また、望んでもそこに至ることができない者を取り残さざるを得ない。もちろん、注意深くそのような事態を避けようとしたとしても、である。あるアイデンティティを固定して、それをもとに運動を行うことは、その外部を必然的に生み出すことである。これはアイデンティティポリティクスの一つの限界である。ポール・ハントは、ＩＣ24号で、現時点における重要な課題とは、全体として、障害者たちが利用できるような、ディスアビリティに係る中心的な問題に対する包括的な説明原理の発展である。そのような説明原理への理解がなければ、そして、それをさらに発展させる手段への理解がなければ、障害者たちは混乱と分裂の状態から脱し得ず、従来通り、専門家たちの誤った理論とリーダーシップの支配下に置かれ続けるだろうと指摘する（UPIAS 1978: 6）。この記述からするとポール・ハントは、障害者たちが共通の理解に至れば、この問題は解決できると考えていたようであるが、本書では、先ほど述べたようにアイデンティティポリティクスを続ける限り、この問題は常についてまわる問題であると考える。

5-2-4 「われら」・「われわれ」と「かれら」の境界のあり方をめぐる軋轢

「青い芝の会」もＵＰＩＡＳも、アイデンティティポリティクスを展開する以上、「われら」、「われわれ」と「かれら」の間に境界線を引かなければならなかった。しかし、この境界線をめぐって「われら」「われわれ」内部で論争が起こる。境界線を引くということは、常にこの問題を抱えることである。比喩的に言うと、「われら」「われわれ」という膜は、「かれら」という外部に対して、どれほど柔軟に対応できるかという問題である。「われら」「われわれ」は、外部との交流を一切しないわけにはいかない。「われら」「われわれ」であるためには、「かれら」の存在が不可欠だからである。「かれら」の存在がなかったならば、「われら」「われわれ」というカテゴリーは成立しない。そのうえで、「われら」「われわれ」は、外部に対して「われら」「われわれ」を維持しなければならないのである。「われら」「われわれ」は、薄い被膜によって「われら」「われわれ」を維持している。当然、「かれら」も、薄い被膜によって「かれら」を維持している。そして互いが互いの膜越しに作用し合うのである。これまで「かれら」と「われわれ」の間には一本の境界線が引かれていることを前提として論を進めてきたが、この問題に関しては、膜という比喩が以下の説明上有効と思われるため、「われら」「われわれ」も「かれら」もそれぞれが薄い膜に包まれているものとして、特に「われら」の膜に焦点を当て、論を進める。この膜の柔軟性、つまり、薄い被膜が、外部からの作用に対して、ほとんど変化しないか、それとも、ある程度たわむか、さらには、ある程度の浸透性を有するかは、運動体内でも異なっていると考える。これがいわゆる、「健常者問題」として議論されるものである。健常者という外部に対して、障害者を覆う膜はどれほどの柔軟性をもって対応するのか。これまでと同様、「青い芝の会」とＵＰＩＡＳを例にとり、それをみていく。また、以下でみるものは、前項で検討したアイデンティティポリティクスの弊害の一つでもあることを留意しておく。

「青い芝の会」において、「われら」を覆う膜の柔軟性とそれが引き起こす論争をみるうえで、示唆的であるのは、関西における「青い芝の会」と、「全国青い芝の会総連合会」（以下『全国青い芝の会』）、または、関東における「青い芝の会」との相違である。両者（関西／全国・関東）は「われら」の膜の柔軟性において異なっており、それが一因となり問題が生じるのである。関西における「青い芝の会」については、山下幸子の『「健常」であることを見つめる――一九七〇年代障害当事者／健全者運動から』と、定藤邦子の『関西障害者運動の現代史――大阪青い芝の会を中心に』が参考になるので詳細はそちらに譲り、要点だけを述べる。事の発端は、一九七三年二月に「自立障害者集団友人組織グループゴリラ」（以下『グループゴリラ』または『ゴリラ』）が結成されたことにある。「グループゴリラ」は、健全者による運動組織であり、障害者への生活介助や障害者運動を健全者の立場から支え考えることを目指したものである。「グループゴリラ」は、兵庫、和歌山、奈良で相次いで結成されていき、一九七四年一一月には、関西地区の「グループゴリラ」が結集した「自立障害者集団友人組織関西グループゴリラ」（以下『関西グループゴリラ』）が結成される（山下 2008: 42）。一方で、一九七三年四月には「大阪青い芝の会」が結成され、一九七四年一一月には、「関西青い芝の会連合会」（以下『関西青い芝の会』）が結成される（定藤 2011: 247）。この話に大きく関わってくるのは、「青い芝の会」、「グループゴリラ」、「障害者問題資料センター・りぼん社」（以下『りぼん社』）という健全者組織である。この三者関係が「われら」障害者と「かれら」健全者を区別することによって生じる問題を浮き彫りにするのである。「りぼん社」は、一九七三年一一月に結成され、各地区の「グループゴリラ」に「専従者」という人たちを派遣する。そして専従者が中心となる役員体制が敷かれるのである。つまり、上部組織としての「りぼん社」、下部組織としての「グループゴリラ」という体制が構築されていくのである（山下 2008: 42）。そして一九七五年一一月、「第二回青い芝の会全国代表者会議」において、身のまわりのことが自分で行えない重度障害者の多い関西の事情が考慮され、障害者の手足となりきっていく健全者が必要であると確認され、全国各地の「青い芝の会」のもとに健全者組織をつくる運動方針が決定される。それを受けて、一九七六年四月「全国健全者連絡協議会」（以下『全健協』）が結成されるのである（定藤 2011: 247, 248）。

問題はここからである。一九七七年一〇月、「関西青い芝の会」の鎌谷、「関西グループゴリラ」代表三矢、「りぼん社」理事河野の三者によって発表された「緊急あぴいる」を契機に、三者に亀裂が入る。この「緊急あぴいる」は、約二〇〇〇文字からなる文書でビラというかたちで配布された（山下 2008: 51, 220）、それは、本来運動の主体たるべき障害者を健常者が引き回していることへの告発であり、その是正の要求であった（山下 2008: 52）。これを契機に、障害者と健全者の問題や運動の諸矛盾が表面化され、「青い芝の会」・「りぼん社」・「ゴリラ」の亀裂は次第に大きくなり、「関西青い芝の会」の指導部は徐々に指導性を失っていくのである（定藤 2011: 253）。結果、一九七八年三月一〇日には、「関西青い芝の会」が、「関西グループゴリラ」の解散を決定する。また同年同月二二日、「全国青い芝の会」は常任委員会でこれを承認し、同年五月には「全健協」の解散をも決定する（山下 2008: 56）。注目すべきは、一九七八年三月二二日の、「全国青い芝の会」の常任委員会が「関西グループゴリラ」解散を承認した後、同年同月二七日に「大阪青い芝の会」が「ゴリラ」解散に反対し、「関西青い芝の会」を脱会していることである。そして、一九七八年五月、ついに「関西青い芝の会」も解散に至るのである（定藤 2011: 254, 256）。本書は、この流れを素材として、「われら」を覆う膜の柔軟性と、それが引き起こした論争の考察を行う。

まず、「全国青い芝の会」における横田や横塚の「われら」を覆う膜に焦点を当てる。定藤によると、健全者組織の必要性は、東京や神奈川の「青い芝の会」においても以前から言われていたという（定藤 2011: 248）。では、彼ら／彼女らは健全者をどのように位置づけて関係をもとうとしたのであろうか。これは「健全者問題」が表面化した後の横塚の「健全者集団に対する見解」と題された以下の記述から察することが可能である。

> 私たちはこれらの健全者組織と青い芝の会との関係を『やってやる』『理解していただく』というような今までの障害者と健全者の関係ではなく、むしろ敵対する関係の中でしのぎをけずりあい、しかもその中に障害者対健常者の新しい関係を求めて葛藤を続けていくべきものと位置づけてきま

した（横塚 2007: 263, 傍点筆者）。

これは「全国青い芝の会会長」としての横塚の発言である。そこで示された健全者対障害者の関係は、まさに横田が考えていた健全者と障害者の関係である。横田は、「『健全者』の世界に同化することを夢見たり、『健全者』に理解を求めるとかを考えることは自ら疎外、抑圧の道を歩むもの」（横田 2015: 116, 傍点筆者）と述べている。さらに、「『障害者エゴイズム』と私たちを抹殺の対象としている『健全者エゴイズム』との闘争こそ、私たちを自己解放へと導くための手段となるのだと私は信じている」（横田 2015: 118）とも述べている。この横塚と横田の発言は、「理解」、「敵対（闘争）」という点でほぼ一致する。つまり、「全国青い芝の会」は横田的発想をもっていたということになりそうである。これは、一九七八年三月二二日、「関西グループゴリラ」解散を承認した「全国青い芝の会」の常任委員会後に、「全健協」との話し合いで、「全国青い芝の会会長」横塚が述べたことからもわかる。「共闘関係は健全者との間にはありえない。組織論をはじめ障害者が理くつを知るわけがない。そんな状態で共闘が成り立つわけがない。それを当然と認めないところにまちがいがある」（社会福祉事業団体日本脳性マヒ者協会全国青い芝の会総連合会編 1978: 42）。この横塚の発言が、「全国青い芝の会」常任委員会後になされたものであることを考えると、「全国青い芝の会」は、やはり横田的発想で健全者を位置付けていたとみることができそうである。しかしなぜ、ここで横塚の発言を横塚的発想と言わずに、横田的発想と言うのか。これは、先にみた、「われら」の範囲において横田と横塚は異なっており、横塚はより大きな運動、より大きな「われら」を目指していたことから、健全者との関係においても双方は異なっている可能性があると考えたからである。先を続けると、「全国青い芝の会」には横田的発想があった。明確に「われら」「CP者」と「かれら」「健全者」は区別されているのである。もちろん運動をするうえで、そして「本来あってはならない存在」であることを「自覚」するうえで、健全者との相互作用は避けられない。横田はそれを闘争(ふれあい)という形でとらえていた。しかし、横田の「われら」の膜は、健全者の作用によって柔軟にたわみ、健全者の動きに柔軟に対応するようなものではないであろう。「社会のすべてが、健全者と共生する時が来るとは私には考えられない」(横田 2015: 90)という断固としたセリフや、「全障連」が「健全者」との「共闘姿勢」を打ち出したことにより、「全障連」から脱退を決断したときの責任者が横田であることから(荒井 2017: 207)、そこに「われら」の膜を相手の動きに合わせ柔軟にたわませるような思考を読み取ることは困難である。その膜は硬く、激しくぶつかり合うことでしか相互に存在を確認できないようなものなのである。あくまでも「われら」は「われら」であり、「かれら」は「かれら」のままである。双方の膜は固定され、闘争(ふれあい)は硬い膜越しになされる。

一方、横塚にとって「われら」の膜は、どのようなものであっただろうか。横塚は、先にみたように、「CP」だけでなくより広い障害を含めた「われら」の拡大路線を進もうと試みていた。しかし、健全者である「かれら」との関係からみるとき「われら」の膜はどうとらえられていたと考えるべきであろうか。横塚は、健全者との摩擦が表面化したこの問題において、「共闘関係は健全者との間にはありえない」（社会福祉事業団体日本脳性マヒ者協会全国青い芝の会総連合会編 1978: 42）と強い口調で述べたのであった。さらに、「全健協」の解散について以下のように述べている。

健全者を私たちの手足となりきらせることは、健全者の変革を目指して行動し始めたばかりの私たち脳性マヒ者にとってはいばらの道であります…（略）…青い芝の会と健全者集団は相互不干渉なものではなく、健全者の変革に向けて激しくぶつかり合う関係であるべきです（横塚 2007: 264）。

この記述は、「激しくぶつかり合う関係」と断言するところなど、いかにも横田的な「われら」である。しかし一方で、横塚は以下のように述べてもいるのである。

障害者の主体性といった場合…（略）…これは決して自分から殻を硬くするということではない。ましておりの中で粋がっているということでもないはずである。それでは、障害者の主体性とはどこに存在するのか。障害者とは限らず、主体性というものは相対性の中に存在するし、自己というものも他人との関係の中にとらえることができるのであり、また他人（異質なもの）と交わり、相克の中で形成されていくものなのである（横塚 2007: 327）。

この記述の、「殻を硬くするということではない」、「主体性というものは相対性の中に存在する」、「自己という者も他人との関係の中にとらえることができる」等の文言からは、横田の「闘争（ふれあい）」にはみられない、健常者とのより柔軟な相互作用をみているように思えてならない。これは、以下の表現において、さらに加速する。

障害者と健全者との関わりが、量的にも質的にも深まるにつれて関わりを深めてきた健全者は、障害者側の突きつけに耐えられるようになり、障害者だからといって、また重度だからといって驚くこともなくなって、障害者が筋の通らないことや、間違ったことを言動に著した場合、きちんと反応できる健全者が多くなっているのである。このような状況がではじめたことは好ましいことであり、我々の運動の成果である（横塚 2007: 330）。

この横塚の言葉には、自分たちの成果であることを前提としたうえではあるが、健全者に対する一定の評価がある。加えて以下のようにも言うのである。

健全者は健全者としての悲しみを自覚し、なおかつ障害者との関わりを通して自己変革、そして社会変革を進めていかなければならない。このように意識の変革を健全者に迫っていく障害者は、それと同じように、いやそれ以上に、障害者としての自覚をやしなっていかなければならない（横塚 2007: 331）。

横塚は、「健全者としての悲しみ」に触れ、健全者が「自己変革」、「社会変革」を進めることに期待をもつのである。上記の記述からみる関係は、共闘関係そのものではないだろうか。共闘しているからこそ、悲しみを理解でき、一定の評価も下し、お互いの必要性を語るのではないか。

障害者が主体性を獲得していくということと、健全者が健全者として自己変革していくということは同様に重要な視点であり、双方にとっていずれか一方が欠けても成り立たないことなのである（横塚 2007: 329）。

これを共闘と言わず何と言うであろう。他方で、このような発想は横田にあったであろうか。自分達「ＣＰ者」を、「現在の社会体制下はもとより、人類社会そのものによって『本来、あってはならない存在』」（横田 2015: 116）と認識し、いつ殺されるかわからない存在としての恐怖を抱える横田が、健全者の悲しみに触れ、健全者に期待しているかのような発想をもつであろうか。横田にとって健全者とは、「私たちを抹殺の対象としている『健全者エゴイズム』」（横田 2015: 118）をもつ者なのである。そうすると横田と横塚は「われら」と「かれら」の関係性の理解においても異なっていたのではないか。では、なぜ、横塚は、関西における「健常者問題」に対して、横田的な断固とした姿勢をみせたのであろうか。これについては、「グループゴリラ」の活動に関わり、「りぼん社」の専従者として活動した小林（定藤 2011: 264）の解釈が参考となる。小林は、以下のように言う。「健全者手足論」は、「運動が混乱した状況下で、組織防衛上、止むに止まれずに提出されたものではないか」（小林 2007: 52）。本書はこの小林の解釈を支持したい。「健全者を私たちの手足となりきらせること」（横塚 2007: 264）という言葉にあらわれている『健全者手足論』を横塚が述べたとき、そこには、「全国青い芝の会」会長としての横塚が前面に出ていたのではないか。つまり、「全国青い芝の会」会長として、「組織防衛上、止むに止まれずに」、もしくは多様な意見をもつ組織の代表としての責務により、ゴリラという健全者組織を手足とみなしたのではないか。小林は、横塚の「健全者集団に対する見解」について以下のように述べる。「この『見解』には書き手の〝動揺〟が伺える…（略）…私はそこに、青い芝運動の混乱期にあって、その運動を牽引し続けてきた横塚さん（と中心メンバーたち）の苦悩が反映しているように思えてならない」（小林 2007:

54）。横塚は、健全者を横田より広い幅でみていた。平時には共闘相手として、「健全者問題」が表面化した際には、苦悩の末、また、その責務から、そして戦略上、手足として位置付けたのではないか。横塚は、状況によって健全者の位置づけを変化させた。そうすると横塚の「われら」の膜は、横田の「われら」の膜に比べ、より柔軟性をもっていたと言えるのではないだろうか。「かれら」健全者の膜の動きに合わせて、「われら」の膜をより柔軟に変化させたのである。健全者が障害者の「主体性」を損なうような動きをしたときには、会の代表として膜を硬化させ、健全者が障害者の「主体性」を尊重しつつ共闘しているときには、その動きに合わせ膜をたわませる。こういった意味では、横塚は横田より戦略的であったのかもしれない。これは内向きの横田、外向きの横塚という図式にも適うものである。横塚は外に視線が向いていたがゆえに、健常者という外部に対する戦略により長けていたのではないだろうか。横田と横塚は多くの部分で重なりをもっていた。しかし、「われら」の範囲や、「われら」と「かれら」の位置づけにおいては相違していた。横田の膜は相対的に硬い。横塚の膜は相対的に柔軟である。「全国青い芝の会」は、この両者の膜のあり方を行き来していたのではないか。

しかし、その膜のあり方も、関西における「青い芝の会」、特に「大阪青い芝の会」と比べると硬い。また、横田、横塚の「われら」の膜には浸透性がなく、「われら」と「かれら」にはどうあっても明確な区別があるが、「大阪青い芝の会」の「われら」の膜は、浸透性を有するように思われる。このことを検討するために、以下で関西における「青い芝の会」とその周辺について検討する。関東と関西の「青い芝の会」の相違を定藤は以下のようにまとめる。

関東から始まった青い芝の会は、重度の言語障害をもつ人たちが多かったが、身体的には介護なしで生活できるものが中心であり、健全者を入れないCP者のみの運動という原則があった…（略）…関西における青い芝の会の運動も、初めは介護を必要としない障害者が中心となっていた。その時点では、関西においてもCP者のみの運動は可能だった。しかし、要介護障害者の澤田の加入により、健全者である介護者の必要性がでてきた。その結果、「CP者のみの運動」、障害者主体の運動を守るために…（略）…健全者の団体＝介護者集団グループ・ゴリラが結成されることになった。しかし健全者とともに運動をすすめていくことは、関東の青い芝の会の原則とは根本的に相容れないことであり、後に禍根を残すこととなった（定藤 2011: 95）。

この記述で注目すべきなのは、「介護者の必要性」である。関東の「青い芝の会」は、「介護の必要性」のあるものが中心ではなかったため、「健全者を入れないCP者」のみで運動を行えたが、関西の「青い芝の会」は、日本脳炎に罹患し、言語障害があり、身体介護の必要な澤田の参加による介護の必要性から、健全者の団体「グループゴリラ」を結成する必要があり、関東とは異なる運動の展開をしたのである（定藤 2011: 93）【澤田に関しては、甘畑の論考が詳しい（甘畑 2020）】。この関西の「青い芝の会」の選択は、しかしながら、止むに止まれずなされたわけではない。関西の「青い芝の会」は、澤田を主軸に運動を進めるという方針を貫いたのである（定藤 2011: 94）。一方で、関東の「青い芝の会」は、この時点では表面化しないが、関西、特に「大阪青い芝の会」と最終的に袂を分かつことからわかるように、健全者をどう位置付けるかに関する「健全者問題」から、「より重度の障害者」に関して強いゆらぎを内包していた。しかし、両者は、「健全者問題」が表面化し袂を分かつまで、やはり同じ「青い芝の会」として活動し、共通の理念を分かち合っていたのである。「グループ・リボンのしおり——あなたのために」には、「ゴリラ」について次のような記載がある。「ゴリラはすべて在宅障害者と友人になります」（定藤 2011: 111）。「グループゴリラ」は、自立障害者集団友人組織グループゴリラと名乗っている。問題はこの名称中の「友人組織」である。これを一般的に使われている意味で取るならば、関西の「青い芝の会」の前身である「グループリボン」、および、その後結成される関西の「青い芝の会」と「グループゴリラ」は友人として共闘関係にあったととらえることができるのではないか。実際、「グループ・リボンのしおり——あなたのために」は配布用のチラシであり、そのようなものに、一般的な意味以上のものをもたせるとは考えにくい。同様に、配布チラシである「神戸グループリボンとは?」にも、「カンパ活動や街に出ることを支援する友人、介護人グループゴリラもできました。これからはもっとたくさんの仲間を増やそうと思います」（定藤 2011: 112, 傍点筆者）と書かれている。これらを踏まえると、「グループゴリラ」と「グループリボン」、および、それを引き継いだ関西の「青い芝の会」は、共闘関係にあったのではないかと考えることもできよう。しかしことはそう単純ではない。先を続ける。大阪では、会に参加した障害者は就学猶予や免除によって在宅生活を送っている要介護の重度者が多かった。そのような状況の中、「大阪青い芝の会」は重度障害者の自立に向けた実態に即した運動を重視する方向を選んだのである（定藤 2011: 141）。だからと言って、関東と関西、特に大阪では、会の方向性が異なり、当初から別々の方向へ向かったというわけではない。あくまでも関西（大阪）においても「青い芝の会」は「青い芝の会」であり、共通の理念を分かち合っていたのである。定藤は、大阪青い芝の会について、横塚が強調した障害者主体の運動も会の基本となったと述べている（定藤 2011: 141）。これは「関西青い芝の会」初代会長古井の「『青い芝』の運動を関西で始めて、その運動が大きくなっていく過程で、常に頭から離れなかったことがあった。それは、いかに健全者が動かさない運動や組織をつくるか、ということだった」（古井 2001: 366）という言葉からもうかがえる。さらに、「大阪青い芝の会」における「ゴリラ」の位置づけについて、定藤は、大阪青い芝の会でも、介護者の「ゴリラ」は、「頭は出さずに手足だけ出す」という考え方に基づいて、会議、運動、交渉はすべて障害者だけで行うのが原則だったと述べている（定藤 2011: 142）。このように関東と関西の「青い芝の会」は共通の理念・原則を分かち合っていた。しかし、そうなると「グループゴリラ」は、友人・共闘相手であったのか、それとも手足であったのか。それが今一つわからない。関東側、特に、健全者との関係を闘争（ふれあい）とする横田的な発想をもつ者は、「ゴリラ」を手足として位置づけることに異論はなかったと推測する。そして、「健全者問題」が表面化したときの「われら」の膜を硬化させたときの横塚的発想をもつ者も同様であろう。また「第二回青い芝の会全国代表者会議」では、重度障害者の多い関西の事情が考慮され、障害者の手足となりきっていく健全者が必要であると確認されてもいる（定藤 2011: 247）。しかし、関西の「青い芝の会」のメンバーはどうであったのだろうか。友人・共闘者であり、同時に、手足であることは可能だったのだろうか。「同時に」を強調すると、それは困難なことだと思われる。時を同じくして、友人を手足と呼んだり、手足を友人のように歓待したりすることは考えにくい。そうすると、この問題には、文脈や状況の変化をもちこんだ検討が必要である。石島の論考は、この点で示唆的である。「青い芝の会」内部での「手足」という語に託された意味の変化を追う石島は、「手足」という語がはじめは、「障害者と健常者（健全者）の非対称な関係への自覚」を求めるためのスローガンであったが、「運動の場面における口出しの禁止」を意味するようになり、次いで「日常生活における口出しの禁止」にまで拡張して用いられるようになったとする（石島 2018）。以下で行う考察は、「手足」の意味の変遷という形ではないが、基本的にはこの石島の論考と共通している。また、変化は時間軸に沿った、直線的な変化ではなく、状況依存的で不安定にゆれ動く変化を想定している。石島はこれを「文脈依存的」と表現している（石島 2018: 187）。「大阪青い芝の会」の森修について記した『私は、こうして生きてきた――森修生活史』には、「青い芝の会の友人組織グループ・ゴリラ（青い芝の運動に賛同し共に戦う健全者の集まり）と共に活動を始めた」（森修生活史編集委員会 1990: 55, 傍点筆者）という記述がある。それによると、「グループゴリラ」は、「共に戦う」健全者集団、つまり共闘相手であったことがわかる。この場合、手足としての位置づけは影を潜めているように思われる。一般的に、手足はしたがうもので、共に戦うと表現されるようなものではないからである（それが詩的な表現、メタファーであれば別であるが、そのような記述とは思われない）。しかし、この記述だけでは、森修自身の見解なのか、書き手の見解なのかが、今一つ不明瞭なので、さらなる検討が必要である。

一方で、「和歌山県立身体障害者福祉センター糾弾占拠闘争」[5]のような有事の際は、健全者組織である「グループゴリラ」の位置づけは明確である。この占拠は、障害者主体の運動である「青い芝の会」の原則通り、障害者だけでのセンター占拠であり、介助者である「ゴリラ」は外でこの闘争を見守ったのである（定藤 2011: 165）。つまりこのような有事の際には、「青い芝の会の原則通り」、そして、「大阪青い芝の会の原則」通り、健全者は手足であり、障害者と健全者は、内と外で明確に区切られていたのである。つまり、「われら」障害者と「かれら」健全者は明確に硬い膜によって区切られている。しかし、このような有事の際ではなく、例えば自立生活の際には、先ほどの森修の生活史でみたように、共闘相手として、また友人として「グループゴリラ」は位置付けられていたのではないかと思わせる記述がある。以下は、大阪で男性（重度）障害者としてはじめて自立生活を目指した野中忠夫の例である（定藤 2011: 202）。この野中の事例について定藤は以下のように述べる。

自立生活を支え、共に進めたのは、介護者であるゴリラたちだった。ゴリラたちも野中の自立を支えながら、障害者の自立と解放を夢見ていた。自立には日常的な生活がつきまとう。その生活には介助者であるゴリラの支援が必要であり、そのゴリラとのやりとりの中で彼の生活は続けられた。障害者の解放という壮大な目標をもちながらも、同時に、ゴリラによって支えられる日常生活での野中の自立は重要な部分を占めるものであり、常に介護という問題があった（定藤 2011: 209）。

自立生活という日常生活においては、「ゴリラ」はあくまで健全者であり、「われら」ではなかったけれども、友人であり共闘相手であったのではないか。介護という身体同士の相互作用の場では、「われら」の膜は「かれら」の膜に柔軟に応答し、逆に、「かれら」の膜も「われら」の膜に柔軟に応答した。それは野中と介助者との間のやりとりによくあらわれているように思われる。野中は、「介護者の遅刻など、『介護者の意識が低い』と思うこともあったが、同時に、それは、『僕の自立の考え方に弱さもある』」（りぼん社編 1977: 14; 定藤 2011: 209）と言い、「介護者が来てくれるから生きられているのであって、本当に自分自身が生きていないのではないか？ こういう時間のルーズさをなくするには、自立障害者として本当に生きてゆくためには、どういう形で表現すればいいのか。それには、やはり重度であることを介護者に見せつけ、本当にもっと生死の極限を見せつけることではないか」（りぼん社編 1977: 20）と自問する。このように野中の障害者としての「われら」の膜は、介護者の行動によって自問という形でたわませられる。それは単なる介護者への非難では終わらない。そして当然、野中の行動によって介護者である健全者「かれら」の膜も逆方向にたわむ。介護という場の作用によって膜は多様に変化する。そこで、以下のような推測が可能となる。介護というミクロな場では、理念としての「われら」「かれら」の膜が、その場限りであるかもしれないにせよ、身体レベルにもってこられることにより、浸透性を有したのではないか。もちろん、その後の【野中は一九七七年一月一〇日、三二歳で亡くなっている（定藤 2011: 203）】「緊急あぴいる」【緊急あぴいるが出されたのは一九七七年一〇月である（山下 2008: 220）】からもわかるように、健全者と障害者の間の介護という関係はそれほど単純なものではないことは承知している。介護者の中に、自立障害者にランクづけを行う者が数多くみられたり（山下 2008: 221）、忙しさや人手不足で、介護のアナウメ的発想が生まれたり、介護のシンドサのみでへたばり、介護を一種の忌み嫌う「仕事」の様にとらえ合理的に対応し、関係の創造性など考えることもできない状況が生じた（山下 2008: 225）。また障害者が健全者の顔色ばかりを見るような事態も生じていた（角岡 2010: 198）。これらのことを踏まえると、介護の場がそのようなある意味で「理想的な」浸透性のある相互作用をしていたとばかりは言えない。そこには、激しい憎しみや、嫌悪感、いら立ち等の感情が渦巻いていたであろう。介護という場の生々しさを「理想的な」相互作用としてだけ記述するのは適切ではない。だからといって、一瞬たりとも、そのような浸透性を有する相互作用が起きなかったとするのもまた適切ではないであろう。負の側面だけを焦点化すると、介護の相互作用をとらえそこなうこととなる。バトラーは『アセンブリ』において以下のように述べる。

結局、私が生きている生――明らかにこの生であって、何か別の生ではない――は、すでに生のより広範なネットワークに結び付けられているし、もしそうしたネットワークに結びつけられていないとすれば、私は実際生きることができないであろう。したがって、私自身の生は、私のものではない生に、単に他者の生にではなく、生のより広範な社会的、経済的組織化に依存しているのである。それゆえ、私自身が生きること、私が生き延びることは、こうしたより広義の生に、相互依存を肯定し支援する有機的な生、生きた支持的環境、社会的ネットワークを含んだ生に依存している（Butler 2015: 213）。

バトラーが言うように、介護の際に介護される側の生は、良くも悪くも介護者を含めたより「広範な生のネットワーク」に結び付けられているのである。それを逃れることはできない。特に介護という身体的なレベルの場では、それが顕著である。だからこそ、介護という身体が触れ合う場では、「われら」を構成する要素（例えば『できない』、『弱い』、『見た目』等に関する無数の名もない細かい要素）が、「かれら」（例えば『できる』、『強い』等に関する無数の名もない細かい要素）の膜を通過し、その内部に流入することもあったのではないか。逆も然りである。つまり、身体レベルでの相互作用の結果、互いの膜は浸透性を有し、構成要素を交換することで、「われら」「かれら」カテゴリーに、多少なりともゆさぶりをかけることもあったのではないか。これは何も神秘的なことを言っているのではない。偽造されたカテゴリーが介護という相互行為によってゆらいだと考えるのである。そもそも偶然的（あるいは必然的）に社会によって構築されたカテゴリーが、何かの拍子に崩れかかることはおかしなことではない。介護という相互行為は、端的にそれを可能にする一つの要因なのではないか。介護という相互行為により、「われら」と「かれら」の膜は浸透性を有し、そこに含まれる互いの構成要素が、「生のネットワーク」を通して流入した。そして一瞬にせよ、双方のカテゴリーがゆさぶられたと考えるのである。では、結局、関西の「青い芝の会」、特に「大阪青い芝の会」にとって「ゴリラ」という健全者グループは、友人・共闘者であったのだろうか、手足であったのだろうか。「緊急あぴいる」を機に、「健全者問題」が表面化し、「関西青い芝の会」が、「関西グループゴリラ」の解散を決定し、「全国青い芝の会」は常任委員会でこれを承認、「全健協」の解散をも決定する。しかし「大阪青い芝の会」は、「ゴリラ」解散に反対し、「関西青い芝の会」を脱会する。「大阪青い芝の会」は、関東の「青い芝の会」を中心とする「全国青い芝の会」と袂を分かったのである。これについて、定藤は興味深い考察をしている。「全国青い芝の会は青い芝の会の理念を重視し、一方、大阪青い芝の会は実践を重視し、運動の中で現実の状況と突き合わせながら柔軟に運動をすすめていくことになった」(定藤 2011: 262)。「全国青い芝の会」は理念を優先し、「大阪青い芝の会」は「実践」を優先した。「大阪青い芝の会」は、人間の価値は生産力のあるなしにではなく、自分の生命力をどれだけ自己主張できるかということに見出されなければならず、その意味で、障害者運動の原点は重度障害者であると確認し(定藤 2011: 188)、結成されたものである。そのように結成された「大阪青い芝の会」にとって、介護の担い手である健全者との関係を断つことは考えられなかったであろう。一方は理念を重視できる一つの条件として障害の「軽さ」があり、他方には、ケアがなければ生きることができないという障害の「重さ」があったのである。当時「大阪青い芝の会」の会長であった森修の生活史には、「ゴリラの解散が、人を集める力のない重度在宅『障害』者の生命を即日危機に追い込むことは、明白である。いかに、『障害』者と健全者があるべき姿を真摯に問うといっても、重度在宅『障害』者の命を抜きに何が健全者問題なのか。森さんは重度在宅『障害』者を犠牲にするような形での問題の解決を許すことができなかった」（森修生活史編集委員会 1990: 62）と記されている。「大阪青い芝の会」にとって、理念のみを追求し、「われら」の膜を硬化させ、「かれら」と闘争の関係性だけを保つことは無理な話であった。介護という身体レベルの相互作用によって、「われら」の膜はたわみ、ときに浸透性を有さざるを得なかったのである。「大阪青い芝の会」は、結局、理念と実践の間を行き来するしかなかった。理念を優先させる有事の際は、あくまで「グループゴリラ」の健全者を外部に位置付け、「われら」の膜を硬化させ、横田的な闘争の関係性の中に入っていった。その場合、「かれら」健全者は、まさに「われら」の外で待機する手足のようなものであった。一方で、「生活」における介護の際は、身体レベルでのふれあいがある以上、「われら」の膜は、「かれら」の動きに合わせたわみ、また、ときに「かれら」を構成する要素を「われら」の中に浸透させた。そしてもちろん憎しみや嫌悪の中で、その膜を硬化させることもあったであろう。しかし介護の場でのこの膜の硬化は、介護を必要としない場での膜の硬さとは、身体が伴うという意味でまた別物であろう。介護という場における独特の膜の硬化、たわみ、浸透があった。これは、「強い障害者像」に疑問を抱いた油田が、「介助者が誰かによって自分の『やりたいこと』がダイナミックに変化し、なおかつ、その欲求が、その介助者を前にして初めて私のなかに湧き上がってくる」（油田 2019: 32）ことを体験したことからもわかるように、介護というふれあいの場では、当然のように起こり得る膜の変化である。したがって、介護という身体レベルでの実践において、「グループゴリラ」の健全者は、友人であり共闘相手であり、また理念的な場でのものとは別の手足、というより、敵、それも単なる敵ではない名状しがたい関係の中にある敵であったのではないだろうか。それは横田的なものとは、介護の必要性において、また異なるものであった。ただ、理念と実践を分けて論じたが、これをきっぱりと二元論的に分けることは無意味である。双方が交じり合い、複雑に入り組み、「われら」の膜は常に変化したと考えるのがよいであろう。これは石島の以下の記述と同様である。「運動と日常が連続している以上、運動においては健全者からの干渉を防ぎ、かつ日常においては健全者と関わり続けるという弁別は青い芝の会を取り巻く人々にとって内面化しづらいものであった」(石島 2018: 184)。「大阪青い芝の会」の「われら」の膜は、文脈・状況に依存して、その姿を変化させた。その変化は意図的で戦略的であったであろうし、また、偶然的、状況依存的であったであろう。「大阪青い芝の会」の「われら」の膜とは、ときに硬化し、ときにたわみ、ときに浸透性を有し、また、ときに理念的な意味ではなく実践的な意味で硬化するものだったのである。

このように膜のあり方をめぐってさまざまないさかい、不和、分裂が起きるのはそもそも、「われら」と「かれら」を区別するというアイデンティティポリティクスのためである。「われら」「われわれ」の境界の柔軟性の問題、言い換えると、「われら」「われわれ」の膜の柔軟性の問題は、区別を基礎とするアイデンティティポリティクスだからこそ生じる問題なのである。双方の区別がなければ当然このような問題は生じ得ない。そうすると、本書で検討する最後のアイデンティティポリティクスの弊害は、「われらの境界のあり方をめぐる軋轢」と名付けることができよう。

では、この弊害はUPIASにおいても生じたのだろうか。上で述べたように、UPIASは、会員資格を身体障害者に限定したのであった（UPIAS 1973a: 7）。しかしながら、健常者の立ち位置をめぐっての議論が結成初期から交わされている。例えば、IC10号では、米国在住の障害者が、米国の黒人運動における白人が担ってきた役割を例に挙げながら、運動を前進させるあらゆる誠実なサポートは正しく評価され役立てるべきだとし、健常者の参加を認める主張をしている（UPIAS 1974b: 8; 田中 2017: 104）。また、われわれは健常者の助けがなければ何もできないのだ、というある意味で「主体性」のなさから出るような声も聞かれたのであった（UPIAS 1973 or 1974: 3; 1974a: 5）。しかし、UPIASのコアメンバーであるヴィック・フィンケルシュタインは、このような事態に対して、例えばIC3号において、ディスアビリティを社会的問題として正確に把握し、その問題性を提起できるのは、ディスアビリティがもたらす残酷さを直接経験してきた身体障害者自身であり、このような経験をもたない健常者である同情者たちは、障害者たちの要求の本質を見誤る危険性と、さらには、間違った形で障害者問題に取り組む危険性を常にもっていると前もって指摘している（UPIAS 1973b: 11; 田中 2017: 104）。その理由として、健常者である同情者たちは、「われわれ」とは全く異なる体験をしており、したがって、「われわれ」の切迫感をリアルに感じ取ることはできず、その結果、「かれら」はラディカルな変革よりも穏やかな改革を求めることになるからだと言う（UPIAS 1973b: 12; 田中 2017: 104）。ヴィック・フィンケルシュタインの懸念は、「青い芝の会」の横田と重なる。横田も殺されるかもしれないという切迫感を一因として「われら」と健全者を明確に区別した。ヴィック・フィンケルシュタインもまた、これまで自分たちが味わってきたことに起因する「切迫感」を一因として「われわれ」を「同情者」たる健常者と区別したのである。そして両者ともが「穏やかな改革」などではなく、「ラディカルな改革」を目指していた。さらに、ヴィック・フィンケルシュタインの懸念は続く。そしてそれもまた、障害者側に「主体性」がない状況で、健常者がサポートに入ると、健常者の考えが入ってしまうことを恐れていたという点で、関東的「青い芝の会」と共通している。ヴィック・フィンケルシュタインは以下のように述べる。われわれ身体障害者が、社会的な戦いの経験を豊富にもち得ていない状況で、もし健常者たちを組織に迎え入れると、彼らは直ちにその能力と知識と経験値において、組織に君臨する地位につき、われわれを支配するだろう（UPIAS 1973b: 11; 田中 2017: 105）。しかし、田中によると、組織内にはポールやヴィックをはじめ、身体障害者に正会員資格を限定すべきであると主張する声が大半を占めたが、その多くは健常者をＵＰＩＡＳから完全に締め出そうという主張であったわけではない、むしろ、多くのメンバーが、何らかの形で健常者からの支援を求めていたのである（田中 2017: 106）。これは、行動綱領を起草したときの横田的発想とは異なる。同様に、「健全者問題」の渦中で健全者を手足とした横塚的発想とも異なる。ＵＰＩＡＳは、例え「われわれ」を明確に身体障害者と限定していても、以下でみるように、健常者を賛助会員として組織に参加させたのである。賛助会員と手足は大きく違う。賛助会員は、議決権・役員被選挙権以外はＵＰＩＡＳのメンバーとしてすべての権利を保有する者であった（田中 2017: 185）。これは、理念面からみると明らかに異なるが、実践面からみれば、関西の、特に「大阪青い芝の会」により近いのではないか。先にみたように、「大阪青い芝の会」は、理念的には、健全者と横田的な闘争（ふれあい）の関係であったが、介護という実践面からは、友人であり共闘相手であったと考えられる。同様にＵＰＩＡＳも、この時点では、あくまでも「われわれ」と「かれら」を明確に区別していたが、賛助会員という共闘相手として健常者を位置付けたのではないだろうか。健常者は、一九七四年一〇月にロンドンで開催されたＵＰＩＡＳの最初の会議での議決と後日行われた会議欠席者による郵送での投票議決によって、「議決権をもたない賛助会員」として迎え入れることが決定される（田中 2017: 107）。当然この決定にいたるまでには、何人かのメンバーは、議決権の制限のみならず、組織において重要なイシューをめぐる討議自体にも健常者を参加させるべきではないと強く主張したし、別のメンバーはわれわれの問題に誠実な関心をもち、真摯に支援を申し出る健常者たちに対しては、もっと門戸を開くべきだとした（UPIAS 1974c: 4; 田中 2017: 185）。しかし、結果的に、この議決を経て成文化されたＰＳには、賛助会員について以下のように記される。

ユニオンの方針と綱領に賛同する健常者は賛助会員となることができる。賛助会員は Circular とオープンニュースレター、及びその他の公刊物を受け取ることができ、また、会議や他のイベントへの出席、討議への参加ができる。しかし、彼らはユニオンの議案に対する議決権をもたず、また、ユニオンの役員になる資格ももたない。真摯な支援者たる賛助会員は、ユニオンを障害者であるわれわれ自身が統制し、自己決定や自己組織化を発達させたいというニーズを理解するだろう。賛助会員はまた、障害者であるわれわれが日々、ディスアビリティを経験している以上、われわれの抑圧の本質や、その克服のためのラディカルな変革の必要性を見誤る可能性を健常者ほどにはもたないであろうことを理解するだろう (UPIAS 1974d: 7; 田中 2017: 195)

加えて、「よい支援」の項目には、UPIASが健常者を「われわれ」に対してどのように位置づけたかがよく表れている。その一部を抜粋する。

われわれは、われわれが小さく弱いマイノリティ・グループであり、障害者の努力だけでは完全に人間的な生活を実現することができないことを知っている。われわれは共感的な健常者たちの支援が必要であり、これを歓迎する。しかし、われわれが直面している基本的な問題は、完全な社会参加からの排除であり、このような抑圧的な状況は障害者が社会においてより主体的な役割を担うことによってのみ正すことができるのである。ゆえに専門家や他の健常者たちの努力が本当に生産

的なものになるのは、それが障害者達自身のセルフ・ヘルプと主体的活動を支え、勇気づけること
に向けられた時である（UPIAS 1974d: 5）。

この記述からは、あくまで障害者の「主体性」を主眼としながらではあるが、「われわれの問題に共感的な健常者たち」の支援の必要性とその歓迎に触れている点で、横田的「青い芝の会」の闘争という関係性より柔軟な関係性がうかがえる。しかし、この「共感的な健常者」との関係も時の流れの中で変化していくのである。この変化は、「健全者問題」が表面化したとき、関東の「青い芝の会」が「かれら」健全者に対して「われら」の膜を硬化させたのとおよそ反対の方向へ向かっていく。以下では、一九七〇年代半ばから後半にかけて英国内外の多くの障害者や障害者団代の注目を集めるようになるものの、一九七〇年代末から活動路線をめぐる組織内の深刻な対立が生起し、ポール・ハントの死を経て、組織再生への道を歩みはじめる一九八〇年代初頭から半ばにかけてのUPIASをみていく（田中 2017: 283, 285）。この頃、UPIASのコアメンバーは、英国各地における活動によって、障害者のインテグレーションを支える新たな社会資源の創出をもたらしていた。しかし、皮肉にも、このようなUPIASの〈外〉における活動の成果が、国内外の注目を集めるようになるにつれ、UPIASとしての組織活動や具体的成果のなさが、メンバーたちの不全感を強めていく（田中 2017: 285）。そして、停滞する組織活動の中で、健常者メンバーや専

門家たちとの関係性と共闘可能性が話し合われるのである（田中 2017: 288）。議論の対象は、ＰＳでの健常者の位置づけであった。この議論の争点を田中は三つに分類する。その中で重要なのは、「組織内外の健常者たちと障害者との共闘を阻む障壁の創出」（田中 2017: 291）である。この議論は、組織内外でＵＰＩＡＳの思想にコミットする健常者たち、障害者の被るディスアビリティと対峙しようとしている健常者たち、例えばそれは、障害者サイドに立つことで孤立している施設職員たちや、わが子に向けられる偏見と闘う障害児の保護者たち、そして、ディスアビリティをめぐる問題を学び研究する学生や研究者たちであるが、ＵＰＩＡＳの賛助会員資格の規定が、このような人たちと障害者たちとの共闘可能性を阻害する障壁となったと言えるのではないかという議論である（UPIAS 1987: 12; 田中 2017: 291）ＵＰＩＡＳの賛助会員資格の規定は、「青い芝の会」と比較すると、実質的に共闘関係であったと言えると思われるが、障壁に対して批判的であったメンバーにとって共闘関係とは、賛助会員という曖昧な者たちとの間に結ばれるものではなかったのであろう。例えば、あるメンバーは、前提として健常者を潜在的抑圧者ととらえることの問題を指摘しつつ、さまざまに異なった動機と目的によって障害者に関わる健常者は、抑圧者にも支援者にもなりうるはずだと述べながら（UPIAS 1986: 6; 田中 2017: 292）、ＵＰＩＡＳにおいて、障害者メンバーのエンパワメントが達成されつつあるいま、万一、正会員となった健常者が「われわれ」を支配しようとしても、「われわれ」はもはや、健常者からの脅威に対して抵抗することができるだろうと述べ、健常者メンバーを正会員として受け入れようと提案している（UPIAS 1986: 3; 田中 2017: 292）。このメンバーにとっては、健常者との共闘とは、健常者を名目的にも正会員として位置付けることで、同等の立場からなされるものであったのであろう。そうなると、健常者は、名目的にも、実質的にも「われわれ」の中に入ることとなる。これは「共感的な健常者」を「われわれ」として線引きし直すことであり、「大阪青い芝の会」の「われら」の膜が浸透性を有していたことよりもラディカルなことである。健常者の要素が膜を通して浸透するのではなく、「われわれ」の膜の中に「共感的な健常者」を含め、それを「われわれ」として再構築することとなるからである。浸透性云々の問題を飛び越えて、PSで示したような柔軟性のある「われわれ」の膜から、「われわれ」の再構築に向かおうというのである。しかし、このメンバーにとってはそれこそが共闘なのであろう。柔軟な膜や浸透性のある膜では不十分なのである。その証拠に、ICから改題された内部回覧文書 New Circular（田中 2017: 287）4号において、「われわれ」の根拠となる、Union of the Physically Impaired Against Segregation（UPIAS）という組織名称を、Union of the Physically Impaired and Able Bodies people against Segregation と変更することを提案するメンバーもいた（UPIAS 1987: 13; 田中 2017: 293）。これは Able Bodies をひとまとまりとして、頭文字だけ取るとそのままUPIASとなる。つまり、Against の頭文字Aを Able Bodies のAに置き変えたのである。したがって、そこには明確に「われわれ」UPIASとして Able Bodies People がいたのである。そして、このように「われら」に含めることで共闘しようとしたのは、先に見たような「共感的な健常者」であり、彼ら／彼女らの行動が「われわれ」の再構築を促したのである。これは、何もスムーズな移行ではなく、常に潜在的にまた顕在的にあった「われら」と「かれら」の膜のあり方をめぐる論争の結果起きた変化であろう。「青い芝の会」のように袂を分かつようなことはなかったようであるが、いつそのような事態が起きても不思議ではなく、組織の維持という観点からは、「われら」と「かれら」の間に境界を設け、その境界のあり方を問題とする「健常者問題」は、アイデンティティポリティクスの大きな弊害と言ってよいであろう。

5-2-5 アイデンティティを拡散させる「緩いつながり」

前項までで検討したアイデンティティポリティクスの弊害は、六つあった。「われら」を「われわれ」に統一すると、①「本質化」、②「境界線の引き直しによる障害格差」、③「問題の背景への不覚」、④「われわれ内部の多様なアイデンティティのネグレクト」、⑤「われわれの規範からの逸脱」、⑥「われわれの境界のあり方をめぐる軋轢」である。これらすべてが複雑に絡み合うことによってアイデンティティポリティクスは限界に至る。そこで以下では、アイデンティティポリティクスが限界に至ったとき、どのような運動、どのような語りに訴えることが「有用」であるかを検討する。

障害のアイデンティティポリティクスは、障害という特性・性質を自己と同一化させた者たちが集まり、その集団が障害者というカテゴリーと同一化することによってなされる運動であった。しかしこの同一化についてバトラーは以下のように述べる。

> だが、そもそも、同一化は、演じられる幻想であり体内化であるという理解によれば…（略）…行為や身ぶりや欲望は、内なる核とか実体という結果を生み出すが…（略）…一般的に解釈すれば、そのような行為や身ぶりや演技は、それらが表現しているはずの本質やアイデンティティが、実は身体的記号や他の言説手段によって捏造され保持されている偽造物に過ぎないという意味で、パフォーマティブなものである（Butler 2006: 185）。

障害と自己を「同一化」し、それをアイデンティティとしても、そのアイデンティティは、演じられている「幻想」に過ぎず、結局、障害者なるアイデンティティは「実体」ではないのである。それらは「言説手段」によって「捏造」されたものでしかなく、パフォーマンスのようなものである。障害者は障害者としてまるで障害が「実体」であるかのようにパフォーマンスしている。そして、障害者というアイデンティティをもとに構成された集団もまた、「パフォーマティブ」に構成された集団に過ぎない。「青い芝の会」にせよ、ＵＰＩＡＳにせよ、それがアイデンティティポリティクスである限り、「われら」「CP者」、「われわれ」「身体障害者」を既存の言説にしたがって演じているに過ぎないのである。「行為や身ぶり、言葉に表され、演じられる欲望は、内的で組織的なジェンダーの核があるという幻想を…（略）…作り出す」（Butler 2006: 185）。バトラーは、主にジェンダーについて論じているが、その記述は障害にも同様に当てはまるであろう。「ジェンダー」を「障害（ディスアビリティ）」に置き変えてみると、以下のようになる[6]。障害のアイデンティティポリティクスの中で行われる演技は、「内的で組織的な『障害』の核」があるという「幻想」を作り出すのである。つまり、障害は社会的に構築されたものではなく、何かそこには「核」となるような、「本質」となるようなものがあるという「幻想」を、「行為」や「身ぶり」は作り出すのである。これは、アイデンティティポリティクスの弊害の一つ「本質化」である。「本質化」によって、障害は「本質的」で、「実在」するものとみなされ、障害者アイデンティティ、または、障害者カテゴリーが「本質的」に劣ったものとして「捏造」されていることに気づかないのである。このアイデンティティの「捏造」についてバトラーは以下のように優れた記述を行っている。

アイデンティティとして意味されているものは、歴史のある時点で意味が与えられれば、それ以降は、実体的な言語の不動の部分として存在していくものではない。たしかにアイデンティティは、多くの不動な実体詞として現れてはいる…（略）…だが実体詞としての「わたし」は、その作用を隠蔽し、その結果を自然化しようとする意味づけの実践によって、実体詞とみえているだけである。さらに言えば、実体的なアイデンティティの資格をもつことは、なかなか困難なことである。というのも、実体的なアイデンティティのようにみえてはいても、それは、規則によって産出されるアイデンティティにすぎないからだ（Butler=2018: 254）。

障害者というアイデンティティも、「歴史のある時点で意味が与えられ」たものに過ぎない。それはいつの時代も「不動」なものではなく、あくまで「規則」、言い換えると、言説によって「産出」されたものに過ぎないのである。したがって、それが意味を変えずに「不動」なものとしてこれからも続いていくとは限らないのである。この障害者というアイデンティティは、組織内のパフォーマンスによって構築されもするが、それは多分に政治的な問題でもある。「ジェンダー・アイデンティティ（障害アイデンティティ）の政治的・言説的な起源を、心理的な『核』に置換させたために、いかにジェンダー化された主体が政治的に構築されているか、また、いかにセックス（インペアメント）や本物のアイデンティティという神聖な内面性の概念が捏造されているのかを分析することが、あらかじめ封じられるのである」（Butler=2018: 240, カッコ内筆者）。政治的・言説的な起源をもつ障害が、まるで「実体」や「本質」であるかのように心理的に確信させられることで、わたしたちはその起源を明らかにすることを封じられてしまっているのである。

では、このような社会構築性はどのような行為によって暴露されうるのであろうか。バトラーはそれが「扮装」・「異装」であると考える。この「扮装」・「異装」というのはジェンダー領域でこそ成り立つように思われるかもしれないが、障害領域でも十分に成立するであろう。しかし、その前に、「扮装」・「異装」が、なぜアイデンティティやカテゴリーの社会構築性を暴露するのか説明する必要がある。バトラーによると「扮装」・「異装」は、精神空間の内と外との区別を「攪乱」し、その結果ジェンダーの表出モデルと、本物のジェンダー・アイデンティティの概念の、両方を「揶揄」するという（Butler 2006: 186）。どういうことか。ジェンダーを障害に置き変え、説明を試みる。ポイントは、「扮装」・「異装」が、「二重の転倒」を引き起こすということである。（Newton 1972: 103）。以下ニュートンの例を「障害者」に置き変えて記述する。その人が、「わたしは障害者である」というプリントがされたTシャツを着ていたとする（『障害者』という端的なプリントの方が、現実味があるかもしれない）。その場合、Tシャツによって、彼/彼女の「『外側』の外見」は、障害者であるが、彼/彼女の「『内側』の本質（身体）」は健常者のそれである。だが、同時に、それは「逆の転倒」も表している。彼/彼女の「『外側』の外見」（彼/彼女の身体）」は健常者のそれであるが、彼/彼女の「『内側』の本質（彼自身）」は障害者である（Newton 1972: 103, ニュートンの例を改変）。より簡単に言うと、Tシャツによって、彼/彼女は外見上「障害者」として提示されるが、人は彼/彼女をみても「本質的」には「健常者」と考える。ここで一つの転倒が起きている。一方で、人は、彼／彼女を身体的に「健常者」とはじめからその外見によって想定する。しかし、実のところTシャツが名指すように彼／彼女は「本質的」に「内部障害」をもつ「障害者」なのである。これが二つ目の転倒である。この二つの転倒により、何が「本質」で、何が意味によるものであるかが「錯乱」する。「表面に出ているもの」と「本質」の双方、「内」と「外」の双方が「揶揄」されるのである。それによって、「真実と偽物の言説からずらされ」、「オリジナルで一次的な」、「障害」という考え方が、「パロディ化」されるのである（Butler 2006: 186）。つまり、何が本物で何が偽物かは、言説の結果に過ぎないことが明らかとなり、既存の言説がずらされることで、アイデンティティやカテゴリーの社会構築性が暴露されるのである。自然化という捏造を行う「文化のメカニズムを芝居がかって演じる」「パフォーマンス」は、このように「脱自然化」を可能にする（Butler 2006: 188）。バトラーは、こういったパフォーマンスを「快楽」のひとつとする。そして「パフォーマンスの眩暈」という「快楽」は、あるもの（例えばジェンダーや障害）を、自然で必然だと規定している文化的配置に逆らって、そもそもその自然化が根本的に偶発的であるという認識をもつときに生まれるのである（Butler 2006: 187）。例えば「わたしは障害者である」というTシャツを着ることもこの種の「パフォーマンス」、「快楽」と考えていいであろう。「わたしは障害者である」という「パフォーマンス」によって、障害を「模倣」することで、そもそもの障害という「神話」そのものを「模倣」するのである。つまり、そのようなパフォーマンスで、障害者を単純に「模倣」するのではなく、障害が作られた過程をも「模倣」するのである。しかし、この社会構築性は隠されている。障害の社会構築性で言えば、障害を文化の虚構として演じ、生み出し、維持することに、皆が暗黙のうちに同意したことは、生み出されたものの信憑性によって、また、それを信じることに同意しない者を監視する懲罰機構によっても曖昧にされている。そして、この構築物はわたしたちに、必然性と自然さを信じるよう強要するのである（Butler 2006: 190）。障害のアイデンティティポリティクスは、障害という自己と同一化する性質・特性を「実在」と措定することに暗黙の内に同意してしまっているのである。しかしその同意したという事実は、いかにも信憑性があるように思えることから、また、ある種の「監視」から曖昧にされているのである。それを暴露するためにも「反復されるパフォーマンス」（Butler 2006: 191）が必要となる。そして、「反復されるパフォーマンス」とは、既存の言説の内部においてこそ行われるのである。

もしも意味づけを規定している規則が、文化の理解可能性のオルタナティブな領域という主張を制限するだけではなく、可能にするものであるなら…（略）…アイデンティティの攪乱が可能になるのは、このような反復的な意味づけの実践の内部でしかありえない。既存のジェンダーであれという命令は、かならず失敗を生み出し、その多様性によってその命令を超え、またその命令に歯向かうさまざまな首尾一貫しない配置を生み出す（Butler 2006: 199）。

既存の言説、規則は、「オルタナティブ」な障害理解を制限するが、一方で、そのような言説を反復することに、「オルタナティブ」な障害理解を生み出す可能性があるのである。バトラーにとって、言説の「外」は存在しない。そうである以上、今ある言説を利用し、「オルタナティブな文化」を生み出すしかないのである。

意味領域の反復実践に入ることは、選択なのではない。なぜなら参入する「わたし」は、つねに、すでにその内部にいるからである。行為体や現実に理解可能性を与えている言説実践の外側に行為体や現実が存在する可能性はまったくない。それゆえ課題は、反復すべきかどうかということではなくて、どのように反復すべきかということである（Butler 2006: 202）。

すでに内部にいる既存の言説空間において、「扮装」・「異装」のようなパフォーマンスを通して、既存の言説を反復することで、失敗が、首尾一貫しない言説の配置が、生み出される。「言説の命令の共存と集中は、複合的な再配置や再配備の可能性を生み出す」（Butler=2018: 255）のである。「扮装」・「異装」という「パフォーマンス」は、例えば、先ほどの障害者のＴシャツの例で言えば、あくまで既存の障害者、健常者を二分する言説に依拠しているが、それを利用し、それに異を唱える。一見「健常者」である者が、「障害者」を提示するTシャツを着ることで、また、実際は「障害者」である者が、「健常者」のような外見で、「障害者」を提示するTシャツを着ることで、既存の言説を利用しながらも、何か「眩暈」のようなものをおこさせ、既存の言説への疑いを喚起し、「オルタナティブ」な言説の配置を生み出す／生み出そうとするのである。健常者、障害者の二分法を使うことは既存の言説の反復に過ぎない。しかし「扮装」・「異装」という「パフォーマンス」によって、そこに新たな「ひび割れ」が生じ、言説の再配置の可能性が生み出されるのである。このような可能性にかけ、バトラーは「扮装」・「異装」のような「パフォーマンス」の反復を推奨する。延々と反復されるからこそ、その反復の中でわずかな「ずれ」が生じ、そこから、既存の言説の配置転換が起こり、「オルタナティブ」な文化の可能性が開けるからである。その「オルタナティブ」な文化では、障害は今あるような「実体」として負の意味を背負わされたものではなく、別の新たな意味と結びつく可能性を有する。

しかし、『ジェンダー・トラブル』でのバトラーの言説は抽象的である。具体的にどのような運動として展開されるのであろうか。そのヒントが、マクルーアの『クリップセオリー』に記載されている。マクルーアが示すのは、南アフリカのTACについてである。TACとは、AIDS治療へのアクセスのためのキャンペーンへ向けて、一九九八年一二月に設立されたものであり、発展途上国でのＡＩＤＳに対する、最も重要な市民社会組織活動の一つとして広く認識されている。このＴＡＣについてマクルーアは以下のように述べる。一九九八年に、ＡＩＤＳの活動家が、ＨＩＶ陽性者のアイデンティティを告白した。その後、その活動家が、それに腹を立てた隣人によって殺されるという事件があった。事件の後、ＴＡＣは、あるＴシャツを作りはじめた。Ｔシャツの前面には簡潔に、「ＨＩＶ陽性者（HIV POSITIVE）」とブロック体で書かれていた。マクルーアによると、このＴシャツは、「実質的」に「わたしはＨＩＶである」（I have HIV）と叫んでいる。そしてそれは、多くの人が、そのＴシャツを着ているあらゆる人に尋ねる最初のクエスチョンでもある。「あなたはＨＩＶなの？（Do you have HIV ?）」。そして活動家は、一般的にこのクエスチョンに抵抗するか、それを回避する。そしてそれによって、明示的に、暗示的に、主張しているのである。「問題なのは、あなたのＨＩＶステイタスではなく、あなたのＨＩＶポリティクスだ」（Mcruer 2006: 54）。これは興味深い話である。「実質的」にＨＩＶかどうかは問題ではない。そもそも「実質的」ということが何をあらわすのかが不明瞭である。問題は、ＨＩＶに対してどのように政治的にコミットしているかである。それは、ＨＩＶに対してどのように政治的に関わっているかともとれるし、ＨＩＶカテゴリーの政治的構築に対してどのように関わっているのか／いくのかという疑問ともとれる。実際、ＴＡＣにおいては、どれくらいの人がＨＩＶポジティブであるために参加しているのかを知るのは難しいという。それというのも、ＴＡＣ内には、そこに参加する人が、自分たちのＨＩＶステイタスを示すことを要求されるべきではないという信条があるからである。当然、そこにはＨＩＶ陽性者ではない人も参加している。そして、参加者の主な参加理由は、ＨＩＶとＡＩＤＳの人たちが、治療を受けられるようにすることであって、そこに共通のアイデンティティはない（Friedman and Mottiar 2004: 5）。このような組織の中で、ＨＩＶ陰性者がこれを着るとする。そうすると、先ほどみたように、「扮装」・「異装」として、アイデンティティの「攪乱」が生じる。ＨＩＶと提示されてはいるが、その人の「本質」は何なのか。ＨＩＶ陽性者なのか。しかし、そもそも「本質」などあるのか。ＨＩＶというカテゴリーは政治的言説によって作られたものではないのか。あなたは、そのような曖昧なものを受け入れるのか。ＨＩＶ陽性Ｔシャツを着ることにより、それを着た人は、ＨＩＶ陰性者であろうと「あなたはＨＩＶなのか?」という錯綜した質問を受ける。これが集団となると、誰が陽性者で、誰が陰性者であるか、それどころか陽性とは何か、陰性とは何か、ＨＩＶとは何かという疑問に晒され、錯乱の中、ＨＩＶアイデンティティ、ＨＩＶカテゴリーの不安定性が露呈する。「究極的に、ＴＡＣＴシャツは個人の中に、明確に（安全に?）、一つの絵（一つのアイデンティティ?）を位置付けようとする欲望を満たすことはないであろう」（Mcruer 2006: 57）。それは、「シャツをみる人にさまざまに思考することを強いる」（Mcruer 2006: 57）のである。このＴシャツによって、アイデンティティは攪乱し、拡散する。「本質的」なアイデンティティがないのであれば、ＨＩＶ陽性者でありながら、ＨＩＶ陰性者であることも可能となる。ある人を一つのアイデンティティに固定することはできない。先ほどみた内部障害の例におけるTシャツの例はここから借り受けたものであるが、あの例からこれがＨＩＶでなく、一般的に「障害」と言われているものでも成り立つことがわかる。このＴＡＣの例は、アイデンティティの社会構築性を暴露し、アイデンティティを拡散させる運動の一つとみることができるであろう。そしてこれはバトラーの言う、「内/外の区分を転倒し」、アイデンティティといった心理学的な前提の根本的な再考を強く促す「パフォーマンス」であり、アイデンティティや欲望という自然化されたカテゴリーを不安定にするようなものなのである（Butler 2006: 189）。これは、障害というカテゴリーそれ自体の「パフォーマティビティ」を演じることであり、障害カテゴリー自体が「パフォーマティビティ」であることを暴露するのである。つまり、障害カテゴリーの演技性を演じ、それによって、障害カテゴリーが演技であることを明らかにするのである。しかし、この「扮装」・「異装」のパフォーマンスによる既存の言説の配置転換という考えに対してある疑問が生じるかもしれない。装うことを選べない外見を有する障害者たちはどうするのか。例えば「青い芝の会」の重度の「ＣＰ者」は、「扮装」・「異装」できないではないか。たしかにそうかもしれない。しかし、このパフォーマンスの核は、「扮装」・「異装」ではなく、その背後の錯綜した「問い」にあると考える。錯綜した「問い」とは、「ＣＰとは誰ですか」、「あなたはＣＰですか」、「わたしはＣＰですか」というような問いであり、これを読む人、これを尋ねられた人、そこにいるあなたが、既存の言説に従い、「CP者」を「CP者」とみるかどうかにかかわる「問い」である。「わたしは誰か」「あなたは誰か」「あなたはCPなのか」「わたしは健全者なのか」。多くの錯綜する「問い」が発せられる空間の創出こそが必要なのである。重度の「CP者」は「扮装」・「異装」はできないかもしれない。けれども「錯綜」した問いを発することはできる[7]。そして、錯綜した「問い」は、場所を選ばない。身体と空間があれば、「CP」を問う問いを、障害を問う問いを響かせることができるはずである。「問い」によってさまざまなカテゴリーの不安定さが露呈する。重要なのは「問い」を響かせることである。「扮装」・「異装」はその一例に過ぎない。どのような姿形をしていても、それらを疑い、「眩暈」を起こさせるような問いの空間を現出させることはできる。錯綜した「問い」の場でのある種の酩酊状態の中、「わたし」の不確かさ、アイデンティティの不安定さが露呈するのである。さまざまな「見た目」をした障害者が集団をなし、何がどの障害で、誰が障害をもっていて、あなたは障害者なのですか、わたしは障害者なのですか、あなたの信じている障害とは何ですか、という多くの問いが錯綜する空間で、それをみている人たちがその上に立っている基盤を揺さぶられる。大げさな舞台は必要ではない。錯綜した問いの空間を集団が形成するだけでも、既存の言説の配置を「ずらす」試みはできる。「扮装」・「異装」が不可能な、ゴッフマンの言うPassing不可能な人たちは、例え「扮装」・「異装」できなくとも、オルタナティブな言説配置へのパフォーマンスに加わることはできる。すべきことは、問いを錯綜させ、連鎖させ、既存の言説を再配置することである。このような運動体（TACのような運動体）は、例えば、先にみたアイデンティティポリティクスの弊害の一つである「われわれの規範からの逸脱」によって、「強い障害者」から逸脱した者、その中でも特に、「自己」を一度は「強い障害者像」と同一化させた、もしくは、ほぼ同一化させたが、「『他者との関係のなかで変化する自分』を出発点にして、非常障害者の『主体性』や『自己決定』を再考」（油田 2019: 39）するようになった者にとっては、アイデンに「有用」であろう。なぜなら、彼／彼女は、一度確立した（確立しかけた）自己から、アイデンティティポリティクスの弊害を乗り越え、アイデンティティやカテゴリー自体の社会構築性を訴えようとしているからである[8]。

では、このようなパフォーマンス、運動によって、アイデンティティの社会的構築が暴露されることで、何が可能となるのか。アイデンティティの乗り換えが可能となるのである。例えPassing不可能な人たちであろうと、一度アイデンティティの社会構築性に気づき、自らが状況により、さまざまなアイデンティティを使い分けていることに思い至れば乗り換えは可能である（たしかに、Passing可能な人たちと比べ、『CP者』は周囲からの『CP者』であれという要求が強い分それを行うのは厳しいかもしれない。しかしそれはわずかばかりの乗り換えでも構わない）。アイデンティティが「本質」や「実在」でないのならば、アイデンティティを乗り換えることは可能である。このアイデンティティの乗り換えに関して、示唆的なのは平野啓一朗が提唱する「分人」という考え方である。「分人」とは、相手との反復的なコミュニケーションを通じて、自分の中に形成されてゆく、パターンとしての人格である。必ずしも直接会う人だけでなく、ネットでのみで交流する人も含まれるし、小説や音楽といった芸術、自然の風景等、人間以外の対象や環境も分人化を促す要因となり得る。一人の人間は、複数の分人のネットワークであり、そこには「本当の自分」という中心はない。むしろ分人はすべて、「本当の自分」なのである（平野 2012: 38）。このように、人間を複数の分人のネットワーク、複数のアイデンティティが複雑に絡み合うネットワーク、断片的で非本質的なアイデンティティが組み合わされた集合体ととらえると、アイデンティティの乗り換えという可能性が開けてくる。アイデンティティのネットワークは、微細なものも含めて常に変化している。あるアイデンティティとの関係が強まったり、あるアイデンティティとの関係が希薄となったり、あるアイデンティティとあるアイデンティティの関係が交錯したりする。そして、その変化の中には、あるアイデンティティからあるアイデンティティへの乗り換えも含まれる。偶然的に、そして多少なりとも意図的にアイデンティティを乗り換えることで、アイデンティティのネットワークを変化させる／することができるのである。これらの変化は、平野が言う「分人」の「構成比率」（平野 2012: 69）を変化させる／することである。そしてこの「分人」の「構成比率」の変化、その中でも特にアイデンティティの乗り換えが、アイデンティティポリティクスの限界を乗り越えることを可能にすると考える。アイデンティティポリティクスがその弊害によって行き詰まりをみせたとき、アイデンティティを社会的構築から語り、アイデンティティの乗り換えを行うことで、それを回避することが可能となるのである。例えば、①「本質化」の問題は、「われわれ」「障害者」が社会的に構築されたものに過ぎないと語り、いつでも別のアイデンティティに乗り換えられることを示すことで、回避できるであろう。また②「境界線の引き直しによる障害格差」の問題も、いくら「境界線を引き直し」たところで、根本の「われわれ」がゆらいでしまえば、「われわれ」の囲いから排除される対象はいないこととなる。そして、③「問題の背景への不覚」は、まさに障害カテゴリーを社会的構築として語ることにより解決される問題である。さらに、④「われわれ内部の多様なアイデンティティのネグレクト」という問題は、戦略的にアイデンティティを絞ることがうまく機能している場合はよいが、そうでなくなった場合には、アイデンティティが等しく乗り換えられものと語ることで、アイデンティティの価値の序列化を防ぐことができる。それによって、実際、さまざまなアイデンティティを乗り換え、アイデンティティそのものを拡散させるＴＡＣのような運動へと参加することも可能となるのである。⑤「われわれの規範からの逸脱」も同様である。「われわれ」の規範となるようなアイデンティティも、「本質的」な一つのアイデンティティではなく、多様なアイデンティティから構成されているものであり、規範となるアイデンティティも他のアイデンティティと等しく社会的構築物に過ぎないと示せば、そのような規範的なアイデンティティへの固執は無意味であると訴えることができる。最後に、⑥「われわれの境界のあり方をめぐる軋轢」も、それが恣意的な境界でしかないことがわかれば、自ずと瓦解せざるを得ないであろう。つまり、障害というものをアイデンティティポリティクスのように「同一性」の観点から語らず、「障害とは社会的に構築されたものである」という定義により、障害を社会的構築の観点から語り、アイデンティティの乗り換えを行うこと／示すことで、アイデンティティポリティクスの弊害は回避されるのである。

そしてこのアイデンティティの乗り換えという考えから、多様な運動体の乗り換えへと道が開ける。多様なアイデンティティがあり、それが乗り換え可能であるならば、そのようなアイデンティティをもとにつながっている運動体もまた乗り換え可能であろう。そしてそのためにも、本章は、「緩いつながり」を推奨する。「緩いつながり」とは、多様なアイデンティティによって、多様な運動体を乗り換えるために、「有用」なつながり方である。「緩くつながっている」がゆえに、つながったり、切ったりを偶然的に、そして多少なりとも意図的にすることができ、運動体の乗り換えを容易にする。ガルヴィンは、この「緩いつながり」に示唆的な考察を行っている。重要なのは、「本質」としてのアイデンティティの感覚と、「生成変化」に関係するものとしてのアイデンティティの感覚の相違である。そしてわたしたちが何であるかを拒否することによって、私たちは何かほかの者に「生成変化」できるということである（Galvin 2003: 684）。つまり、「本質」として固定された一つのアイデンティティではなく、文脈によって変化するアイデンティティこそが大事なのである。もはや「わたし」とか「われわれ」が何であるかは問題ではない、「わたし」とか「われわれ」がどのように変化していくかが問題なのである。そしてガルヴィンは以下のように続ける。

わたしたちは、抑圧的な同一性が物象化するのを超えていかなければならない。そして、わたしたちの集団闘争を、ネガティブな同一性を根拠とする不正に対する、一時的で部分的な反応としてみるべきである。これらのグルーピングが、わたしたちがそこから逃れることができない固定されたカテゴリーに硬化させられるのにまかせておくべきではない（Galvin 2003: 685）。

ガルヴィンはアイデンティティポリティクスを批判し、新たな「グルーピング」を模索する。それは、例えば、障害者というような、今日において抑圧的に働くアイデンティティが、「実在化」、「物象化」することのないグルーピングである。アイデンティティポリティクスを続ける限り、この「抑圧的な同一性」の「実在化」、「物象化」、「本質化」は避けられない。だからこそ、障害というネガティブにみられる特性・性質と「同一化」したことで被っている「不正」に対しては、アイデンティティポリティクスのようなさらにそれを強化するような運動ではなく、「一時的で部分的な集団闘争」が必要なのである。つまりアイデンティティを固定しない、それを拡散し、運動体を「流動的」に乗り換えるような運動が求められるのである。そしてそれを容易にするのが「緩いつながり」である。

しかし、本書では、ガルヴィンの想定する運動体をさらに拡張させたい。ガルヴィンはアイデンティティポリティクスと上記のようなアイデンティティを拡散させる運動を二者択一の問題としてとらえ、後者の運動こそが必要であると考えている。けれど、アイデンティティポリティクスには、先に見たように、アイデンティティポリティクスならではの「有用性」がある。それを捨て去り、どちらか一つを選択する必要はない。アイデンティティをさまざまに乗り換えることができる「緩いつながり」を保っておいて、状況と目的に合わせてアイデンティティポリティクスに移行すればよいのである。例えば、「本来あってはならない存在」として、自らの生命が脅かされているのではないかと感じているときに、アイデンティティを拡散する運動は、それほど「有用」とは思えない。同一のアイデンティティをもつ者同士が、もしくは、同一のアイデンティティをもとうとしている者同士が、「強いつながり」で凝集する方が、自分たちの生命を守るためには「有用」であろう。状況と目的に合わせて、「切れたり」、「つながったり」しながら、アイデンティティポリティクス、もしくは、「差異」を行き来すればよい（「差異」については後述する）。そして、「緩いつながり」は、「緩い」がゆえに、「切れたり」、「つながったり」しやすく、他の形態へ移行するうえで「都合がよい」のである。

また、「緩いつながり」による運動体の乗り換えは、単純に一つの運動体だけを乗り換えることを意味しない。それは、複数の運動体と「切れたり」、「つながったり」する変化に富んだ運動体のネットワークを構築する。これを、『緩いつながりによる複合的運動体』とすると、これは、アイデンティティの社会構築性を暴露すると同時に、アイデンティティポリティクスや「差異」の中間地帯に位置するため、双方への移行をも容易にする【『乗り換え』と『移行』については、「緩いつながり」による運動体間では『乗り換え』を、アイデンティティポリティクス、『緩いつながりによる複合的運動体』、「差異」の間では『移行』を用いている】。この『緩いつながりによる複合的運動体』は、具体的には以下のようなものである。あるときは、環境問題へ関心がある者として「気候変動ストライキ」とつながり、同時に、性暴力に反対する花というシンボルを抱く者として「フラワーデモ」とつながり、またあるときは、セクシャルハラスメントを告発する者としてSNSで「#MeToo」運動とつながり、一時的に（もしくは永続的に）それから離脱し、反原発を訴える者として「原子力施設をめぐる抗議運動」のような運動と新たにつながる。もちろんそこには、TACのTシャツ運動も、また「緩いつながり」を前提とする何らかの障害者運動も含まれるであろう。グレタ・トゥーンベリによってはじめられた「気候変動ストライキ」も、日本で行われたフラワーデモも、SNSで主に行われた「#MeToo」運動も、ドイツのヴェントラントで行われた「高レベル放射性廃棄物」の輸送・搬入に対する抗議行動も、集合的アイデンティティや組織の役割を重視してきた従来の社会運動論を批判し、今日的な社会運動の特徴である「仲間集団（affinity group)」的であり、つかの間の流動的な性格を有する（長谷川 2020: 23）。マクドナルドはこれを「経験運動」と呼んだ。長谷川は、「気候変動ストライキ」や「フラワーデモ」に関して、以下のように述べる。

呼びかけ人は存在するが、誰がどこまでがメンバーか否かというような、メンバーシップはもはや意味を持たない。関係は一緒に抗議する時だけ存在し、参加できる人は次の呼びかけの際に再び集う。このように集合と離散が繰り返される。関与の仕方や関心の違いを認めたうえで、信頼をもとに、互いに人間として仲間と知り合っているよう互酬的な（お互いさま的な）関係である。空間と時間の共有が、抗議する人々を結び付けている（長谷川 2020: 24）。

これらの運動は、「アイデンティティを共有しているのではない」（長谷川 2020: 24）。むしろ、「つかの間の流動的な性格」（長谷川 2020: 23）を有し、さまざまなアイデンティティを有する者が「緩くつながっている」のである。これは、どこからか集まり、ぱっと消える雲のようなものをイメージすると分かりやすいであろう（笠井・野間 2016: 34）。この雲のような運動を五野井は「社会運動のクラウド化」と称し、「素人の乱」[9]を中心とした三・一一以降の日本のデモ（例えば反原発デモ）にもみられるという（五野井 2012: 16）。こういったデモは、ウェブを介して容易に情報にアクセスが可能なため、小規模なコストと手間で情報を共時的にシェアし並列化でき、象徴的なインフォメーション・センター以外に、特定の本部や拠点を必要とせず（五野井 2012: 15）、まさに雲のように離散と集合を繰り返すのである。しかし一方で、それらの運動体の成員は、「環境問題へ関心がある者」、「性暴力に反対する花というシンボルを抱く者」、「セクハラを告発する者」、「HIV／AIDS・障害者問題にコミットする者」というような、より広い意味でのアイデンティティを共有しているとも言える。これはアイデンティティポリティクスにおける『同一性』としてのアイデンティティではなく、社会的構築を前提としたアイデンティティである。それはドイツのヴェントラントで行われた、高レベル放射性廃棄物の輸送・搬入に対する抗議行動に参加したさまざまなアイデンティティをもつものが、「〝ヴェントラントを経験したわたしたち〟というアイデンティティ」（青木 2020: 110）を有するのと同様である。つまり、より広い意味でのアイデンティティのもとで、さまざまなアイデンティティをもったものが「緩くつながっている」とも言えるのである。このように、「緩いつながり」は、中間地帯（アイデンティティポリティクスでも『差異』でもない）で、アイデンティティを「軽快に」乗り換えることによって、「気候変動ストライキ」や「フラワーデモ」のような「緩いつながりによる運動体」を「軽快に」乗り換え、「緩いつながりによる複合的運動体」を構築する。そして、中間地帯での他のつながりを切り離し、あるアイデンティティとだけ強くつながることでアイデンティティポリティクスに移行することも、すべてのアイデンティティによるつながりを切り離し、アイデンティティ以前の「差異」へ移行することもできるのである。そして乗り換えや移行をしながら、障害の社会構築性、アイデンティティの流動性を暴露しつづけるのである。それは結果的に、障害カテゴリーに揺さぶりをかけることになるであろう。

さらに「緩いつながり」には別な利点もある。アイデンティティポリティクスには強い絆が必要である。その結果として、「『社会運動』というと学生たちは往々にして『過激派』的な存在を思い浮かべやすい」（長谷川 2020: 26）。このようなイメージから運動に参加することをためらう人もいるであろう。障害者であろうと健常者であろうとそういう人は一定数いるはずである。障害者は多くの場合「孤立」を心配される。施設にいる重度の知的障害者等はその一例であろう。その人たちはなんらかの関係性のネットワークに加わる／加えることが望ましい。そのためにアイデンティティポリティクスは一つの「有用」な手段であろう。「青い芝の会」が孤立した障害者を訪問し、運動に動員したことで、孤立化を防いだ面は大いに認めるべきである。しかし、一方で、強い関係性を忌避している障害者もいるのではないか。生活の場で常に介助者と関係をもたなければいけない人、アイデンティティポリティクスを行っていてそこでの関係性の強さに「溺れかけている」人、こういった人たちにも目を向ける必要があるのではないか。これまで多くのアイデンティティポリティクスが「同一性」のもとに強い絆を求めてきた。結果としてある人達にとって、運動は近寄りがたい、ある種の不安を感じさせるものになってしまった。運動と聞くだけで、なにか「やっかいな」関係に巻き込まれ、自らの身の上に危険が及ぶことを懸念してしまう。これでは、多くの人をとりこむ運動はできない。だからといって、「軽薄」につながれと言っているわけではない。問題を把握した／把握しようとしたうえで、なお、「軽快」に運動を乗り換え・移行するのである。「過度に強い」つながりでも「軽薄」なつながりでもなく、「緩く」、いつでも「切れたり」、「つながったり」することが可能なつながり、そのようなつながりならば、不安を抱かず参加できる人もいるのではないだろうか。

ただし「緩いつながり」による運動も、アイデンティティポリティクスがそうであるように欠点がある。例えば、一つの課題や目的のもとで集まったとしても、多様な人たちがそこにいることによって、時と共に連帯が困難となり、課題や目的が分散してしまい、望ましい成果を得られない等である。長谷川は、上でみたフラワーデモや気候変動ストライキの課題を以下のように述べる。

フラワーデモや気候変動ストライキも、二〇一一年から一二年にかけての反原発運動がたどったように、拡大・上昇局面にある間は、運動の広がり自体が次の活動の大きな誘因になりうるが、やがて拡大が頭打ち化するとともに、「繰り返し繰り返し私たちは行動しているのに結局活動の成果が見えないのではないか」という政治的有効性感覚の低下、無力感に直面する可能性がある。毎回同じことをやり続ける運動のエネルギーをどう維持していくのか、参加者にとってもメディアにとっても新鮮味が薄れていくなかで、どう運動を維持していくのか、という課題がある（長谷川 2020: 25）。

このような課題は、アイデンティティポリティクスにもあるかもしれない。しかし、アイデンティティポリティクスは、メンバーが「同一」のアイデンティティをもっているという意識による強い凝集力があるために、「緩いつながり」による運動と比較すると、運動のエネルギーを供給・維持しやすいであろう。したがってこのような弊害に陥った場合、アイデンティティポリティクスに移行し、連帯意識を強め、目的を絞り込むことで、「緩いつながり」による運動より成果を得られる可能性がある。それぞれの運動体がそれぞれに利点と欠点を有している。だからこそ状況と目的に合わせて、利点／欠点を、生かし／補い、運動を展開する必要があるのである。そしてそのために、「緩いつながりによる複合的運動体」という中間状態が望ましいと考える。

5-2-6 「差異」による絶対的な平等

アイデンティティポリティクスも、「緩いつながりによる複合的運動体」も運動体である。そして、運動体は、能動的な者、受動的な者、「何となく」そこにいる者、さまざまな者から成り立っている。中には、運動体に所属しながらも、そこから逸脱している者もいるであろう。例えば、「未だ目覚めぬ当事者」、「闘えぬ当事者」（田中 2017: 337）等がそうである。そこには、「強い障害者像」から逸脱し、「自己喪失」の状態から抜け出せなかった者も含まれる。そういった人たちに対して、単純に運動から離脱せよ、と勧めることは適切なのだろうか。その人たちには、例えば、それが障害者運動であったならば、そこから離脱するときに、また離脱した後に、適切に障害を語る言葉、適切な障害定義が必要なのではないか。障害を「同一性」から語ることでも（そこから逸脱してしまった以上、その人たちは『同一性』からは語り得ない。また例え違和感をもちながら語り続けたとしても『同一性』を獲得できる保証はない）、障害を社会構築性から語ることでもない（その人たちが社会構築性を語るには、『自己喪失』の状態から自己を確立する必要がある。なぜなら、そうでなければ、障害アイデンティティに疑いを向けることは困難だからである）、別な語り方が必要なのではないか。「闘えぬ当事者」も、「臆病な当事者」も数多いるのである。また、以下のような人もいる。シェイクスピアは、ワトソンの論考を引き合いに、それを描写する。

ニック・ワトソンは、スコットランドで二八人の障害者に対して、綿密な調査を行った。日々の抑圧的な実践の経験にもにもかかわらず、参加者のたった三人だけが、自分たちのアイデンティティに障害を組み入れていた。実際、彼らは肉体的制限の経験を標準化・正常化（normalized）していた。彼らは、全員差別の経験を描くことができた。しかし、彼らは、障害者としての政治的アイデンティティを拒否したのだ（Shakespeare 2014: 98）。

そして、ワトソンはこう記している。

障害者であることは、これらの多くのインフォーマントにとって、およそ、賛美すべき差異や多様性、プライドではない。彼らのアイデンティティにおけるプライドは、自分たちを相違として、障害として、ラベリングする人たちを通して形づくられているのではなく、およそ自分自身の観点、自分自身の基準のもとで障害を定義づけることである（Watson 2002: 521）。

障害当事者の中には、当然このように、他者から与えられた差異としての障害を好ましく思わず、自ら障害を定義し、それを、政治的アイデンティティとしてみることを拒否する人もいる。こういう人たちの中で、「自己喪失」の状態にはなく、単純に、障害を他のアイデンティティと比べて重要ではないとみなす人もいるかもしれない。その場合、運動も「差異」の語りも必要ない。しかしながら、上記のように言いつつも、障害を負の側面からとらえることで、それと同化することを嫌悪している人もいるであろう。シェイクスピアは、早期の障害者運動のごくわずかな割合の人が、ラディカルなキャンペーンに加わったけれども、多くの人が、医学モデルの観点であろうと、社会モデルの観点であろうと、自分自身を障害者とみることを望まなかったと述べる。そして、おそらく、インペアメントや慢性疾患を有する人の多くが、自分自身を、「実際にノーマル」であるとみなしており、彼らの健康状態が、彼らの生活を支配すること、また、彼らの生活に反響することを認めるのを拒否したと述べる。そのうえで、自分自身をインペアメントやディスアビリティによって定義することの拒絶は、ときに、障害者運動の中でもラディカルなものによって、「内なる抑圧」や「偽の意識」とみなされるとし、しかし、この態度は、恩着せがましく、抑圧的になりうると批判する（Shakespeare 2014: 99）。これらの記述はシェイクスピアが、「内なる健全者幻想」などからではなく、単純に障害者としてのアイデンティティを拒否する者がいることを認めるよう促しているとみることができる。しかしながら、一方で、先ほどのワトソンの記述を引用した直後に、シェイクスピアは、「かれらの望みは、メインストリームと同化することである、そして、屈辱的な相違を否定することである」（Shakespeare 2014: 98）と、彼ら／彼女らの中にも、障害を否定的にとらえ、それを拒否する者がいることを述べるのである。これは端的に言って、「内なる健全者幻想」が彼ら／彼女らの中のいくらかにはあるということを認めているのではないか。「内なる健全者幻想」によって、自分を障害者と同一視することを嫌がっている人がいるかもしれないということは「差異」の考察にとって重要である。これが「青い芝の会」であれば、アイデンティティポリティクスによってその幻想を打破することを目指すであろう。それは一つの「有用」な方法である。しかし、いくら説得してもそのような運動に加わることを拒否する人もいるであろう。そしてその人たちに運動に加わるよう強制することは、一つの抑圧であるかもしれない。その場合、障害者であることを否定し、運動に加わることも拒む障害者のための適切な障害の語り方があるはずである。また、先ほどみたように、障害者運動に加わったはいいが、「強い障害者像」から逸脱し運動に馴染めない人、運動をしながらも依然として「自己喪失」のままの状態から抜け出せない人のための語り方があるはずであり、あらねばならないであろう。それがアイデンティティ以前の、さまざまなものに価値が付与される以前の、本源的な「差異」からの障害の語りである。

だが、ここにも考えなければならない問題がある。そのような人たちが／そのような人たちに障害を語るときには、「差異」ではなく、人間の「普遍性」に訴えた方がいいのではないかという問題である。カテゴリーを前提とした「差異」ではなく、それ以前の「差異」に訴えた方がよいのか、人間の普遍性に訴えた方がよいのか。結論から言うと本章は、後者の「普遍性」の議論には、価値が付随し、結局平等に行き着き得ないことから、前者の「差異」に訴える方が賢明であると考える。シェイクスピアの以下の言葉は印象的である。「誰もがインペアードされている」（Shakespeare 2002: 26）。シェイクスピアはなぜこう考えることを望むのか。誰の身体もパーフェクトに、一貫して、さもなければ、永遠には働かない。わたしたちすべてが何らかの点で障害者である。それにもかかわらず、そうみなされてこなかったのは、啓蒙主義時代以来、人間はその合理的能力の観点から定義されてきたからである。しかしながら、人間の身体は、本来もろく、傷つきやすい（Shakespeare 2002: 26）。したがって、障害者とそうでない人との間に質的相違はない。なぜなら、わたしたちすべてが障害を有しているからである。インペアメントは、人間本来の性質であり、インペアメントの偏在性は経験的事実である。たしかに、個人の体や精神が課す制限は（いつも特別な文脈において）些細なものから深刻なものまでさまざまである。そして、理論や実践が敏感になるであろう重要な相違がある。しかしながら、これらの相違は、直接的に、二つの明確な存在論的ステイタスには割り当てられない（Shakespeare 2002: 27）。シェイクスピアは「相互作用論者」であった。このことを念頭に入れるとシェイクスピアがなぜこのように考えるのかがはっきりする。まず、シェイクスピアはインペアメントとディスアビリティの二元論をはじめ二元論的なものに批判的である。ゆえに、「誰もが障害者である」ということで、障害者／健常者の二元論を回避しようとするのである。次に、相互作用論者として、ここでは主に障害の「実在領域」に焦点が当てられる。社会的に二分されてしまった障害者／健常者ではあるけれども、「実在領域」では、両者は程度の差でしかなく、すべての人が肉体的にインペアードされているのである。したがって、連続するインペアードされた人々を明確に二つに分けることなどできないのである。「インペアメントの偏在性は経験的事実」（Shakespeare 2002: 27, 傍点筆者）であるという主張は、それが「実在領域」の議論であることを根拠づけている。シェイクスピアが「誰もが障害者である」というとき、それは事実問題であり、「身体」に関する問題であり、「実在領域」の問題なのである。では、社会的なものについてはどのように考えているのであろうか。シェイクスピアは述べる。

すべての生き物は障害を有しているが——つまり、弱く、制限され、もろく、死を免れない——わたしたちすべてが、このインペアメントや病気をもとに抑圧されているわけではない。一定の割合の人々だけが、付加的な社会のディスエイブリングプロセスを経験する…（略）…これはさまざまな社会が、さまざまなやり方で、インペアメントをもつ人たちのグループを扱うためである…（略）…むしろ、インペアメントとディスアビリティの間の明確なリンクを壊そうとするより、わたしたちは、インペアメントと身体の間の本質的なつながりを暴露すべきである（Shakespeare 2002: 28）。

社会が異なれば、障害に対する扱いも変わる。それは認める。しかし、インペアメントの社会的な部分でないところに関しては、弱さやもろさという普遍性を認めるべきだとシェイクスピアは言うのである。シェイクスピアは相互作用論者であり、社会的構築も重要視するが、この問題に関しては、肉体の普遍的な側面に焦点を当てることを促すのである。

また、シェイクスピアと同様の立場から、障害の普遍性を訴えるビッケンバッハらは、以下のように述べる。障害のない人間存在は想像できないという明確な意味で、障害は偏在的である。そして、長寿高齢化によって、障害や慢性疾患を有する人の割合は増加するであろう。そうすると、長い目でみれば、必要とされるのは、すべての人々が慢性疾患と障害の併発リスクに瀕していると認識する、より普遍的な政治である（Bickenbach et al. 1999: 1182）。これは、一般的にもよくみられる老化と障害をからめ、人間の普遍的な性質としての障害を論じる論法である。シェイクスピアもまた、すべての人は限界を有し、すべての人はより多くの限界に対してもろい、そして、エイジングプロセスを通して必然的に機能的ロスや病的状態を経験するであろうと述べている（Shakespeare 2002: 27）。このような論法は「障害当事者」にとって、果たして「有用」なのであろうか。たしかに、年を取ることにより、何らかの障害や病気を有しやすくはなる。しかし、年を取ったからといってそうならない人もいる。また、高齢の人だけを対象とすることで、「もろさ」を浮かび上がらせようとするが、若者の多くは健康であることに対してどのように折り合いをつけるのか。高齢になるまでの長い期間を障害や病と無縁で過ごす人のどこに「もろさ」をかぎつければよいのか。もちろん微細な障害や病をみることはできる。しかしそれと、今まさに多大な痛みや苦悩に直面している障害者とを一緒くたにしてよいものなのか。彼ら／彼女らも同じく「もろい」という言葉は、障害当事者にとって何の意味があるのであろう。先天性の重度の障害者が、活発に動き回る若者を同じく「もろい」ものとして認識できるであろうか。全人類は「もろい」かもしれない。しかし程度と期間に著しい差がある。それを無視して、平等に「もろさ」を訴えて障害当事者は納得するであろうか。おそらく、この語りは、健康な若者や高齢者に対するある種の警告なのであろう。「あなたたちも、いずれ、障害者になる。それを肝に銘じておけ」というある種の警告である。しかし、程度や期間等に大きな相違がある中で、大雑把に「皆弱い」と言って、だれもが納得できるわけではない。障害者になる人もならない人もいる、その厳しい偶然性を、生易しい普遍性に溶け込ませるべきではない。ごく微細な障害をもつ者と、重度で著しく生活に支障をきたしている者を、同じ「もろい」ものとして括ることは、障害者にとっても意味がないし、健常者にとっても、おそらくそれについての深い理解は得られないという意味で、それほど「有用」ではないと思われる[10]。

一方、老化からではなく、人間の普遍的な脆さを語るのはデイヴィスである。デイヴィスは、「インペアメントはルールであり、ノーマルシーはファンタジーである。依存はリアリティーであり、自立は壮大な思想である」(Davis 2002: 31)と述べ、以下のように語る。主体は、実際、ディスエイブルドされているが、テクノロジーや介入によって完全なものにされている。例えば、四肢麻痺の人は、エンジンのついた車椅子や、口や舌で操作するコントローラーなしでは不完全なように、市民もまた、インフォメーションテクノロジー、保護法、そして、秩序や平和を確保するグローバル化されたフォームがなければ不完全である(Davis 2002: 30)。たしかにデイヴィスの言うことはもっともである。しかしながら、後者の人が不完全なことと前者の人が不完全なことを同じとみるのはやはり抵抗がある。大多数の後者は、そういったものがなければ不完全ではあるが、前者の不完全さと比較すると大きな差がある。そしてもしこれが健常者側から言われるのであれば、障害者への不当な圧力につながりかねない。「みんな同じならば、みんな同じ処遇でよい」というように、である。比較することが無意味であると考えることもできるが、「もろい」や「不完全」という言葉自体がすでに価値を含んでいることから、この種の論法は、常に比較の可能性に開かれている。

それに対して、以下の「差異」は社会的・文化的なものが障害や健常カテゴリーを生み出す以前、微小な「差異」が蠢いていて、価値や序列が生じる以前の本源的「差異」である。ごくごく微小な「差異」の蠢きの中で優劣はない。それは絶対的な平等の状態である。そうすると、「強い障害者像」から逸脱し、「自己喪失」の状態から抜け出せなかった者等にとっては、何ら価値や序列の付与されていない状態の微小な「差異」という語りの方が「有用」なのではないか。あなたもわたしも、健常者も障害者も、微細な「差異」に過ぎない。そこに優劣はないし、そのようなものは無意味である、というような語りである。人間の「弱さ」という「普遍性」に訴えるということは、はじめから「強い」、「弱い」という序列化された、価値づけされたものに訴えて平等を目指すことにというカテゴリーが作られた後の普遍化である。このようにすでに価値づけられたものを土台として平等を目指すと、その普遍的な「もろさ」においても、容易に再度の価値づけや、序列化が生じるのではないか。「もろさ」という価値づけられた基準がある以上、それを基準として再度分断が生じることは想像に難くない。先にシェイクスピアが言った、啓蒙主義時代に「強さ・完璧さ」を基準として、障害者と健常者が二分されたのと同様、再度、例えカテゴリー名が変わったとしても、「もろさ」を基準として、好ましくない分断が繰り返されるのではないか。それならば、価値が付着する以前、カテゴリーが生じる以前、アイデンティティが形成される以前の「差異」から、障害を語る方が、序列化の危険性がないという意味で「有用」なのではないか。上記のような人たちも、人間はすべて「もろい」と言って、普遍化している間はよいが、ふとした偶然で、その「もろさ」の中で、序列をつけはじめたならば、今度は自らが、より「もろい」ものを排除する側に回る、もしくは、新たな排除を経験することになりかねない。「もろい」という価値に頼る以上、その危険性は常に付きまとう。デイヴィスは、以下のように述べている。

究極的な目標は、ノーマルな（つまり支配的な）主体の実体化ではなくて、その具現化が、自律も、独立もしておらず、依存、相互依存している、部分的で、不完全な主体に基づく、新しいカテゴリーを作ることを目指すことである（Davis 2002: 30）。

しかし、このような「部分的」で、「不完全な主体」に基づいて「新しいカテゴリー」を創出しても、それがカテゴリーであり、ある価値に基づいている以上、新たな分断が生じることは避けられないのではないか。そうするとこのような観点から障害を語ることは、なんらかの新たな排除・逸脱を生み出すことに寄与しかねない。しかし本書の目指す「差異」は、例えば健常者と障害者の差異というようなものではない。本書の「差異」は、「健常者」と「障害者」というカテゴリーが生じる以前の「差異」であり、「健常者」にも「障害者」にも、無数の「差異」が蠢いているのである。

最も単純な情動からなる生物の身体も、単に器官の形態と機能の集積として捉えられることはできない。器官よりもはるかに微細な粒子と、機能よりもはるかに不確定な運動がそこに含まれていて、それが身体を構成し、たえず再構成し、身体の変化や進化を準備している（宇野 2020: 81）。

「差異」はこのような微視的視点でとらえられるべきものである。この「差異」と、一般的に言われる「健常者」や「障害者」の差異との関係は、以下のように言うことができるであろう。「この世界の実在は、『かたち』にはなっていない流れ（『潜在性』）と、それが『かたち』になるためのシステム（『現実化』）の問いとして記述される」（檜垣 2009: 48）。「差異」は「潜在的」で「理念的」である。そして「潜在的な存在」が「かたち」となって、例えば「わたし」や「障害者」、「健常者」のような「存在者」に分化する。つまり、対象を表象＝再現前化する前に、「理念」の内部に「差異」が存在するのである（Deleuze=1992: 54）。したがって、「潜在的」で「理念的」な「差異」は、「わたし」や「障害者」、「健常者」の中で蠢いている。そうすると「障害者」、「健常者」カテゴリーを一般的な差異においてとらえるのではなく、上記のような「差異」からとらえるならば、そのカテゴリーは崩壊せざるを得ない。なぜなら、双方ともが、「差異」から成り立っていることがわかれば、序列的な区別は無意味なものとなるからである。「無限小に畳み込まれていることは、目に見える外延的なものの根底に、目に見えない差異の蠢きが、無限小を捉える微分の思考とを取り出してくる」（檜垣 2009: 23）。ここで言う「微分の思考」とは、「潜在性」それ自身は、未決定な力の傾向性であるが、それが展開されることによって現実的なもの、すなわち、見えるものが形成されるという仕組みを捉えるひとつの技法と言える（檜垣 2009: 50）。「微分の思考」によると、まだ、「わたし」や「健常者」、「障害者」のように規定されてはいない「潜在性」が、見えるもの、つまり、現実的に把握できる「わたし」、や「健常者」、「障害者」を形成する（に『分化』する）「仕組み」をとらえることができるのである。これは、「差異」を顕在化させていく過程において、未規定な存在がいかに規定可能性を受け、規定されたものになるのかという、「存在そのもの」の「存在者化」とも言える（檜垣 2009: 73）。そして「存在者化」された「健常者」や「障害者」は「同一性」等の観点から関係づけられ、その「同一性」は自らの外部を求め、カテゴリー間の差異を生じさせ、序列化へと至るのである。言い換えると、「何かが中心に設定され、それとの類比によって、他の存在者のあり方も、そしてその価値も定められ配分されてしまう」（檜垣 2009: 32）のである。しかし、この序列化は、「潜在的」なものにおける「差異」を従属させない。「潜在的」なものは、「理念」における純粋な「多様体（多様性）」を指示しており、この「多様体」が、先行条件としての「同一」なものを根底から排除するのである（Deleuze=1992: 319, 320）。「わたし」や「障害者」、「健常者」等の「同一性」に支配されたヒエラルキー空間を脱すること、そこで、そうした同一性そのものを脅かす「無限」の存在、言い換えれば、「自然」の存在を、あくまでも「同一性」の側に回収されない、そのままの仕方でとりだすことが重要なのである（檜垣 2009: 85）。「差異」について語ることは「同一性」について語ることと対照的である。「同一性」はアイデンティティポリティクスでみたように、序列を生じさせる危険を常にはらんでいる。しかし「差異」において序列化はおきない。「差異」は、あくまで分散し、「同一のもの」に収束しない（檜垣 2009: 86）。したがって、序列化による「排除」、「逸脱」は生じない。よって運動体に馴染まず、「同一性」から語れない者、語りたくないものにとって「差異」という語りは、大きな意味をもつ。「差異」においては、「健常者」、「障害者」のような分類も、それによる序列化もない。そういった意味で、絶対的な「平等」がある。「わたし」とか「かれ」とか、「われら」「われわれ」とか「かれら」とかが形成される以前、本源的な「差異」だけがある。それはヒエラルキーのない、絶対的な「平等」である。中心も周縁もなく、ヒエラルキーシステムにいささかの関わりもなく、まさにあらゆる位置から差異化を生産し、あらゆる個所で過剰に差異が花開き、あらゆる個所で等しくその特異性が機能してしまう、内在的な位相、その茫漠さの前で、序列化は生じず、すべては異なっているがゆえに、価値不在の絶対的な等しさがあるのである（檜垣 2009: 35）。ドゥルーズはこの「差異」に関して以下のように言う。

わたしたちが、限定に直面したりあるいはそれに陥ったりするたびごとに、また、対立に直面したりあるいはそれに陥ったりするたびごとに、そのような状況にはいったいどのような前提があるのかと問わなければならないのである。そのような状況の前提として、差異のひしめき、野性的なあるいは飼いならされていない自由な差異の多元性、限界と対立という単純化にあっても執拗に存続するような本源的でしんそこ差異的＝微分的な時間と空間、といったものが存在するのである（Deleuze=1992: 90）。

「現実」での「限定」や「対立」は、「差異」からすると単純なものととらえられる。そのような「限定」や「対立」は、「本源的」なものではなく、その前提には「差異」がある。「内なる健全者幻想」によって障害という特性・性質を嫌がり、それと「同一化」して運動に参加することを拒否する者に、そもそも障害の「同一性」がまやかしであり、すべての人は「本源的差異」からなっており、そこに序列はないと語ることは、他者との序列を前提とした比較をすることの意味のなさを示すうえで「有用」である。結局すべての人間は「本源的差異」として説明が可能であることはある種の安心感をもたらすのではないだろうか[11]。また、障害者運動に加わったが、運動に馴染めない人、依然として「自己喪失」の状態の人にとって、この「差異」からの語りは、運動を離脱する契機となりうるし（それを望むのならば）、運動を別な観点からみることも可能にし、「逃げ場」としての語りとなるのではないか。「障害とは差異である」という端的な定義は、一般的な差異から生じる価値が付随しない絶対的な平等を意味する。「強い障害者」になれず葛藤することも、「自己喪失」のままであることも、価値の付随しない「未規定な存在」から形成されたものであり、再びそれを「差異」からみることで、すべてが等しいと現状を肯定的に受け止める機会になるのではないか。もちろん事がそう簡単に進むとは思ってはいない。しかし、「差異」による絶対的な平等という障害の語りは、価値の付随した単なる平等概念と異なり、「闘えない障害者」を否定しない語りとなるのではないかと考えるのである。ただし、「差異」の語りにももちろん欠点がある。「差異」においては、そもそも運動自体が立ち上がらないのである。しかしこれは、状況により「差異」からアイデンティティポリティクスや「緩いつながりによる複合的運動体」へ移行することで解決することができるであろう。

5-2-7 状況に合わせた「接続」と「切断」

障害を「同一性」から語るアイデンティティポリティクス、障害を「差異」から語る絶対的な平等、中間地帯で障害の社会構築性を訴える「緩いつながりによる複合的運動体」、本章は、この中間地帯で「うろうろ」しながら、状況と目的に応じてこれらを使い分けることの「有用性」を提示するものである。複数のアイデンティティをもとに多様な運動体と「緩いつながり」を保っておき、アイデンティティポリティクスが「有用」な状況に至ったならば、特定のアイデンティティと強く「接続」する。その場合、複数のアイデンティティをもとにした複数の運動体との「緩いつながり」のいくつかを「切断」することになる。一方で、運動体そのものが有効に機能しない場合は、複数のアイデンティティによるつながりをすべて「切断」し、「差異」へと向かうのである。

しかしながら、「差異」とは次のように言うこともできる。

> あらゆる細部に差異が宿り、あらゆる個体のなかに全体が破断的に入り込み、すべてのものがすべてのものとつながっていると描かれるときに、そこで破棄されるのはまさにヒエラルキーである。ヒエラルキーが破棄される時に際だってくるのが、存在がひとつの声を多様に鳴り響かせることである（檜垣 2009: 33）。

「差異」においては、すべてのものがすべてのものと「つながっている」。そこには、アイデンティティのようなものはない。したがってアイデンティティによる「つながり」ではなく、一元論的に、存在すべてが全体として「つながっている」ということもできるのである。

幾千もの声をもつ多様なものの全体のためのただひとつの同じ声、すべての水滴のためのただひとつの同じ《大洋》、すべての存在者のための《存在》のただひとつのどよめき（Deleuze=1992: 450）。

「幾千もの声」は「ただひとつの同じ声」、「すべての水滴」は「大洋」の中で見出され、「すべての存在者」の中の無数の「差異」としての「存在」は、「ただひとつのどよめき」として見出される。そこでは、個々の波の立てる音は、さまざまな波の立てる音と溶け合って、その総体は一体となった仕方で知覚される。だが、そのざわめきは曖昧であるにせよ、その中での個々の波の音そのものは、まさに判明な差異から成り立っている（檜垣 2009: 111）。「差異」においては、すべてが「つながっている」。これは千葉によって、「オーバードーズの彼方、熱死とは、あらゆる事物への接続過剰のことに外ならない」（千葉 2013: 50）と表現される。このように絶対的な「差異」を「接続過剰」とみるならば、アイデンティティ以前の「差異」から、無数の関係性を適度に「切断」することによって、複数のアイデンティティをもとにした（それは一般的にその人のアイデンティティとみられないものでもよい、例えば健常者が障害者アイデンティティを有していてもよい）「緩いつながり」へ移行することができるということもできる。つまり、「差異」から「緩いつながりによる複合的運動体」に移行するとは、アイデンティティ以前のすべてが「つながっている」というような「つながり」を適度に「切断」し、複数のアイデンティティをもとにした複数の運動体と「緩く」「接続」することである。逆に「緩いつながりによる複合的運動体」から「差異」へ移行するとは、複数のアイデンティティをもとにした複数の運動体との「つながり」をすべて「切断」し、アイデンティティ以前のあらゆる事物と過剰に「接続」することである。

これらの運動体や場の移行についてまとめると、アイデンティティポリティクスの強い「つながり」を「切断」し、複数のアイデンティティに「緩く」「接続」することで、「緩いつながりによる複合的運動体」に移行し、その複数のアイデンティティをもとにした複数の運動体との「緩いつながり」をすべて「切断」し、あらゆる事物と「接続過剰」にすることで、「差異」に移行する。逆に、「差異」における過剰な「つながり」を「切断」し、複数のアイデンティティと「接続」することで、「緩いつながりによる複合的運動体」に移行し、複数のアイデンティティをもとにした複数の運動体との「緩いつながり」のいくつかを「切断」し、特定のアイデンティティと強く「接続」することで、アイデンティティポリティクスに移行するのである。この移行は、当然、差異からアイデンティティポリティクスへ、またその逆も可能である。そして、移行の鍵は「緩いつながり」である。「緩いつながりによる複合的運動体」は中間地帯に位置し、どちらにも移行しやすく、かつ、その状態でうろうろと「緩いつながり」の「切断」「接続」[12]を行いながら、障害カテゴリーの社会構築性や、障害アイデンティティの社会構築性を暴露できる強みがある。「無限に豊かに絡み合う差異のネットワークを泳ぎ回るのではなく、或る有限性から別の仕方の有限性への、愚かさから愚かさへの、貧しさから貧しさへのテレポーテーション」（千葉 2013: 38）、つまり、「差異」という無限の関係性の中にいるのではなく、「或る有限性」から「別の仕方の有限性」へ、例えば、障害者という有限なアイデンティティから、女性という別のアイデンティティへ飛び移る、言うなれば、アイデンティティを乗り換える「緩いつながり」、そして「緩いつながりによる複合的運動体」が重要となってくるのである。もちろん、断片的で非本質的な複数のアイデンティティは、ネットワーク化し複雑に絡み合っている。したがって、障害者アイデンティティや女性アイデンティティを明確に区別し乗り換えることは難しい。しかし、ここでのアイデンティティの乗り換えは、戦略的に主題化するアイデンティティを選択し、それに基づいて「緩くつながる」ことを意味する。「緩いつながり」や「緩いつながりによる複合的運動体」は「差異」という無限の関係性がもつ「豊かさ」をもってはいないが、運動は微視的な「差異」からすることはできない以上、ある程度の「形」（例えば障害者や女性）をもつことの「貧しさ（愚かさ）」を引き受けなければならない。しかも、「緩いつながり」の「偶然性」も引き受けたうえで、どのアイデンティティと「接続」するかを選択しなければならない。偶然に、そして多少なりとも意図的に、「わたし」は複数のアイデンティティから成り立っている。「わたし」はコラージュ的なアイデンティティを有する。そのコラージュ的なアイデンティティの中のいくらかを、偶然に、そして、多少なりとも意図的に選択し、それをもとに複数の運動体と「緩くつながる」／「接続」する。千葉は、以下のように言う。

人は動きすぎになり、多くのことに関係しすぎて身動きがとれなくなる。創造的になるには「すぎない」程に動くのでなければならない。動きすぎの手前に留まること。そのためには、自分が他者から部分的に切り離されてしまうに任せるのである。自分の有限性のゆえに、さまざまに偶々のタイミングで（千葉 2013: 53）。

「差異」においては常に何かが何かに変化している。「動きすぎ」なのである。そこでは、すべてがすべてに関係づけられており、逃れることはできない。だからこそ、動きすぎる手前、適度に動き、適度に他者と関係し、偶然的に、意味なく、つながりが途切れることにまかせる「緩いつながり」が重要となる。千葉は「偶然性」を高く評価する。しかし、本章は、運動論でもあると考えているので、「偶然性」からだけそれを語ることはできない。偶然性と区別できないある程度の意志を前提としなければ、能動的になされる運動についても論じているので、運動論の語りとして「有用」ではない。特に「青い芝の会」やUPIASは「主体性」や「能動性」を大切にした。それを考えると、アイデンティティポリティクスも状況によって等しく重要であるとする立場からは、意図的になされる運動体の選択というものを語りとして取り入れる必要がある。「わたしたち」は、ときに障害を「同一性」から語り、ときに「障害とは社会的に構築されたものである」と定義し、ときに「障害とは差異である」と定義することで、「接続」と「切断」を状況依存的に使い分け、偶然的に、そして多少なりとも意図的に、運動体と「差異」を乗り換え・移行する。この、語の選択と、それに伴う「接続」と「切断」、基本としての「緩いつながり」こそが、本章で提示した運動論にとっては重要な要素となるのである。

しかし、なぜ障害定義、障害の語りを変化させることで、運動体を乗り換え・移行することができるのか。それは、障害に関する運動体が、その組織内で、障害定義や障害の語りを明示的にでも、暗示的にでも定めないことは考えにくく、組織内で定めた「障害」に準拠して、その組織のメンバーは行動するからである。例えば、「青い芝の会」やUPIASが「障害（インペアメント）」を変化に富んだものという理解のもとで、行動することは想定しにくい。「障害（インペアメント）」を変わらないものとして、またメンバーがそれを共有する核として「同一性」から語るであろう。そして、その理解のもと行動するはずである。同様に、「緩いつながりによる複合的運動体」に属するものが、アイデンティティを乗り換えながら、障害者アイデンティティを「同一性」から語ることは想定しにくい。「障害は社会的に構築されたものである」という理解を背景に運動体を乗り換えていくであろう。障害に関する運動体に属するということは、障害定義や障害の語りにその行動を規定されるということである。したがって、障害定義や障害の語りを乗り換えずに、運動体を乗り換えることは困難である。もしくは運動体を乗り換えた後に、障害定義や障害の語りが変化しないことは考えにくい。ただし、それらの理解の背後には、障害という語が一義的に定まらない、アイデンティティが変わることのない「核」を有するものではなく一つに定まらないという理解がある。この理解のもと、さまざまな「顔」が、さまざまな障害定義や障害の語りを用い、異なった運動体に属し、その定義に規定されて行動するのである。だからといって、それぞれの「顔」は仮面ではない。どれも本当の「顔」である。どれも本当の複数の「顔」が障害定義、障害の語りを使い分け、それによって運動体を乗り換えていくのである[13]。また「差異」は、それが理念的であるため、運動体のように、組織内で定めた「障害」に行動を規定されるようなものではない。しかし、そこに移行する契機として「差異」の語りが必要となる。現実的な場で「障害とは差異である」と定義し（語り）、「障害」も「差異」に過ぎないと気づくことによって、理念的な「差異」への移行が可能となるのである。

最後に、本項を終えるにあたりいくつかの疑問に答える。まず、語の選択による運動体の乗り換え・移行は、理論的には可能かもしれないが、実践は困難なのではないかという疑問である。次に、

「われわれ」というアイデンティティを強調し、凝集性を高めるアイデンティティポリティクスを行った後に、場合によっては、健常者・健全者とも連携するような「緩いつながりによる複合的運動体」に属する。これではあるものを選択した際に、他方を選択していた際の効果が希釈されてしまうのではないか。さらに言えば、これはイデオロギーの転換ととらえられ、忌避されるのではないか。こういった疑問もあるであろう。これらの疑問に対して言えることは、第一に、わたしたちはアイデンティティという幻想にしがみつくことをやめるべきだということである。また、それと密接に関連するが、アイデンティティを変化の中でとらえることで、イデオロギーも変化するのが当然であるということをわたしたちは、受け入れるべきだということである。アイデンティティが、一度確立されたならば基本的に変化しないという「同一性」の中でとらえられるならば、このような運動の乗り換え・移行は困難とみなされるであろう。しかし、日常生活を振り返ればわかるように、わたしたちは、アイデンティティを偶然的に、また多少なりとも意図的に乗り換えている。あるときは父であり子であり、あるときは男性であり一般的に女性的といわれる側面をもち、あるときは上司であり部下であり、またあるときは「活発」な「性格」であり「根暗」である。そしてあるときは障害者性を有し、同時に健常者性を有する。数え上げればきりがない「顔」をわたしたちはもっており、それらを使い分けている。このような状況があってもなおアイデンティティを「同一性」から語るのは、単なる歴史的慣習に縛られているからに過ぎない。歴史の中で偶然的にアイデンティティは「同一性」から把握するよう求められてきた。しかし、アイデンティティ＝同一性の呪縛から解放されてみれば、多様な状況下でアイデンティティを乗り換えることはごく当たり前のことである。そして、このアイデンティティの乗り換えという考えによって、広い意味でのアイデンティティのもとで「緩くつながっている」運動体の乗り換えも可能となるのである。なぜなら、上記のようにアイデンティティを偶然的に、また多少なりとも意図的に乗り換えることができるのならば、それらのアイデンティティを意図的に（もちろんその背景には多分に偶然性が絡んでくるが）選択することで、広い意味でのアイデンティティをもとに「緩くつながっている」運動体を選択し、状況によってそれらを乗り換えること可能だからである。例えば、先述したドイツのヴェントラントで行われた「高レベル放射性廃棄物」の輸送・搬入に対する抗議行動において、地元外から参加するのは、反原子力を志向する人々に限られなかった。普段は反原子力以外のイシュー、アンチ・レイシズムや反核平和やセクシュアル・マイノリティをめぐる活動に従事する人々がヴェントラントでの抗議行動に加わってきたのである（青木 2020: 105）。これは、この人たちが同時にそれらの運動を行っていることを示しているかもしれないが、この抗議運動に加わる前の運動を「切断」し、運動の乗り換えを行ってきたと言っても何ら不思議ではない。運動の乗り換え自体はこのように実現可能である。そして、この運動によって、「〝ヴェントラントを経験したわたしたち〟というアイデンティティ」（青木 2020: 110）が、また一つの「顔」として生じるのである。これは当然原発に対する抗議運動だけではなく、「緩いつながり」による障害者運動にも当てはまる。たしかに、「高レベル放射性廃棄物」の輸送・搬入に対する抗議行動は、障害者運動に比べ、それが達成しようとする課題への広い賛同が得られやすく、人も集まりやすいがゆえに乗り換えはより容易かもしれない。しかし、それが障害者運動であっても、集団が多様な構成員から成り立っている以上、ある特定のアイデンティティをもつ者でなければ、乗り換えができないというようなものではないので、この双方の運動を、乗り換えのし易さの点で同列に論じることは適切ではないかも知れないが、乗り換えが可能か否かという点で同列に論じることは差し支えないと考える。そして、より困難と思われる「緩いつながり」による複合的運動体」から、障害のアイデンティティポリティクスへの移行、そしてその逆の移行でさえも、「緩いつながり」という中間地帯での運動の乗り換え同様、可能であろう。もちろん、状況に鑑みて「差異」へと移行すること、またその逆も可能である。これらの移行を実践困難で、実現性に乏しいと考えるのは、アイデンティティを「同一性」から把握することに慣れているからに他ならない。これは、運動体を乗り換え・移行することで、最初の運動の効果（特にアイデンティティポリティクスがそれにあたるであろう）が希釈されるのではないかという疑問にもつながる。この疑問もまた、アイデンティティが「本質的」に一つであるという考えから生じている。しかし、乗り換え・移行は、単純に、それぞれ別の「顔」が別の運動体に属するということに過ぎない。それは、ある人とそれとは別の人が異なった運動体に属し、異なった要求をしても何ら不自然ではないのと同様である。それでもなお、この乗り換え・移行を、イデオロギーの転換ととらえ、一つの運動体に縛り付けようとするならば、それこそが、運動体を論じるうえで、また運動を展開するうえで、大きな弊害となるであろう。自らを解放しようとする運動によって、かえって自らが束縛されるようでは、本末転倒である。例え乗り換え・移行する前の運動の効果が希釈されてもよいのではないか。それは変化の中でとらえるならば仕方のないことである。わたしたちは変化する。その中で状況に合わせて運動体を乗り換え・移行するのである。だからといって、どこまでも「軽薄」に運動体を乗り換え・移行するわけではない。これは障害定義をすべてよしとみなすことはしないのと同様である。障害者にとって「有用」かという基準にしたがって乗り換え・移行するのである。それぞれの運動体のメリットを考慮しながら、その状況で障害者にとってより「有用」な運動体を選択するのである。そのためにもそれぞれの運動体のメリットを検討したのである。障害者にとって乗り換え・移行が「有用」であるのに、既存のアイデンティティ理解に基づいて、所属先の運動体から離れることを非難するのは、運動の発展を妨げるだけである。もちろん、運動体内の過酷な現実を考慮しない単なる理論上の「戯れ」というそしりを免れないかもしれない。しかし、運動体を乗り換え・移行する鍵となる「緩いつながり」は、障害者が置かれている状況に鑑みて最も「有用」な運動形態を選択できるという点で、それぞれの運動の弊害を乗り越える可能性を秘めている。一つの障害定義に固執し、整合性をとることに「やっきになり」、障害者にとっての「有用性」を考慮しなくなることと同様、一つのアイデンティティ、一つのイデオロギーに固執し、一貫した姿勢を貫くために、肝心の障害者にとっての「有用性」を度外視したのでは意味がない。「緩いつながりによる複合的運動体」を中間地帯とする多様な運動体への乗り換え・移行は、整合性や一貫性を過度に重視することでは達成できない、障害者の「有用性」に鑑みた運動のあり方である。したがって、それは、排斥し合う運動体のメリットを十全に生かし、それぞれの運動体の欠点を補い合うことができる運動のあり方でもある。そしてそのために、障害定義や障害の語りを状況依存的に変える必要があるのである。

5-3 小括

本章は、まず、アイデンティティポリティクスについての「有用性」について考察を試みた。導き出されたのは、以下の三点を目的とする場合、障害のアイデンティティポリティクスは「有用」であるということであった。①障害を有するがゆえの切迫した状況から身を守る場合。②障害者が自ら「主体性」を獲得する場合。③障害を個性・文化として保存する場合。もちろんこれがすべてではないであろう。あくまで「青い芝の会」、UPIASという具体例を通して検討した結果、少なくとも以上の三点において「有用」であると考える。これらの場合、障害を「同一性」から語ることとなる。次いで、アイデンティティポリティクスの弊害を検討した。それは、少なくとも、六点あった。①「本質化」、②「境界線の引き直しによる障害格差」、③「問題の背景への不覚」、④「われわれ内部の多様なアイデンティティのネグレクト」、⑤「われわれの規範からの逸脱」、⑥「われわれの境界のあり方をめぐる軋轢」。このどれもが、「われわれ」と「かれら」の間に境界線を引くというアイデンティティポリティクスの性質上避けられぬものであった。そこで、議論の俎上にのせたのが、アイデンティティを流動的なものととらえ、アイデンティティを拡散させ、アイデンティティやカテゴリーの社会構築性を暴露する運動であった。これは、「障害とは社会的に構築されたものである」という定義を用いることで可能となる。この運動体は、さまざまなアイデンティティの乗り換え、そしてそれをもとにした「緩いつながりによる複合的運動体」という新たな運動体へのヒントを与えるものであった。そして本章はこの「緩いつながりによる複合的運動体」がこれからの障害者運動の鍵になると考えた。次いで、「内なる健全者幻想」により障害者運動へ参加することをためらっている人、障害者運動に加わったが運動に馴染めない人、「強い障害者像」を求められるが依然として「自己喪失」の状態にある人にとって、どのような障害定義が「有用」であるかを検討した。結果として、この人たちは、さしあたり運動に関わらない、もしくは、離脱するための「逃げ場」があった方がいいと考え、そのために「障害とは差異である」という定義から絶対的な平等に訴えることが「有用」であると考えるに至った。そして最後に、アイデンティティポリティクス、「緩いつながりによる複合的運動体」、運動体以前の「差異」、これらを状況や目的に合わせて乗り換え・移行するために、「切断」、「接続」という概念が「有用」であると考えた。この運動体の乗り換え・移行は、障害定義、障害の語り方を変化させることでなされる。そして、そのためのベースとして本章は、「緩いつながり」を推奨した。なぜなら、それはアイデンティティやカテゴリーの社会構築性を暴露するので、結果的に障害カテゴリーそのものにゆさぶりをかけることができ、かつ、中間地帯にいることで、臨機応変に運動形態を変えることができる。また、強いつながりを避けている人たちに、運動に参加する機会を与えることをも可能にすると考えるからである。

本章で述べた「緩いつながり」による運動に相当すると考えられる論考、および、それをさまざまに乗り換える「緩いつながりによる複合的運動体」に対して示唆的な論考は先行研究においてもみられる（McDonald 2004; Mcruer 2006; 濱西 2016; 富永 2017; 青木 2020; 長谷川 2020）。また、「世代・時間軸を介し」たものではあるが、運動体の移行の可能性も、濱西によって示唆されている。濱西によると、デンマークやイタリアでは、ある程度の年齢に達すると、おもに若者によるその生き方や労働を承認することを促進するネットワークから、労働組合等に移行する事例があると言うのである（濱西 2016: 249）。この移行は、「緩いつながり」による運動体間での乗り換えとは異なり、「イデオロギー的には両立不可能なもの」（濱西 2016: 250）の間での移行であるという点で、アイデンティティポリティクス、「緩いつながりによる複合的運動体」の間の移行と共通している。しかしながら、障害学・社会福祉学領域においては、目的によって（障害）定義を使いわけ、アイデンティティポリティクス、「緩いつながりによる複合的運動体」、「差異」を移行するという議論は管見の限り知らない。したがって、さまざまなアイデンティティをもとに「緩く」「軽快」に「つながり」、さまざまな運動体を「ためらいなく」移動し、また「臆することなく自由に」関係を「切断」する。このような運動のあり方が、障害者運動の今後に新しい可能性を開く可能性があるという意味で、本章は多少なりとも意義があったのではないかと考える。

■註

1　本書が障害定義を戦略的・実践的に使用するという目的をもっていることを考えると、本来ならばここで明確に障害を定義したいところではある。しかし、障害と「同一性」を結び付ける簡潔でメッセージ性のある定義は目下のところ考え付かない。しかしながら、政治的運動をするうえでは、簡潔でメッセージ性があり、容易に反復可能な定義であることは重要なことである。そこで、これは一つの課題となるであろうが、ここでは、障害を「同一性」から語ることの「有用性」の提示に留めることとする。

2　マレットとランズウィック・コールの論考では、「かれら」が周縁化された障害者等であり、「われわれ」がそれと対比されるものとなっているが、本書ではこれまで通り「われわれ」を障害者等とする。

3　活動の初期においては、障害格差の問題も避けることはできなかったようである。廣野によると、発足当初の青い芝の会では、知的障害者と混同されることは忌避すべきことであったと言う。しかし、一九六〇年代後半から異なる見解が現れ、一九七〇年頃には、過度に区別を要求することが差別につながるという認識がみられるようになった。そこには、権利意識の深化と加害者意識の背景（他の障害者との関係で加害者となりうることへの自覚）があったのである（廣野 2009）。したがって、横田・横塚らが活躍した一九七〇年代には、障害格差の問題はやはり警戒されており、「境界線の引き直しによる障害格差」という弊害は生じにくかったと考える。

4　デイヴィスはディスアビリティだけではなく、インペアメントも同様に不安定なものとしている（Davis 2002: 23）。

5　「和歌山県立身体障害者福祉センター糾弾占拠闘争」とは、和歌山県立身体障害者福祉センター入所者藤田さん（29）が、施設の管理的処遇に抗議し、国鉄紀勢線に飛び込み自殺したことに抗議し、和歌山県立身体障害者福祉センターを糾弾占拠したものである（立命館生存学研究所 2020）

6　本書では先に述べたようにディスアビリティとインペアメントの区別をしないこととしたが、ここではバトラーがジェンダーとセックスを便宜上二元論的に分けているので、ジェンダーに対してはディスアビリティを、セックスに対してはインペアメントの用語をあてる。

7　しかしそう考えることもまた既存の言説にとらわれているのかもしれない。例えば、仮面をつけ、電子機器により音声をニュートラルに変換し、意味を読み取りにくい衣装をまとうことで、その身体から障害者／健全者の境界に対する「問い」を発生させることはできるのではないか、また「劇団態変」のように演劇という形で障害という身体を暴露しながら、同時に、それを装うことで「問い」を発生させることも可能なのではないか。さらに言うと、「さようならＣＰ」で見せた横田の路上でのパフォーマンスは、意図していなかったとしても、「扮装」・「異装」という形ではない「ＣＰ」を演じるパフォーマンスであり、そこから「問い」

を突き付けたということはできないだろうか。

8 そうするとこのようなアイデンティティを拡散させる運動体の活用のためには、アイデンティティポリティクスを一度経由すべきであろうか。そうとは限らない。何らかの形ですでに自己が確立されている（されていると思い込んでいる）人は、直接にアイデンティティを拡散させる運動体へと向かうことができるであろう。上記の、「自己」を一度は「強い障害者像」と同一化させた、もしくは、ほぼ同一化させた人たちは、偶然的に、そして多少なりとも意図的に、アイデンティティポリティクスによってそのような状態に至った。ただし、自己がまったく確立されていない（確立されていないと思い込んでいる）人は、このアイデンティティを拡散させるということを「理解」することが困難であるかもしれない。したがって、その場合は、後述する「差異」から障害を語る、もしくは、アイデンティティポリティクスで自己を確立させるという方法もある。しかしそれはもちろん強制ではない。自己を喪失した状態に善悪の評価をもちこみ、それを「無理やり」どうにかしようとすることは、好ましくない。極端に言うと、自己やアイデンティティの確立をある種の幻想ととらえると、自己喪失がなぜ「悪い」のかがわからないからである。

9 さまざまなユニークなデモを行う、松本哉が開店させた高円寺のリサイクルショップのことである（五野井 2012: 160）。

10 「皆弱い」という普遍化は、人間は依存的状態に生まれ、依存的状態で死んでいく、という人間本性としての依存性を指摘することであって、それは障害者へのケアに対する社会的責性を担保するのではないだろうか。そうするとこの意味では、普遍化が「役立たない」とも言えないのではないかという疑問が生じるかもしれない。これについては、依存と「弱い」という言葉を区別すべきだと考える。依存という言葉は、人間のあり方を単純に描き出す言葉としてとらえることができるが、またそうすべきと考えるが（実際、依存についてはその意味合いが見直されてきている）、「弱い」という言葉は「強い」との比較で既に「価値」が強固に付着してしまっている。したがって、「皆依存している」という言葉を価値フリーなものとしてとらえるならば、それを使用することは障害者にとって「有用」であろうが、「弱い」という言葉は、そこに価値が付随する限り、常に他者との比較、序列化にひらかれており、障害者（もしくは障害者の一部）が劣るものとしてとらえられる危険が潜んでいるという点で、障害者（障害者の一部）にとって「有用」ではないと考える（依存は今や福祉領域では価値フリーなものとしてとらえることが可能となりつつあるが、『弱い』という言葉は依然としてそこからは遠いと考える）。

11
「内なる健全者幻想」によって障害と「同一化」することを嫌がる人は、その嫌悪が「内なる健全者幻想」に依っている以上、序列の形成以前の「差異」を語れないのではないかと疑問が生じるかもしれない。しかしながら、この障害を「差異」から語るというのは、「内なる健全者幻想」をもつ人自らが気づきそれを語ることばかりを意図したものではない。アイデンティティポリティクスが「自覚」や新たなものの見方を導入することで「内なる健全者幻想」を破壊したように、障害がそもそも果てしなき「差異」に過ぎないという新たな見方を導入することで、また、誰かがそれを教えることで、「内なる健全者幻想」を破壊することができるといいたいのである。つまり、「差異」という語りが先にあり、それに気づかせることにより「内なる健全者幻想」を抱く人にそれを破壊させ、障害を「差異」としてとらえることによるある種の安心感をもたらすのである。「内なる健全者幻想」をもつ人が自ら「差異」の語りを生み出すことよりも、誰かによって気づかされるためにその語りが必要なのである（もちろん自ら気づく場合もないとは言えない）。したがって、「障害とは差異である」という定義は、気づきを促すという点で、「内なる健全者幻想」によって障害という特性・性質を嫌がり、それと「同一化」して運動に参加することを拒否する者にとって「有用」な語りであると考える。

12
本書では、わかりやすいように「切断」「接続」という明確に区別できる語を用いたが、それぞれには当然強弱がある。完全に「切断」する場合もあれば、かろうじてつながりを保持するような「切断」の仕方もあるだろう。「緩いつながりによる複合的運動体」からアイデンティティポリティクスへ移行する場合は、強い「切断」が必要であろうし、「緩いつながりによる複合的運動体」内での「切断」はより強弱のバリエーションが豊富になるであろう。

13　しかし、アイデンティティが一つに定まらないという理解を背景に、ある「顔」がアイデンティティを「同一性」（つまり一つに定まる）から語ることは矛盾なのではないだろうか。そうであるならば、それは「本当」の「顔」ではなく、「仮面」なのではないか。これに対しては、障害定義が一義的に定まらないことと同様に考える必要がある。障害定義は一義的に定まらないという理解がある。その場合、例えば障害を「実在」（それは一つに定まる）と定義することは偽なのか。そうではない。障害の実在定義も、障害者にとっての「有用性」に鑑みて「有用」であれば真なのである。障害という語が一義的に定まらないという理解があっても、障害の実在定義は、障害者にとって「有用」であれば真なのである。それが本書の「有用性」のフェーズでの議論であった。これと同様に、アイデンティティは一つに定まらないという理解が背景にあったとしても、アイデンティティポリティクスが「有用」な状況であれば、ある「顔」がアイデンティティを「同一性」から語ることは真であり、その顔は「有用性」の観点から本当の「顔」なのである。どの顔が本当かは「事実」と対応して決められない以上、「有用性」の観点から決められる。したがって「同一性」を語るのも本当の「顔」なのである。しかしながら、気をつけねばならないのは、障害という語が一義的に定まらない、アイデンティティが一つに定められないという理解も一つの理解の仕方に過ぎないということである。このことはいくら強調してもしすぎることはないであろう。本書の理論は、「実在」や「事実」と対応していない一つの語りであり、したがってそこから導き出された、障害という語が一義的に定まらない、アイデンティティが一つに定められないという理解も、一つの物語に過ぎず、それが真であるかどうかもまた

「有用性」に鑑みて判断されるべきものなのである。もし自らの理論を「事実」との対応から「真」であると無意識的にでもするのならば、それこそ意義なき矛盾となる。

終　章

結論と本書の位置づけ、および学術的意義、ならびに残された課題

「障害とは何か」という問いそのものを問い直さなければならない、という問題意識から、障害に関する複数の語りを「いびつ」につなぎ合わせ、障害定義の戦略的・実践的使用という一つの語りを紡ぎ出した。その語りは、唯一の「真理」や「事実」から記されていない以上、常に変化の過程にある語りである。それでは、この語りの目的、すなわち本書で最初に明示した「障害とは何か」という問いの性質を明らかにするという目的は果たせたのであろうか。まず、大前提としてこの問いは言語に関するものであり、「障害という言葉は何を意味するのか」という問いであること、つまり障害定義に関する問いであることが把握されなければならないのであった。そのうえで、この問いは、客観的で、中立的な立場から「真理」へ至るための問いなどではなく、自らの依存する理論体系・信念体系によって多様な解が導き出される問いであることが明らかとなった。仮に、自然科学的な「探究」という観点から、疑いなくその問いが発せられるならば注意が必要である。なぜなら問いは言語から構成されており、したがってその解もまた言語から逃れることはできず、「探究」の果てに、言語を離れた「実在」や、それと対応する唯一の「事実」をみつけることはできないからである。「障害とは何か」という問いは、一度反省的に吟味されなければ、自らの理論体系・

信念体系から導き出された言明と世界における「事実」との対応を求める「真理の罠」にはまり込んでしまうおそれのある問いである。「障害とは何か」という問いはこのような性質を有する問いであった。したがって、最初の、「障害とは何か」という問いの性質を明らかにするという目的は達成されたと考えてよい。そこで次は、問いの変換である。唯一の正しい解に行き着くことができないのならば、代わりに、「障害とは何か」という問いの結果導き出された複数の解をどのように使用していくべきかを問うことが重要となる。また、障害とはこれであるというような新しい解を、それが多くの解の中の一つの解に過ぎないことを理解したうえで、どのように使用していくべきかを問うことが重要となる。そしてこれら複数の解の使用基準は、「真偽」ではなく、事例ごとに異なる障害者にとっての「有用性」である。これらを踏まえ、第Ⅱ部において三つのケースを主題化し、「障害とは何か」という問いに対する複数の解の戦略的・実践的使用の「有用性」を具体的な形で議論の俎上に載せた。これが、本書の二つ目の目的であった。果たしてこの目的は達成されたのであろうか。「障害とは何か」という問いに対する複数の解の戦略的・実践的使用、つまり複数の障害定義の戦略的・実践的使用という新しい概念の「有用性」を、具体的な形で議論の俎上に載せるという文字通りの意味では、達成されたと考えてよい。しかしながら、その目的の先、この新しい概念の「有用性」を証明するところまでは至らなかった。というよりは、本書だけで、それを証明することは不可能であるし、それをしようとすることは、独善的な行為に他ならない。本書はあくまで障害当事者を中心とした、さまざまな理論体系・信念体系に依存する人たちによってなされる「対話」によって改善されるべきものである。それは、重度知的障害者の身体による「対話」や、「青い芝の会」による戦闘的な「対話」も幅広く含む「対話」である。「事実」との対応という意味での唯一の「真理」が問題となっているのならば、ひょっとすると、その「正当性」を単独で証明することもできるかもしれない。しかし、「有用性」のフェーズで論じている本書は、この幅広い「対話」によって、常に変化の可能性にひらかれていなければならず、一つの語りで自己完結し固定されてはならないのである。したがって、障害定義の戦略的・実践的使用という新たな課題を、議論の俎上に載せるという、そのこと自体に意味がある。この一つの語りにできることは、それぐらいでしかなく、またそれぐらいでなければならない。ある理論体系・信念体系に埋もれている者が、一つの語りに過ぎないものを、過剰に正当化し、障害者にとっての「有用性」を代弁してはならない。本書のような論考において、その限界を見極めることは、成果を強調することと同程度に重要なことである。しかし一方で、この「一つの語りに過ぎない」ということを曲解して、本書が相対的であり、したがって、あまり意味のある論考ではない、と早々に結論付けてはならない。なぜなら、本書の理論は、「対話」の結果、障害者にとって「有用」であるとわかれば、その時点において、真となる理論だからである。よって、何でもありの相対主義による単なる一つの解釈とは異なる。それを踏まえたうえで、障害者にとってより「有用」なものへの変化を望むのである。

以上を断ったうえで、先行研究における本書の位置づけ、学術的な新しさを述べる。まず、医学モデル・個人モデルが障害を「障害（インペアメント）とは身体の欠損」であると定義したことに対して、社会モデルが障害を、「障害（ディスアビリティ）とは社会的に構築されたものである」と定義したことからはじめる。社会モデルと本書は、次の二点で大きく異なる。一点目は、インペアメントとディスアビリティの明確な区別の必要性についてである。この区別が不要であると考えている点では、社会モデル後の、ポスト構造主義や相互作用論と同様の立場であると言えよう。しかし本書は、この両者とは異なる理由で、この区別を退けるものである。まず、ポスト構造主義が、常に言説による構築の一元論から障害を語るという点で、本書とは大きく異なる。本書は、状況と目的に合わせて「有用」であれば、言説による構築と矛盾する実在論の定義であろうと積極的に採用する。したがって、状況と目的次第では、「実在」（インペアメント）と社会的構築（ディスアビリティ）を二元論的に使い分けることもすれば、社会的構築だけで一元論的に説明もするであろう。さらに、異なる理論による定義をいくつか用い、多元論的に障害を論じもする。これは、本書が「真理」・「事実」のフェーズではなく、「有用性」のフェーズで論じているからこそ可能なことである。本来ならば、ポスト構造主義も「真理」に見切りをつけているので、このような障害定義の使い分けをできるはずだが、頑なに実在論の語りを拒む理由が今一つわからない。一つの言説として「有用」ならばそれによる定義も使用すればよいだけのことである。次に、相互作用論と本書は、相互作用論者が障害を二元論的に定義することを拒否する理由に、「事実」としての相互作用を置いているという点で決定的に相違する。相互作用論者の二元論への批判は、あくまでも、それが「事実」に即していないためであるが、本書の二元論への批判は、上でみたように障害者にとって「有用」であるときでさえ、常に二元論的な区別を保持しようとするためである。インペアメントとディスアビリティを区別せず、「障害」という言葉の使い方によって、障害を一元論的にとらえているのか、二元論的にとらえているのか、多元論的にとらえているのかを示し、「有用性」のフェーズでそれらを変えていけばよいというのが本書の主張である。したがって、二元論的に固定化された区別には反対であるが、その理由はポスト構造主義者とも相互作用論者とも異なることとなる。

社会モデルと本書が異なる二点目である。それは社会モデル（そして社会モデルに批判された医学モデルも）が「事実」のフェーズで議論をしていることである。主として実在論を基礎とする医学モデルは言うまでもなく、社会モデルも社会的障壁を「事実」とみなし、それに起因するディスアビリティもまた「事実」とみなしている。ここが本書との相違である。本書はあくまで「有用性」のフェーズで議論をしている。例え「事実」のように記述しているようにみえるところがあっても、あくまで「有用性」に鑑みた一つの語りに過ぎない。よって、社会モデルと（当然医学モデルとも）異なり、本書は、障害を「事実」に即して定義することはない。

それならば、社会モデル後のポスト構造主義、および、相互作用論とは何が違うのか。まず、容易に相違点を述べることができる相互作用論から説明する。社会モデルのインペアメント軽視を批判し、インペアメントの「事実性」に向かった相互作用論は、その根底に「事実」をおいている点で、本書とは異なる位置を占める。社会的構築との相互作用といっても、あくまで、根底の「事実」に束縛され、相互作用という「事実」をみている。したがって「事実」というところにだけ着目するならば、相互作用論も、医学モデル、社会モデルと同じフェーズでの議論となり、「有用性」のフェーズで議論をしている本書とは異なる。結果、相互作用論者の障害定義は、ベースとしての「事実」に左右され、状況と目的によって異なる「有用性」に鑑み、複数の障害定義を戦略的・実践的に使用することはできない。

次に、ポスト構造主義との相違点である。主に二点ある。一点目は、ポスト構造主義が、「事実」のフェーズで論じていない——この点では本書と共通する——にもかかわらず、一つの語りである実在論の語りを頑なに拒否する点である。実在論も「事実」と対応しない一つの語りとして扱えば(実際、ポスト構造主義の理論からはそうせざるを得ないはずだが)、それによる定義が「有用」な場面では、積極的に使用してよいはずである。この点で本書とポスト構造主義は相違する。おそらくそこには、「有用性」という視点が欠けているのである。アカデミックな議論に徹することなく「有用性」をも重要視するならば、一つの語りとして実在論の障害定義を使用してもよいはずである。しかし、ポスト構造主義は言説による障害の構築という理論を洗練するために、戦略性・実践性を欠く結果となってしまった。二点目は、推論上の相違であり断定はできない。ポスト構造主義者は、「障害とは何か」は、社会的・歴史的・文化的文脈によるので一義的に定めることはできないと言う。しかし、それを言うとき、その背景の理論である「障害とは言説により構築されたものである」という語りを「事実」とみなしているのではないか。障害の社会構築性を詳細に描けば描くほど、それが「事実」であると錯覚してしまっているのではないか。そのようなことがあれば、本書とは決定的に異なることとなる。これについては異論があるだろうが、仮に障害学・社会福祉学におけるポスト構造主義が、反省的に問いを問い直す作業を行っていないならば、社会的構築という「事実」にはまり込んでいてもおかしくはない。この二点で、ポスト構造主義者と本書は立場を異にする。

しかし議論はそこで終わりではない。これらの障害定義の対立、不一致がなぜ生じるのか、もしくは、そのような対立は無意味であると示す第三の立場による新たな論考がすでに記されているである。そしてそれらの論考すべてが、障害定義を一つに固定し対立することが無意味であることを示唆するものである。結局、どの障害定義も唯一の正しさを有するとは言えない。より積極的に言えば、すべての（ダナーマークの場合「実在」の制約をかけられた上でのすべての）障害定義が正しいとも言える。これに対して、本書も障害という語の多義性から、障害定義をめぐる対立が「真理」の観点からなされるならば無意味であることを示唆した。しかし、ここで重要なのは「真理」の観点からなされるならばという点である。これが、「真理」ではなく、「有用性」の観点からなされるならば、どうであろう。その場合、障害定義をめぐる対立は必ずしも無意味とは言えなくなる。さまざまな障害定義の「有用性」をめぐり、「対話」というかたちで、「対立」が生じ「論争」がなされ、それが、よりよい結論へと向かうのであれば、それはときに望ましいことでさえある。したがって、本書は、どの障害定義も正しいとはせず、それは「有用性」によって取捨選択されるべきであると考える点で、第三の立場の論考とは異なる。

このように、社会モデル、その後のポスト構造主義、相互作用論、それらの対立の無化を図る第三の立場からの論考、そのどれとも本書は異なっており、新たな位置を占める。これらの論考との相違を踏まえたうえで、最後に榊原の障害定義に関する論考との相違を示す。榊原の障害定義の論考は、まず本書同様「事実」のフェーズで展開されたものではないと考えられる。それは、ルーマンの「社会システム理論」を土台としていることから推測できる。次に、その論考は、上でみた第三の立場からの論考の様に、あらゆる障害定義を非特権化する方向へ向かうことなく、明確に一つの障害定義を提示する。加えて、ポスト構造主義がときに障害の構築される様を描き出すことに焦点を当て、抽象的な議論に向かう傾向があるのに対し、榊原の論考は障害者に関するさまざまな具体的問題を検討していることから、より実践性を有すると考えらえる。つまり、榊原の論考は、「事実」というフェーズでの議論ではない点、障害定義の非特権化へと向かわないという点、実践を視野に入れている点で、本書と共通点をもつと考える。しかし、そのような共通点はあるものの、榊原の論考と本書は、決定的に異なる点を有している。基礎として用いている理論が異なるので、議論の過程そのものが異なるのは当然であるが、それを措いたとしても、榊原の論考が、あくまで多くの事例を網羅する一つの障害定義にこだわるのに対して、本書は、ケースごとに異なる目的にしたがって複数の障害定義を、戦略的・実践的に使用することを試みるのである。榊原の論考と本書はこの点で決定的に相違する。ただし、これを一つか複数かの単純な対立ととらえるべきではない。本書は、場合によっては一つの定義だけ用いることをも視野に入れているので、榊原の定義が「有用」な場合はそれを用いればよいと考える。このように本書は、これまで障害定義を論じてきた多様な先行研究とさまざまな点で異なり、独自の位置を占めると考える。

それでは、本書の学術的意義は何であろうか。これは上でみた先行研究における本書の位置づけの独自性と関連するが、それを一言で述べるならば、「有用性」のフェーズでの障害定義の複数使用という道をひらいたことである。社会モデルとポスト構造主義を例外とし、第三の立場以前の論考において、障害定義は、文字通り、「障害」の意味を定めることであったと考える。それは世界の中にすでにある「障害」を探り、その意味を明確化する営みであったと言ってもよいかもしれない。しかし、本書は、このような「障害」を何らかの現象を通じて発見し、その意味を定めるという営みから、目的を設定し、それに合わせて「障害」をむしろ積極的に意味付けたうえで、使用するという営みへと転換することを意図して記されたものである。つまり、すでにある「障害」を見つけ出し定義付けるという議論から、より実践的で能動的な障害定義の複数使用という議論へ方向性を変えたのである（第三の立場の論考もこの「使用」の観点からはなされていない）。上で例外としたポスト構造主義は、たしかに「障害」の意味を定めること、「障害」を定義付けることを意図してはいなかった。しかし、障害は構築されるという言説を洗練することを重視するあまり、本書が転換を試みたような実践への志向を欠いてしまったと考える。一方、もう一つの例外である社会モデルは、障害を積極的に意味づけ、戦略的・実践的に使用し、障害者問題へアプローチすることを試みたという点で、それ以前の医学モデル、それ以後のポスト構造主義、相互作用論とは異なり、徹底的な実践思考であった。しかしながら、社会モデルはあくまでも「事実」のフェーズで論じたために、より実践的な複数の障害定義の使用という考えに至らなかった。したがって、本書の立場からすると、社会モデルは、「事実」を取ることで、状況依存的な目的の達成のために複数の障害定義を柔軟に使用することができず、あらゆる場面で一つの定義に拘らざるを得なかったため、その戦略性を十全に発揮できなかったと言える。そうすると本書は、社会モデルの戦略性・実践性を継承しながら、さらにフェーズを変えることで、その戦略性・実践性をより徹底したと言えるかもしれない。単に障害が何であるかを探り、それを意味づけることでも、障害が構築された過程をアカデミックに描き出すことでもなく、障害を目的依存的に意味づけ、社会モデル以上に徹底的に障害定義を使用していく戦略的・実践的思考、これが本書のオリジナリティであり、実践の科学と言われる障害学・社会福祉学に見合った学術的意義と言えるであろう。加えて、複数の障害定義をさまざまな場面で使用することは、障害が何であるかに動揺を生じさせ、障害カテゴリーに揺さぶりをかける可能性を有する。あらゆるところで異なった障害定義が複数用いられることで、障害カテゴリーがいかに曖昧で、意図的かつ偶然的に出来上がったものであるかが暴露される。それは結果として、健常者／障害者という序列化されたカテゴリーの崩壊につながり得る。ただし、複数の障害定義の使用が即障害カテゴリーの崩壊につながるとまでは考えていない。カテゴリーの社会構築性が暴露され、一般に受け入れられるに至るのはそれほど容易なことではない。仮に障害カテゴリーが崩壊したとしても、障害の社会構築性に対する理解がなければ、序列を前提とした新たなカテゴリーが形成されるだけである。加えて、障害カテゴリーそのものがなくなることが、果たして障害者にとって常によいことであるかは率直に言って判断できない。それは本書の射程を超えるものであり、改めて一つの主題として考察されなければならないであろう。したがって、ここで言えるのは、複数の障害定義の戦略的・実践的使用は、障害カテゴリーの動揺を誘う可能性を有するということだけである。ただそうであってもそういった可能性を有することは、障害が序列の中で「本質化」され、固定されている事態に疑問を投げかける可能性を有するということである。そういう意味で障害定義を動揺させることには意義があると考える。この動揺に、主にポスト構造主義による障害の言説による構築の描写、もしくは「障害とは言説によって構築されたものである」という定義を合わせるならば、障害カテゴリーの動揺はさらに強いものとなるのではないだろうか。

終章を締めくくるにあたり、留意点と今後の課題を述べる。まず、留意点である。これまで本書は、「有用性」のフェーズで記述したある理論体系・信念体系に依存する一つの語りであることを強調してきた。そうすると、「事実」について否定的なのであろうか。そうではない。あくまで本書が述べているのは、個々の言明と「事実」が対応していないということ、また第3章においては、痛みという語が、「痛み」の感覚から束縛を受けないということ、そして、本書自体がある理論体系・信念体系に依存した「事実」と対応していない改訂されるべき一つの語りに過ぎないということである。そのうえで、「事実」と対応していない「有用性」のフェーズでの記述をしてきた。したがって、「事実」を何ら否定するものではない。端的に言ってそれは、本書の射程を大きく超える問題であり、また、そうそう容易く論じられる問題ではないことを断っておく[1]。

本書の課題である。第一に、本書で示したケースごとの障害者の「有用性」は、障害当事者によるものも含む多様な障害に関する論考との「対話」から導き出されたものである。しかし、この「有用性」をより多くの障害当事者が一致して認めるものとするためには、さらに多くの「対話」が必要である（もちろんこの「対話」は、第2章で述べたように、マイノリティ、そしてマイノリティの中のマイノリティの意見を反映させるような対話でなければならない）。特に、現場レベルで生じているることに耳を傾け、そこから、ケースごとの「有用性」を抽出することが重要となってくるであろう。本書の第Ⅱ部は具体的な事例の検討であるとはいっても、その抽象度は、参与観察等に比べ高い。したがって、さらに具体的な検討が必要となってくるであろう。本書は最初のステップとして抽象度の高い議論をしたが、障害者にとっての多岐にわたる「有用性」を検討するには、より具体的なものを検討し、再び抽象度の高い議論へと戻るというような往復運動が必要となる。もちろん具体と抽象を明確に区別することはできない。序論で述べたように、障害定義の議論はそれだけで多分に現場レベルでの実践的な要素を含んでいる。それを踏まえた上でなお、次はより具体的なものへと向かう必要があると考える。このより具体的なものの検討が本書の最も大きな課題であろう。これは、事例ごとに異なる障害者にとっての「有用性」だけでなく、障害定義の戦略的・実践的使用そのものの「有用性」の判断にも当然言えることである。

第二に、障害定義の戦略的・実践的使用は、段階を踏んでなされるものである。本書が行ったのは、その第一歩である障害定義の戦略的・実践的使用を議論の俎上に載せることであった。したがって、今後はこれがどのようなプロセスを経て達成されるものであるかを具体的に示す必要がある。例えば、「誰にとって（これは以下でみる課題である障害当事者の発展的な議論にもつながるであろう）、どのように有用なのか」、「何をもってそれを有用だと判断する／したのか」等を個々のケースで具体的に明示していかなければならないであろう。これは対話による障害定義決定のプロセスの明確化であり、プロセス論として詳細に論じる必要がある。

第三に、ここで検討した事例の他にさまざまな事例を検討したうえで、使い分けられる多様な障害定義の相互関係を整理することが必要かもしれない。つまり状況ごとに異なる多様な障害定義の使用をマッピングするのである。それをすることによって、障害に対する適切な社会的態度ついての見通しが立つ可能性がある。ただし、これまでの論の展開からもわかるように、マップは唯一のものなどではなく、それは変化の中でとらえられ、また、障害者にとっての「有用性」に適ったものであるべきである。それを踏まえた上で、真理にも整合性にも拘泥しない使用すべき障害定義のマップ（もちろん断片のまま残るものもあるであろう）を描き出すことは、適切な社会的態度や適切な制度・政策の指針を明確化し、具体的な行動を促すきっかけとなるかもしれない。

最後に、本書は、「自らの障害に関する潜在的・顕在的ニーズをもつ者」を「障害当事者」としたが、より発展的な議論をするならば、支援者や、親等の言説を拾い上げる必要があると考える。それというのも、支援者や親は、かならずしも、上述した「専門家」のように「障害当事者」に対立するものととらえられるわけではなく、ときに「当事者」としての側面を有すると考えるからである（例えば、重度知的障害者の代理意思決定をする支援者は、自らの障害ではないという点であくまでも支援者ではあるが、障害に関するニーズを有する点では当事者と言える）。だからと言って、支援者や親と「障害当事者」の対立の歴史を無視しようというわけではない。それを踏まえた上で、なおそれが単純な対立構造でとらえられるかを吟味する必要があると考えるのである。だれが「障害当事者」かの問題は、さまざまなアクターの複雑に絡み合った言説を丁寧に解きほぐすことで、新たに見えてくるものがあるのではないだろうか。

本書の提示した複数の障害定義の戦略的・実践的使用は、障害に関する学術領域に「常識」への回帰を促すものである。わたしたちは、「日常」で障害という言葉を「うまく」使い分けている。そこに目を向け、それを障害者にとっての「有用性」にもとづき行うことの重要性を再認識すべきではないだろうか。そして本書は、これまでの学術領域における、障害とは「何か」という問いに対する一つの解への固執、それによるさまざまな立場の者の対立が、いかに「常識」から離れたものであったかを、改めて認識する機会となることを望むものである。

■註

1 ただし、今後事実について論じるのならば、本書がこれまで論じてきた「事実」とは異なるとらえ方をしなければならないのではないかと考えている。しかしそれは本書で述べるべきこと・述べることができることではないことを再度断っておく。

付記

倫理的配慮として、UPIASの内部回覧文書は、すでに出版物等で公表されている情報に限定し引用した。これについては北星学園大学の研究倫理審査委員会の審査で承認を受けている。また、いくつかの引用においては、翻訳の内容は変えずに、表現だけを文脈に即した形で変えた。加えて「青い芝の会」に関連する資料も、すでに出版物等で公表されている情報に限定し引用した。固有名に関しては、公人と同程度に知られているもの以外は、匿名にした。

なお、本書第Ⅰ部第1章は、牧田俊樹（2021）「クワインの『全体論』とローティの『真理』に関する考察から導き出される『障害』の多義性――『事実』をもとにした障害定義から『障害定義の戦略的・実践的使用』へ」『社会福祉学』62-2, 29-42を、第Ⅰ部第2章は、牧田俊樹（2022）「『障害とは何か』という問いを問う――障害者にとっての『有用性』に基づく障害定義の戦力的・実践的使用は可能か」『社会福祉学』63-2, 14-27を加筆修正したものである。

また、本書は、二〇二二年九月に北星学園大学から学位授与された博士学位論文「『障害とは何か』という問いの吟味と再構築―『事実』から『有用性』に基づいた障害定義の『戦略的・実践的使用』へ―」を加筆・修正したものである。

謝　辞

本書は、障害を抱えた人たちの証言等を素材として構成されている。特に、第5章は、「青い芝の会」に関する文書、ＵＰＩＡＳの内部回覧文書を参照しており、これらの資料において発言をされた方々に深くお礼を申し上げたい。また、石島健太郎様には、「青い芝の会」に関する貴重な資料を複写していただいた。そして何より指導教官である田中耕一郎先生には、研究に対する態度からはじまり、ものの見方、考え方に至るまで、丁寧に根気強く教えていただいた。先生との「対話」なしでは、ここまで書くことはできなかったことを考えると、筆舌に尽くしがたいほどの感謝をしている。最後に、生活面だけではなく、あらゆる面でサポートをしてくれた母に心からありがとうと言いたい。

宏訳『『哲学的探究』読解』産業図書.）

Wittgenstein, L.（1969）*Preliminary Studies for the "Philosophical Investigation Generally Known as The Blue and Brown Books,* Basil Blackwell.

山下幸子（2008）『「健常」であることを見つめる――一九七〇年代障害当事者／健全者運動から』生活書院.

Yates, S., Dyson, S. and Hiles D.（2008）Beyond Normalization and Impairment: Theorizing Subjectivity in Learning Difficulties-Theory and Practice, *Disability & Society,* 23（3）, 247-258.

横田　弘（2015）『障害者殺しの思想【増補新装版】』現代書館.

横田弘・立岩真也・臼井正樹（2016）『われらは愛と正義を否定する』生活書院.

横塚晃一（2007）『母よ！殺すな』生活書院.

Young, I., M.（1990）*Justice and the Politics of Difference,* Princeton University Press.（=2020, 飯田文雄・苅田真司・田村哲樹監訳, 河村真美・山田祥子訳『正義と差異の政治』法政大学出版局.）

油田優衣（2019）「強迫的・排他的な理想としての〈強い障害者像〉――介助者との関係における「私」の体験から」『臨床心理学――当事者研究をはじめよう』増刊 11, 27-40.

文献

Abrams, T.（2016）Cartesian Dualism and Disabled Phenomenology, *Scandinavian Journal of Disability*, 18 (2) , 118-128.

Ahmed, S.（2004）*The Cultural Politics of Emotion,* Edinburgh University Press.

青木聡子（2020）「原子力施設をめぐる社会運動――ドイツにおける抗議行動と政策転換」長谷川公一編『社会運動の現在』有斐閣，94-117.

荒井裕樹（2017）『差別されてる自覚はあるか――横田弘と青い芝の会「行動綱領」』現代書館.

荒井裕樹（2020）『障害者差別を問い直す』ちくま新書.

Bendelow, G., A. and Williams, S., J.（1995）Transcending the Dualism : Towards a Sociology of Pain, *Sociology of Health & Illness,* 17 (2) , 139-165.

Best, S.（2007）The social construction of pain: an evaluation, *Disability & Society,* 22 (2) , 161-171.

Bhaskar, R.（1997）*A Realist Theory of Science*, Verso.（=2009，式部信訳『科学と実在論――超越論的実在論と経験主義批判』法政大学出版局.）

Bhaskar, R. and Danermark, B.（2006）Metatheory, Interdisciplinarity and Disability Research: A Critical Realist Perspective, *Scandinavian Journal of Disability Research,* 8 (4) , 278-297.

Bickenbach, J., E., Chatterji, S., Badley, E., M. and Üstün, T., B.（1999）Models of Disablement, Universalism and the International Classification of Impairments, Disabilities and Handicaps, *Social Science & Medicine,* 48, 1173-1187.

Borch, C.（2011）*Niklas Luhmann*, Routledge.（=2014，庄司信訳『ニクラス・ルーマン入門――社会システム理論とは何か』新泉社.）

Bray, A（2003）*Definitions of Intellectual Disability: Review of the Literature Prepared for the National Advisory Committee on Health and Disability to Inform its Project on Services for Adults with an Intellectual Disability*, National Advisory Committee on Health and Disability.

Butler, J.（2006）*Gender Trouble: Feminism and the Subversion of Identity,* Routledge.

Butler, J.（1990）*Gender Trouble: Feminism and the Subversion of Identity,* Routledge.（=2018，竹村和子訳『ジェンダー・トラブル――フェミニズムとアイデンティティの攪乱』青土社.）

Butler, J.（2015）*Notes Toward a Performative Theory of Assembly*, Harvard University

Press.（=2018，佐藤嘉幸・清水知子訳『アセンブリ――行為遂行性・複数性・政治』青土社.）

Campbell, F., K.（2009a）*Contours of Ableism: The Production of Disability and Abledness*, Palgrave.

Campbell, F., K.（2009b）Disability Harms : Exploring Internalized Ableism, Marshall, C.,A., Kendall, E., Banks, M., E. and Gover, R., M.,S. eds. *Disabilities Insight from across Fields and around the World Volume1 The Experience: Definitions, Causes, and Consequences*, Praeger, 19-33.

Chappell, A., L.（1998）Still Out in the Cold: People with Learning Difficulties and the Social Model of Disability, Shakespeare, T. ed. *The Disability Reader: Social Science Perspectives*, Cassell, 211-220.

Chappell, A., L., Goodley, D., Lawthom, R.（2001）Making connections: the relevance of the social model of disability for people with learning difficulties, *British Journal of Learning Disabilities*, 29, 45-50.

千葉雅也（2013）『動きすぎてはいけない――ジル・ドゥルーズと生成変化の哲学』河出書房出版.

Danermark, B.（2001）*Interdisciplinary Research and Critical Realism: The Example of Disability Research*,（http://www.criticalrealism.com/archive/iacr_conference_2001/bdanermark_ircr.pdf, 2021.1.27）.

Davis, L., J.（2002）*Bending Over Backwards: Disability, Dismodernism, and Other Difficult Positions*, New York University Press.

Delanda, M.（2006）*A New Philosophy of Society: Assemblage Theory and Social Complexity*, Bloomsbury Publishing Plc.（=2015，篠原雅武訳『社会の新たな哲学――集合体、潜在性、創発』人文書院.）

Deleuze, G.（1968）*Différence et Répétition*, Presses Universitaires de France.（=1992，財津理訳『差異と反復』河出書房新社.）

Deleuze, G. et Guattari, F.（1980b）*Mille Plateaux: Capitalisme et Schizophrénie*, Les Editions de Minuit.（=2010，宇野邦一・小沢秋広・田中敏彦・豊崎光一・宮林寛・守中高明訳『千のプラトー　上――資本主義と分裂症』河出文庫.）

DPI女性障害者ネットワーク編（2012）『障害のある女性の生活の困難――人生の中で出会う複合的な生きにくさとは――複合差別実態調査報告書』認定特定非営利法人DPI（障害者インターナショナル）日本会議.

Feely, M.（2016）Disability Studies after the Ontological Turn: A Return to the Material World and Material Bodies without a Return to Essentialism, *Disability &*

Society, 31 (7) ,863-883.

Fraser, N. (1995) From Redistribution to Recognition ? Dilemmas of Justice in a 'Post-Socialist' Age, *New Left Review,* 212, 68-923.

Freeman, J. (1979) Resource Mobilization and Strategy: A Model for Analyzing Social Movement Organization Actions, Zald, M., N. and McCarthy, J., D. eds. *The Dynamics of Social Movements: Resource Mobilization, Social Control, and Tactics,* Winthrop Publishers, Inc., 167-189.

Friedman, S. and Mottiar, S. (2004) *A Moral to the Tale: The Treatment Action Campaign and the Politics of HIV/AIDS,* University of Kwazulu-Natal.

Galvin,R. (2003) The Paradox of Disability Culture: The Need to Combine Versus the Imperative to let go, *Disability & Society,* 18 (5) , 675-690.

Goffman, E., (1963) *Stigma: Notes on the Management of Spoiled Identity,* Prentice-Hall, Inc. (=1970, 石黒毅訳『スティグマの社会学――烙印を押されたアイデンティティ』せりか書房.

五野井郁夫 (2012)『「デモ」とは何か――変貌する直接民主主義』NHK出版.

Goodley, D. (2001) 'Learning Difficulties' , the Social Model of Disability and Impairment: Challenging Epistemologies, *Disability & Society,* 16 (2) , 207-231.

Goodley, D. (2017) *Disability Studies: An Interdisciplinary Introduction 2ed,* Sage.

Goodley, D. and Rapley, M. (2002) Changing the Subject: Postmodernity and People with'Learning Difficulties' ,Corker, M.and Shakespeare, T. eds. *Disability/ Postmodernity: Embodying Disability Theory,* Continuum, 127-142.

Goodley, D. and Roets, G. (2008) The (be) coming and going of 'developmental disability': the Cultural Politics of 'impairment' , *Discourse: Studies in the Cultural Politics of Education,* 29 (2) , 239-255.

Gustavsson, A. (2004) The Role of Theory in Disability Research: Springboard or Strait-Jacket ? , *Scandinavian Journal of Disability Research,* 6 (1) , 55-70.

Hacker, P., M., S. (1972) *Insight and Illusion: Wittgenstein on Philosophy and the Metaphysics of Experience,* Oxford University Press. (=1981, 米澤克夫訳『洞察と幻想――ヴィトゲンシュタインの哲学観と経験の形而上学』八千代出版.)

浜田寿美夫 (2016)「自閉症という現象に出会って『私たち』の不思議を思う――わかりあうことの奇跡とわかりあえないことの自然」エンパワメント・プランニング協会監修, 浜田寿美夫・村瀬学・高岡健編『もういちど自閉症の世界に出会う――「支援と関係性」を考える』ミネルヴァ書房, 95-142.

濱西英司 (2016)『トゥレーヌ社会学と新しい社会運動理論』新泉社.

長谷川公一（2020）「社会運動の現在」長谷川公一編『社会運動の現在』有斐閣，1-26.
檜垣立哉（2009）『ドゥルーズ入門』ちくま新書.
檜垣立哉（2019）『ドゥルーズ解けない問いを生きる【増補新版】』ちくま学芸文庫.
平野啓一郎（2012）『私とは何か――「個人」から「分人」へ』講談社現代新書.
廣野俊輔（2009）「「青い芝の会」における知的障害者観の変容――もう一つの転換点として」『社会福祉学』50（3），18-28.
星加良司（2007）『障害とは何か――ディスアビリティの社会理論に向けて』生活書院.
Hughes, B.（2007）Being Disabled: Towards a Critical Social Ontology for Disability Studies, *Disability & Society,* 22（7）, 673-684.
古井正代（2001）「CPとして生きるっておもしろい」全国自立生活センター協議会編『自立生活運動と障害文化』現代書館，364-370.
角岡信彦（2010）『カニは横に歩く――自立障害者たちの半世紀』講談社.
笠井潔・野間易道（2016）『3.11後の叛乱――反原連・しばき隊・SEALDs――』集英社.
加藤秀一（2001）「構築主義と身体の臨界」上野千鶴子編『構築主義とは何か』勁草書房，159-188.
鬼界彰夫（2018）『ウィトゲンシュタイン『哲学探究』を読む1　『哲学探究』とはいかなる書物か――理想と哲学』勁草書房.
金　満里（1996）『生きることのはじまり』筑摩書房.
小林昌之編（2017）『アジア諸国の女性障害者と複合差別――人権確立の観点から』IDE-JETROアジア経済研究所.
小林敏昭（2007）「一人歩きする「健全者手足論」――青い芝運動における障害者と健全者の関係をめぐって」『そよ風のように街に出よう』74，52-57.
國分功一郎（2013）『ドゥルーズの哲学原理』岩波現代全書.
Kolářová, K.（2010）Performing the Pain: Opening the（Crip）Body for（Queer）Pleasures, *Review of Disability Studies,* 6（3）, 44-52.
小山正義編（1989）『あゆみ――創立30周年記念号（上）』「青い芝の会」県連合会.
熊谷信一郎・大澤真幸（2011）「痛みの記憶／記憶の痛み――痛みでつながるとはどういうことか」『現代思想』39（11），38-55.
熊谷晋一郎（2013）「痛みから始める当事者研究」石原孝二編『シリーズケアをひらく当事者研究の研究』医学書院，217-270.
黒田　亘（1975）『経験と言語』東京大学出版会.
Leder, D.（1990）*The Absent Body,* The Universal of Chicago Press.
Liggett, H.（1988）Stars are not Born: An Interpretive Approach to the Politics of Disability, Disability, *Handicap & Society,* 3（3）, 263-275.

Luhmann, N.（1981）*Politishce Theorie im Wohlfahrtsstaat,* Günter Olzog Verlag GmbH.（=2007，徳安彰訳『福祉国家における政治理論』勁草書房.）

Luhmann, N.（1984）*Soziale Systeme: Grundriß einer allgemeinen Theorie,* Suhrkamp Verlag.（=1993a，佐藤勉監訳『社会システム理論』（上）恒星社厚生閣.）

Luhmann, N.（1984）*Soziale Systeme: Grundriß einer allgemeinen Theorie,* Suhrkamp Verlag.（=1993b，佐藤勉監訳『社会システム理論』（下）恒星社厚生閣.）

Luhmann, N.（1997）Globalization or World Society: *How to Conceive of Modern Society ?* , International Review of Sociology, 7 (1) , 67-79.

Mallet, R. and Runswick-Cole, K.（2014）*Approaching Disability: Critical Issues and Perspectives,* Routledge.

丸山　仁（2004）「社会運動から政党へ？――ドイツ緑の党の成果とジレンマ」大畑裕嗣・成元哲・道場親信・樋口直人編『社会運動の社会学』有斐閣選書 , 197-212.

McDonald, K.（2004）Oneself as Another : From Social Movement to Experience Movement, *Current Sociology,* 52 (4) , 575-594.

McRuer, R.（2006）*Crip Theory: Cultural Signs of Queerness and Disability,* New York University Press.

Michailakis, D.（2003）The Systems Theory Concept of Disability: One is not Born a Disabled Person, One is Observed to be one, *Disability & Society*, 18 (2) , 209-229.

Misak, C.（2013）*The American Pragmatists*, Oxford University Press.（=2019a，加藤隆文訳『現代プラグマティズム叢書第１巻　プラグマティズムの歩き方　上巻』勁草書房.）

Misak, C.（2013）*The American Pragmatists*, Oxford University Press.（=2019b，加藤隆文訳『現代プラグマティズム叢書第２巻　プラグマティズムの歩き方　下巻』勁草書房.）

三井さよ（2011）「「知的障害」を関係で捉えかえす――痛みやしんどさの押しつけを回避するために」『現代思想』39 (11)，38-55.

森修生活史編集委員会（1990）『私は、こうして生きてきた――森修生活史』陽光出版.

Morris, D., B.（1993）*The Culture of Pain*. The Regents of the University of California.（=1998，渡邊勉・鈴木牧彦訳『痛みの文化史』紀伊國屋書店.）

永井　均（1995）『ウィトゲンシュタイン入門』ちくま新書.

中西正司・上野千鶴子（2003）『当事者主権』岩波新書.

Newton, E.（1972）*Mother Camp: Female Impersonators in America,* The University of Chicago Press.

野家啓一（1998）『現代思想の冒険者たち２４　クーン――パラダイム』講談社.

野家啓一（2006）「対話」大庭健・井上達夫・加藤尚武・川本隆史・神崎繁・塩野谷祐一・成田和信編『現代倫理学事典』弘文堂，571-572.

野口裕二（2001）「臨床のナラティブ」上野千鶴子編『構築主義とは何か』勁草書房，43-62.

野矢茂樹（2006）『入門！論理学』中公新書.

野矢茂樹（2010）「解説『青色本の使い方』」Wittgenstein, L.（1958）*The Blue and Brown Books,* Basil Blackwell.（=2010，大森荘蔵訳『青色本』ちくま学芸文庫.），171-207.

Oliver, M.（1990）*The Politics of Disablement,* Macmillan Publishers Ltd.

大谷　弘（2020）『ウィトゲンシュタイン　明確化の哲学』青土社.

Paterson, K. and Hughes, B.（1999）Disability Study and Phenomenology: The Carnal Politics of Everyday life, *Disability & Society,* 14（5）, 597-610.

Quine, W., V., O.（1953）*From a Logical Point of View: 9 Logico-Philosophical Essays Second Edition, Revised,* Harvard University Press.

Rapley, M.（2004）*The Social Construction of Intellectual Disability*, Cambridge University Press.

立命館生存学研究所（2020）「和歌山県立身体障害者福祉センターに対する青い芝の会の抗議行動」（http://www.arsvi.com/d/i051976w.htm, 2021.1. 22）.

Rorty, R.（1979）*Philosophy and the Mirror of Nature,* Princeton University Press.（=1993，野家啓一監訳，伊藤春樹・須藤訓任・野家伸也・柴田正良訳『哲学と自然の鏡』産業図書.）

Rorty, R.（1987）Science as Solidarity, Nelson, J., S., Megill, A., McCloskey, D., N. eds. *The Rhetoric of the Human Sciences: Language and Argument in Scholarship and Public Affairs,* The university of Wisconsin Press, 38-52.（=1988，冨田恭彦訳「連帯としての科学」『連帯と自由の哲学――二元論の幻想を超えて』岩波書店，1-32.）

Sacks, O.（1988）The Revolution of the Deaf, *The New York Review of Books,* 35（9）, 23-28.

定藤邦子（2011）『関西障害者運動の現代史――大阪青い芝の会を中心に』生活書院.

榊原賢二郎（2016）『社会的包摂と身体――障害者差別禁止法制後の障害定義と異別処遇を巡って』生活書院.

榊原賢二郎（2018）「リプライ　『社会的包摂と身体』の論理――立岩真也氏の書評への応答」『障害学研究』14，308-320.

Schütz, A. and Luckmann, T.（2003）*Strukturen der Lebenswelt,* UVK Verlagsgesellschaft mbH.（=2015，那須壽監訳『生活世界の構造』ちくま学芸文庫.）

Searle, J., R.（2010）*Making the Social World : The structure of Human Civilization,* Oxford

University Press.（=2018，三谷武司訳『社会的世界の制作――人間文明の構造』勁草書房.）

千田有紀（2001）「構築主義の系譜学」上野千鶴子編『構築主義とは何か』勁草書房，1-42.

瀬山紀子（2014）「障害女性の複合差別の課題化はどこまで進んだか――障害者権利条約批准にむけた障害者基本法改正の議論を中心に」『国際女性』28，11-21.

社会福祉事業団体日本脳性マヒ者協会全国青い芝の会総連合会編（1978）『青い芝 No.104』.

Shakespeare, T.（2002）The Social Model of Disability: An Outdated Ideology？, *Research in Social Science and Disability*, 2, 9-28.

Shakespeare, T.（2014）*Disability Rights and Wrongs Revisited Second Edition,* Routledge.

Sherry, M.（2016）A Sociology of Impairment, *Disability & Studies*, 31（6）, 729-744.

障害者問題資料センターリボン社編（1977）『障害者からの証言 No.4　自立のあしおと――野中忠夫氏追悼特集』障害者問題資料センターリボン社.

Siebers, T.（2008）*Disability Theory,* The University of Michigan Press.

Stegmüller, W.（1975）*Hauptströmungen der Gegenwartsphilosophie,* Alfred Kröner Verlag Stuttgart.（=1981，中埜肇・竹尾治一郎監修，竹尾治一郎・森匡史・藪木栄夫訳，『現代哲学の主潮流２』法政大学出版局.）

Stegmüller, W.（1978）*Hauptströmungen der Gegenwartsphilosophie: Eine Kritische Einführung Band* Ⅰ, Alfred Kröner Verlag Stuttgart.

TAC（2020）*Our History-Timeline,*（https://www.tac.org.za/our-history/, 2021.1.6）.

田中耕一（2006）「構築主義論争の帰結――記述主義の呪縛を解くために」平秀美・中河伸俊編『新版　構築主義の社会学――実在論争を超えて』世界思想社，214-238.

田中耕一郎（2005）『障害者運動と価値形成――日英の比較から』現代書館.

田中耕一郎（2008）「社会モデルは〈知的障害〉を包摂し得たか」『障害学研究』3，34-62.

田中耕一郎（2017）『英国「隔離に反対する身体障害者連盟（UPIAS）」の軌跡――〈障害〉の社会モデルをめぐる「起源の物語」』現代書館.

田中耕一郎（2018）「障害学は知的障害とどのように向き合えるのか――他者化への抗いのために」『障害学研究』14，105-119.

丹治信春（1996）『言語と認識のダイナミズム――ウィトゲンシュタインからクワインへ』勁草書房.

丹治信春（2009）『クワイン―ホーリズムの哲学』平凡社.

立岩真也（2018）「書評　『社会的包摂と身体――障害者差別禁止法制後の障害定義と異

別処遇を巡って』」『障害学研究』14，296-307.

辰巳一輝（2021）「2000年代以後の障害学における理論的転回／転回：「言葉」と「物」、あるいは「理論」と「実践」の狭間で」『共生学ジャーナル』5，22-48.

Thomson, R., G.（2017）*Extraordinary Bodies: Figuring Physical Disability in American Culture and Literature Twentieth Anniversary Edition*, Columbia University Press.

Thomson, R., G.（2002）Integrating Disability, Transforming Feminist Theory, *NWSA*, 14 (3) , 1-32.

Timpanaro, S.（1975）*On Materialism*, NLB.

富永京子（2017）『社会運動と若者――日常と出来事を往還する政治』ナカニシヤ出版.

冨田恭彦（1994）『クワインと現代アメリカ哲学』世界思想社.

冨田恭彦（2016）『ローティ――連帯と自己超克の思想』筑摩書房.

Tremain, S.（2001）On the Government of Disability, *Social Theory and Practice*, 27 (4) , 617-636.

Trent, JR., J., W.（1995）*Inventing the Feeble Mind: A History of Mental Retardation in the United States*, University of California Press.

上田紀行（2010）『スリランカの悪魔祓い――イメージと癒しのコスモロジー』講談社.

上野千鶴子（1996）「複合差別論」井上俊・上野千鶴子・大澤真幸・見田宗介・吉見俊哉編『差別と共生の社会学』岩波書店，203-232.

上野千鶴子（2001）「はじめに」上野千鶴子編『構築主義とは何か』勁草書房，i-iv.

宇野邦一（2020）『ドゥルーズ流動の哲学　増補改訂』講談社学術文庫.

Union of the Physically Impaired Against Segregation（1973a）*Internal Circular*, 2, UPIAS, London.

Union of the Physically Impaired Against Segregation（1973b）*Internal Circular*, 3, UPIAS, London.

Union of the Physically Impaired Against Segregation（1973 or 1974）*Internal Circular*, 6, UPIAS, London.

Union of the Physically Impaired Against Segregation（1974a）*Internal Circular*, 7, UPIAS, London.

Union of the Physically Impaired Against Segregation（1974b）*Internal Circular*, 10, UPIAS, London.

Union of the Physically Impaired Against Segregation（1974c）*Internal Circular*, 12, UPIAS, London.

Union of the Physically Impaired Against Segregation（1974d）*Policy Statement*, UPIAS, London.

Union of the Physically Impaired Against Segregation (1978) *Internal Circular,* 24, UPIAS, London.
Union of the Physically Impaired Against Segregation (1980) *Internal Circular,* 35, UPIAS, London.
Union of the Physically Impaired Against Segregation (1981) *Internal Circular,* 47, UPIAS, London.
Union of the Physically Impaired Against Segregation (1982a) *Internal Circular,* 49, UPIAS, London.
Union of the Physically Impaired Against Segregation (1982b) *Internal Circular,* 50, UPIAS, London.
Union of the Physically Impaired Against Segregation (1986) *New Circular,* 3, UPIAS, London.
Union of the Physically Impaired Against Segregation (1987) *New Circular,* 4, UPIAS, London.
Union of the Physically Impaired Against Segregation and Disability Alliance (1997) *Fundamental Principles of Disability,* UPAIS & DA, London.
Vehmas, S. (2010) The Who or What of Steve: Severe Intellectual Impairment and its Implications, Häyry, M., Takala, T., Herissone-Kelly, P. and Árnason, G., eds. *Arguments and Analysis in Bioethics, Rodopi,* 263-280.
Vehmas, S. (2012) What Can Philosophy Tell Us about Disability, Watson, N., Roulston, A. and Thomas, C. eds. *Routledge Handbook of Disability Studies,* Routledge, 298-309.
Vehmas, S. and Mäkelä, P. (2009) The ontology of Disability and Impairment: A Discussion of the Natural and Social Features, Kristiansen, K., Vemas, S. and Shakespeare, T. Eds. *Arguing about Disability: Philosophical Perspectives,* Routledge, 42-56.
Vernon, A. (1999) The Dialectics of Multiple Identities and the Disabled People's Movement, *Disability & Studies,* 14 (3) , 385-398.
Watson, N. (2002) Well, I Know This Is Going to Sound Very Strange to You, But I Don't See Myself as a Disabled Person: Identity and Disability, *Disability & Studies,* 17 (5) , 509-527.
Watson, N. (2012) Researching Disablement, Watson, N., Roulston, A. and Thomas, C. eds. *Routledge Handbook of Disability Studies,* Routledge, 93-105.
Wendell, S. (1996) *The Rejected Body: Feminist Philosophical Reflection on Disability,* Routledge.
Wittgenstein, L. (1953) *Philosophische Untersuchungen,* Basil Blackwell. (=1997, 黒崎

◉本書のテクストデータを提供いたします
　本書をご購入いただいた方のうち、視覚障害、肢体不自由などの理由で書字へのアクセスが困難な方に本書のテクストデータを提供いたします。希望される方は、以下の方法にしたがってお申し込みください。

◎データの提供形式：CD-R、メールによるファイル添付（メールアドレスをお知らせください）
◎データの提供形式・お名前・ご住所を明記した用紙、返信用封筒、下の引換券（コピー不可）および200円切手（メールによるファイル添付をご希望の場合不要）を同封のうえ弊社までお送りください。

◉本書内容の複製は点訳・音訳データなど視覚障害の方のための利用に限り認めます。内容の改変や流用、転載、その他営利を目的とした利用はお断りします。

◎あて先：
〒160-0008
東京都新宿区四谷三栄町6-5 木原ビル303
生活書院編集部　テクストデータ係

【引換券】
「障害とは何か」という
問いを問い直す

牧田　俊樹
（まきた　としき）

2011年、早稲田大学教育学部教育学科教育心理学専修卒業
2018年、北星学園大学社会福祉学研究科社会福祉学専攻修士課程修了
2022年、北星学園大学社会福祉学研究科社会福祉学専攻博士後期課程修了
博士（社会福祉学）

主な論文
「『障害とは何か』という問いを問う——障害者にとっての『有用性』に基づく障害定義の戦略的・実践的使用は可能か——」『社会福祉学』63-2, 2022年
「クワインの『全体論』とローティの『真理』に関する考察から導き出される『障害』の多義性——『事実』をもとにした障害定義から『障害定義の戦略的・実践的使用』へ——『社会福祉学』62-2, 2021年
「なぜ『疾者』は穢れとされるに至ったか——『疾者』を中心とした穢れ構造の分析」『障害学研究』16, 2020年
「白人・胡久美はなぜ罪とされたのか——古代の『身体障害』と罪の内実『障害学研究』15, 2019年

「障害とは何か」という問いを問い直す
——「事実」から「有用性」に基づいた障害定義の戦略的・実践的使用へ

発　行——二〇二四年五月三一日　初版第一刷発行
著　者——牧田俊樹
発行者——髙橋　淳
発行所——株式会社　生活書院
〒一六〇—〇〇〇八
東京都新宿区四谷三栄町六—五　木原ビル三〇三
TEL　〇三—三二二六—一二〇三
FAX　〇三—三二二六—一二〇四
振替　〇〇一七〇—〇—六四九七六六
http://www.seikatsushoin.com

印刷・製本——株式会社シナノ

Printed in Japan　2024 © Makita Toshiki
ISBN 978-4-86500-170-9